존 파이퍼에게
설교를 묻다

존 파이퍼에게 설교를 묻다

© 생명의말씀사 2024

2024년 5월 24일 1판 1쇄 발행

펴낸이 | 김창영
펴낸곳 | 생명의말씀사

등록 | 1962. 1. 10. No.300-1962-1
주소 | 서울시 종로구 경희궁1길 6 (03176)
전화 | 02)738-6555(본사) · 02)3159-7979(영업)
팩스 | 02)739-3824(본사) · 080-022-8585(영업)

지은이 | 배성현

기획편집 | 서정희, 허윤희
디자인 | 최종혜
인쇄 | 영진문원
제본 | 다은바인텍

ISBN 978-89-04-08250-6 (03230)

저작권자의 허락 없이 이 책의 일부 또는 전체를
무단 복제, 전재, 발췌하면 저작권법에 의해 처벌을 받습니다.

존 파이퍼는
어떻게 설교를
준비하는가?

하나님의 영광을
선포한 설교자
존 파이퍼에게 배우는
성경적 설교의 원리!

배성현 지음

존 파이퍼에게
설교를 묻다

생명의말씀사

추천사

나의 인생에서 전율을 경험한 설교자는 존 파이퍼였다. 그의 성경적 확신과 불타는 열정은 어디서 오는 것일까 궁금했다. 몇 년 전 로마서를 설교하다가, 존 파이퍼의 로마서 강해를 읽고 말할 수 없는 기쁨이 자주 밀려 왔다. 내 서재에는 존 파이퍼의 책이 쌓여 갔고 나는 존 파이퍼의 열렬한 팬이 되었다. 그러나 그의 충실한 성경신학적 주해와 견고한 조직신학적 이해, 하나님 말씀에 대한 진지한 열정과 기쁨을 배우기는 쉽지 않았다. 존 파이퍼는 배우고 닮고 싶은 멘토이지만 나에게는 거대한 산맥과 같았다. 목회의 우정을 나누던 배성현 목사님이 설교의 초보인 나에게 놀라운 선물을 주셨다.

『존 파이퍼에게 설교를 묻다』는 존 파이퍼에게 배우고 싶은 목회자에게 가장 탁월한 길잡이가 될 것이다. '하나님 중심의 설교 철학'은 하나님의 영광과 그리스도의 십자가의 복음을 설교하고픈 모든 설교자가 일생 동안 붙잡아야 하는 핵심 원리이다. 특히 '진지함과 즐거움으로 설교하라'는 설교자의 정서와 '설교 본문을 선택하는 여덟 가지 방법'은 내 마음에 새겨야 하는 가르침이었다. 또한 저자가 제시한 '설교를 통해 무엇을 배울 수 있는가?'는 모든 설교자에게 실제적 적용과 도전이 되리라 확신한다. 설교자는 그냥 만들어지지 않는다. 하나님의 주권적 부르심과 하나님의 영광에 사로잡혀 일생 동안 경건한 삶을 추구해야 한다. 그리고 좋은 모델이 있어야 한다. 존 파이퍼라는 거대한 산맥을 땀 흘려 등반하며 하나님의 말씀의 기쁨을 경험하고픈 목회자에게, 하나님의 영광을 갈망하는 모든 분들에게 이 책을 강력하게 추천한다.

강성환(주님의은혜교회 담임목사)

"우리가 하나님 안에서 가장 크게 기뻐(만족)할 때, 하나님은 우리 안에서 가장 크게 영광을 받으신다."라는 존 파이퍼의 기독교 희락주의를 만나지 못했다면, 내 신앙의 색채는 지금도 우울한 율법주의를 벗어나지 못했을 것이다. 내 신앙의 눈을 뜨게 해 준 존 파이퍼는 『존 파이퍼에게 설교를 묻다』를 통해 내 설교에도 하나님의 영광을 향한 눈을 뜨게 해 주었다. 성경이 세상의 모든 필요를 채워 준다는 담대한 선포와 설교의 궁극적 목표가 하나님의 영광에 이르러야 한다는 메시지는, 단순히 청중의 변화에만 머물러 있었던 좁은 나의 설교관을 깨뜨려 주었고, 설교의 본질로 다시 돌아가게 해 주었다.

이 책은 구체적인 설교 작성법에서부터 '설교란 무엇인가?, 설교자란 누구인가?'라는 본질적 질문까지 모두 아우르는 설교의 백과사전 같은 책이다. 책을 읽으면서 '피 끓는 진지함과 넘치는 기쁨'이라는 표현이 나를 사로잡았다. 하나님의 영광을 바라본다는 것은 "떨며 즐거워"하는(시 2:11) 것이며, 피 끓는 진지함과 넘치는 기쁨이 공존하는 은혜의 균형을 경험하는 것이다. 이 책은 나로 하여금 설교의 영광스러움을 다시 꿈꾸게 한다.

고상섭(그사랑교회 담임목사)

존 파이퍼의 설교에 대한 세밀한 분석과 실제적인 학습법을 제시하고 있는 본서를 읽고 큰 기쁨을 느낀다. 꼭 필요했던 책이다. 파이퍼는 깊은 신학자요, 따뜻한 목회자요, 탁월한 설교자로 잘 알려져 있다. 그의 설교는 견고한 성경 주해에 바탕이 된 깊은 메시지로 청중의 영혼에 다가온다. 동시에 그것을 어떻게 현시대에 실천하며 살 수 있는지를 효과적 연관기법과 적용점으로 제시한다. 그뿐만 아니라 그의 설교 전달도 탁월해 청중의 시각을 사로잡는다. 이러한 모든 장점보다 우리가 파이퍼를 주목하는 이유는, 설교를 통해 오직 하나님만을 높이려는 그의 순전한 태도와 그것을 열정적으로 전하는 그의 진지한 마음 때문이다. 이번에 발간된 저서를 통해 독자들은 파이퍼의 설교 세계에 대해 깊고 자세한 안내를 받게 될 것이다. 그리고 그것을 어떻게 자신들의 설교 발전으로 연결할 수 있는지 길을 찾게 될 것이다. 이 책을 통해 파이퍼를 만나고 그의 설교를 배워, 파이퍼가 그토록 높이기를 원하는 하나님, 그분의 놀라운 구속의 역사와 영광이 한국교회 강단에 생생하게 전해지길 기대한다.

권호(합동신학대학원 설교학 교수, 본문이 살아있는 설교 공동대표)

설교자는 자신이 닮고 싶은 설교자를 통해 태어나고 자라난다. 닮고 싶은 설교자가 있다면 여전히 설교는 성장할 수 있다. 이 시대 많은 설교자 가운데 존 파이퍼 목사님만큼 선명한 진리에서 나온 뜨거운 열정에 사로잡혀 강단 위에서 설교의 환희를 강렬하게 보여 주는 설교자도 드문 것 같다. 정말 닮고 싶은 이 시대의 설교자임이 틀림없다. 이런 점에서 이 책 『존 파이퍼에게 설교를 묻다』는 설교자로서의 존 파이퍼 목사님과 그의 설교 세계와 방법을 이해하는 훌륭한 지도책이라 할 수 있다. 존 파이퍼 목사님의 설교를 들어 보라. 그리고 이 책을 읽으면서 그분이 이해한 설교 세계에 오래 머물러 보라. 그리고 그가 구현하는 설교 방법에 푹 젖어 들어 보라. 분명 설교단에서 달라진 자기 모습을 볼 수 있을 것이다. 그리고 당신의 설교를 듣는 청중에게 하나님의 영광을 보는 형언할 수 없는 기쁨을 선물할 수 있을 것이다. 설교가 지닌 영광스러운 기쁨을 맛보거나 회복하고 싶은 신학생과 설교자에게 꼭 일독을 권한다.

김대혁(총신대학교 신학대학원 설교학 교수)

길을 잘 아는 사람에게 길을 묻는 것은 바른길을 가는 중요한 방법이다. 저자는 목회하는 중에도 꾸준하게 공부를 해서 존 파이퍼 목사의 설교에 대한 가치 있는 책을 저술했다. 존 파이퍼는 하나님에 대한 열정을 중심으로 강력한 설교를 했다. 그리고 그의 강해 설교는 정말 가치가 있고 배울 점이 많은 설교이다. 이 책을 읽게 된다면 분명히 존 파이퍼의 귀한 열정을 소유하게 될 것이다.

김서택(대구동부교회 담임목사)

저자는 내가 만나 본 많은 목회자 가운데 누구보다도 설교에 진심인 목회자이다. 본서에는 저자의 그 진심이 페이지마다 담겨 있다. 물론 이 책은 존 파이퍼의 설교를 분석한 저자의 논문을 기초로 하지만, 독자들은 여기서 설교자로서의 존 파이퍼와 그의 설교만을 주목하게 되지 않을 것이다. 독자들은 존 파이퍼가 삶과 설교를 통해 일생 동안 높이기를 원했던 하나님의 영광을 주목하게 되고 하나님을 높이기를 원하는 열망을 자신 안에서 경험하게 될 것이다. 저자를 잘 알고 있는 사람으로서, 존 파이퍼라는 한 사람의 설교자가 어떻게 또 다른 설교자를 낳을 수 있었는지, 읽는 내내 생각하지 않을 수 없었다. 그래서 이 책은 딱딱한 설교학 책이 아니다. 저자의 말대로, 본서는 한 설교자가 일생 동안 가리킨 하나님의 영광에 마음을 빼앗겨 그 하나님의 영광을 전하는 입과 손가락이 되기로 결심한, 한 설교자의 진심이 가득 담긴 생생한 이야기이다.

설교자가 되어야 할 신학도들에게 제가 본서를 추천하는 이유는 분명하다. 본서는 단순히 좋은 설교를 위한 팁이 아니라 신실한 설교자가 되는 방향을 가르쳐 주기 때문이다. 그리고 저자가 경험한 바와 같이, 또 한 사람의 설교자를 통해서 또 다른 설교자들이 만들어지게 될 것이기 때문이다. 그리고 이미 거룩한 강단에서 말씀의 설교자로 살아가기 시작한 모든 동료 설교자에게 본서를 추천한다. 여러분은 설교자로서의 자신, 그리고 자신의 설교를 오직 하나님만을 높인다는 이 궁극적 관점에서 돌아보게 될 것이기 때문이다. 설교의 위기의 시대에, 저자의 수고를 통해, 이 소중한 책이 출판되는 것을 누구보다 기뻐하며, 모든 말씀의 사역자들에게 이 책을 추천한다.

김형익(벧샬롬교회 담임목사)

나는 책의 저자인 배성현 목사와 한 지역교회에서 부교역자로 만나 오랜 시간을 교제했다. 바로 옆자리였던 그의 책상 위에 유학 시절 존 파이퍼 목사와 함께 찍은 사진 액자가 올려져 있던 것을 기억한다. 매해 고난 주간이 돌아올 때면 존 파이퍼의 『더 패션 오브 지저스 크라이스트』(개정판 『예수님이 오셔서 죽으신 50가지 이유』 출간됨, 생명의말씀사-편집자주)를 읽는데, 밑줄을 그으며 읽고 묵상하느라 다 해어진 책을 볼 때마다 새로 사 주고 싶은 심정이었다. 어찌나 자주 존 파이퍼를 이이야기하던지…. 저자에게 존 파이퍼는 설교자의 본이었고, 설교의 레퍼런스였다. 그럼에도 희한하리만치 저자에게는 존 파이퍼의 모습이나 냄새를 맡을 수 없었다. 그토록 흠모하는 사람이라면 어느 정도 흔적이 배어 나오기 마련인데 말이다. 당시에도 어느 정도 짐작은 했었지만, 이 책을 읽으며 그 이유를 분명히 알게 되었다. 저자는 존 파이퍼라는 사람이 아닌 존 파이퍼를 통해 파이퍼가 사랑했던 그리스도와 하나님을 부단히 좇았기 때문이다. 그리고 파이퍼를 통해 일하신 하나님을 그도 만난 것이다.

그런 면에서 이 책의 가치는 분명하다. 첫째, 한 인물에 대한 헌신적인 연구를 통해 강해 설교는 무엇이며, 설교자는 누구인지를 개념이 아닌 실제적으로 제시하였다는 것이다. 둘째, 들어가는 글에서 밝힌 바와 같이 파이퍼가 가리키는 손가락 끝인 영광의 하나님께로 우리의 시선을 이끈다는 것이다. 특히 4부, '존 파이퍼는 강해 설교를 어떻게 조직하는가?'는 이 책이 가진 고유한 장점이자 소중한 기여이다. 설교가 단지 독립된 행위가 아닌 목회의 꽃이자 일부라고 할 때, 지역교회 목회자에게 맡겨진 구체적인 회중을 위한 설교 준비에 대해 너무나도 귀한 자료를 제공해 주고 있다. 저자는 이 책을 통해 종교개혁자 존 칼빈이 "개혁은 말씀에 기초하지만 그 말씀을 따라 살아가는 사람들을 통해 이어져 간다."라고 말한 바를 성공적으로 재현해 주었다.

서명수(여정의교회 담임목사)

개혁주의 설교자라고 한다면 누구나 한 번쯤은 존 파이퍼의 설교를 접해 본 적이 있을 것이다. 그는 1980년부터 2013년까지 무려 33년이나 한 교회에서 설교자로 봉직하면서 거의 성경 전체를 아우르는 설교를 전했다. 현대 설교자들 가운데 그 정도로 복음적이면서 그 정도로 열정적인 설교자는 드물 것이다. 나 역시도 그의 설교를 많이 들었고 읽었다. 그런데 이 책을 보니 내가 알던 존 파이퍼는 다만 빙산의 일각에 불과했음을 깨닫게 되었다. 이 책은 비단 존 파이퍼의 설교론뿐 아니라, 그의 성경론, 경건론, 교회론, 목회자론을 깊이 있게 다루고 있다.

이 책을 읽으면서 개혁주의가 무엇인지, 설교자가 누구인지 다시금 깨닫게 되었다. 존 파이퍼를 형성시켰던 성경 중심적 열정, 삼위일체 하나님을 즐거워하는 태도, 하나님 안에서 모든 것을 대하는 자세, 에드워즈 신학에 대한 깊은 성찰, 그리스도의 복음을 진지하면서도 기쁘게 전하는 정서를 이 책은 깊이 있게 소개하고 있다. 무엇보다 존 파이퍼의 설교와 삶의 여러 장면을 구체적 예시로 제시하고 있어, 마치 다큐멘터리 영화를 보는 듯한 느낌이 들 정도다. 존 파이퍼를 좋아하든 그렇지 않든, 잘 알든 그렇지 않든, 설교자라면 이 책은 꼭 한번 읽어 봐야 할 것이다.

우병훈(고신대학교 신학과 교의학 교수)

존 파이퍼는 이미 한국교회 목회자들에게 매우 친숙한 설교자로 알려져 있다. 설교에 관심을 가진 목회자라면 대부분 존 파이퍼의 설교에 관심을 가져 보았을 것이다. 한 사람의 탁월한 설교자에 대한 연구를 한다는 것은 방대한 일이다. 그러나 이번에 설교자 존 파이퍼와 그의 설교의 핵심적인 주제들을 전체적으로 잘 다루어, 존 파이퍼를 이해하는 데 도움을 줄 좋은 책이 나왔다. 성경에 대한 명확성과 시대에 대한 성경적 통찰력과 복음에 대한 열정들이 쏟아져 나오는 존 파이퍼의 강단을 목격하고 흠모해 온 저자의 성실하고 체계적인 이번 책이 한국교회 많은 설교자에게 큰 도움이 되리라 믿는다.

이규현(수영로교회 담임목사)

『존 파이퍼에게 설교를 묻다』를 출간하게 된 것을 기뻐하며, 목회를 하면서 짬짬이 시간을 내어 글을 쓴 나의 후임자 배성현 목사에게 축하를 드리며 아울러 격려를 드린다. 저자가 7년 전 서머나교회 담임목사로 부임하여 위임을 받을 때 답사를 하면서 "제가 가장 존경하는 분은 존 파이퍼 목사입니다."라고 한 말이 기억난다. 서머나 교인이라면 예외 없이 존 파이퍼에 대하여 조금은 알고 있다고 생각한다. 그만큼 존 파이퍼에 대하여 집중하더니 드디어 그의 설교에 대한 책을 내게 된 것이다. 나는 저자가 보내 준 원고를 인쇄하여 두어 시간 만에 밑줄을 그어 가면서 완독했다. 그리고 신학생들과 강해 설교를 좀 더 잘해 보려고 노력하는 목회자들에게 필수적으로 읽어 보라고 권하고 싶다. 하나님의 말씀을 성도들에게 가르쳐서 그들로 하여금 작은 예수님처럼 살게 만드는 책임이 목회자에게 있기에, 설교는 목회 사역에 있어 매우 중요한 첫 번째 자리를 차지한다고 볼 수 있다. 이 책이 목회자들의 필독서가 되기를 소망하며 기쁨으로 추천한다.

이상렬(서머나교회 원로목사)

추천사라기보다는 반성문을 쓰고 싶은 마음이다. 나는 존 파이퍼의 설교를 많이 들었는데, 배성현 목사님의 이 책을 보며 내가 존 파이퍼의 설교를 잘 모르고 있음을 알게 되었다(원래 좋은 책의 순기능은 교만한 사람의 마음을 낮춘다는 것이다). 나는 존 파이퍼의 설교가 하나님 중심적이라고만 생각했는데, 이 책을 읽고 어떠한 과정과 역동을 통해 그의 설교가 하나님 중심적으로 되는지를 알게 되었다. 나는 늘 존 파이퍼의 설교가 열정적이라고만 생각했는데, 이 책을 읽고 그 열정을 구성하는 요소들이 어떤 것인지 더 명료하게 파악하게 되었다. 이 책은 내게 난시 교정용 안경과 같다. 흐릿하게 보이던 존 파이퍼의 설교가 또렷하고 더 아름답게 보이게 한다. 당신이 만일 설교자라면, 이 책을 읽고 두 가지 충동을 억제할 수 없을 것이다. 존 파이퍼의 설교를 듣고 싶다는 충동과 존 파이퍼처럼 설교하고 싶다는 충동!

이정규(시광교회 담임목사)

『존 파이퍼에게 설교를 묻다』, 질문의 대상은 질문하는 자에 대해 많은 것을 말해 준다. 파이퍼 목사는 전 세계적으로 존경받는 목회자요 뛰어난 설교자이다. 그러나 파이퍼의 목회 철학과 설교 방법론에 진지한 관심을 갖고, 그의 타협 없는 열정과 성실한 노력을 본받는 목회자의 수는 그를 존경하는 목회자들의 수에 비하면 아주 적어 보인다. 본서는 저자가 젊은 목회자 시절부터 가슴에 품고 소중하게 여기는 목회 철학을 공부하며 연마하는 과정 가운데 토해 낸 글이다.

설교자 파이퍼에 관한 훌륭한 교과서이며, 파이퍼와 저자가 공감하는 가치를 전염시킬 뜨거움이 담긴 책이다. 저자의 논문을 지도하면서 이 내용은 한국교회 목회자들에게 꼭 소개되어야 한다고 여겼는데, 드디어 출간되어 개인적으로도 아주 기쁘게 생각한다. 목회가 직업화되고 성령님의 능력이 설교 사역의 현장에서 점점 희미해지는 위기의 현실 속에 이 책이 커다란 경종을 올리며, 친절하고 권위 있는 지침서가 될 것을 기대한다. 이 책을 통해 하나님 중심의 설교 철학을 체득하고 수행하면서, 주님이 주시는 만족을 느끼는 설교자를 주님께서 더 많이 일으켜 세워 주시기를 기도한다.

정현(전, 리버티신학대학원 신약학 및 설교학 교수 / 현, 은혜와영광교회 담임목사)

하나님의 말씀은 사람을 변화시키는 그분의 능력이요 방법이다. 말씀을 강해함으로 성경이 회중들에게 말하기 시작하고, 말씀을 통하여 그 백성을 찾아오시는 하나님을 만나고 경험하는 것은 예배를 사랑하는 우리 모두의 소망이고 기도이다. '오늘 우리가 드리는 조국 교회의 예배는 진리의 말씀이 회중들에게 말하며 하나님의 생생한 임재가 있는 그런 예배인가?' 스스로 반문해 본다. 누구를 만나, 어떤 영향을 받는가 하는 것은 한 사람의 평생을 결정하는 중요한 일인데, 이 책이 소개하는 존 파이퍼는 오늘을 사는 성도와 목회자 모두가 만나고 배워야 하는 중요한 인물 중 한 사람이라 여겨진다. 특히 존 파이퍼에게 설교를 묻고 설교를 배우는 복되고 귀한 기회가 이 책을 만나는 모든 사람에게 넘쳐날 줄 믿는다.

이 책이 조국 교회와 설교자들의 가슴에 하나님의 영광을 향한 갈망을 새롭게 하고, 넘치는 희열과 뜨거운 열정을 안고 말씀을 강해하여 조국 교회가 목마르게 사모하는 회복과 부흥을 이 땅에 가득하게 해 주기를 기대하며 즐거이 추천한다.

화종부(남서울교회 담임목사)

들어가는 말 이 책을 쓴 목적과 읽는 방법

  2003년도에 『하나님의 영광을 위한 하나님의 열심』을 읽다가 존 파이퍼와 조나단 에드워즈에게 빠지게 되었다. 파이퍼를 통해 조나단 에드워즈의 책을 탐독하기 시작했다. 그러면서 파이프가 조나단 에드워즈라는 한 사람에게 심취했듯이 나도 파이퍼에게 창을 깊숙이 찌르기로 결심했다. 이 책과 더불어 『하나님을 기뻐하라』에서 말하는 '기독교 희락주의'는 나의 신학과 삶에 지대한 영향을 미쳤다. 파이퍼는 나에게 하나님을 향한 갈망을 깊이 일깨워 주고, 모든 삶에서 하나님을 기뻐하고 만족하며 살도록 격려해 주었다. 파이퍼가 가리키는 손가락 끝을 바라보면서 삶과 신학과 사역의 목표를 오직 하나님의 영광에 두게 되었다.

  2007년 유학 첫해 여름, 파이퍼의 설교를 직접 듣고 싶어 미네아폴리스까지 가족들을 데리고 10시간 가까이 차를 몰고 갔다. 베들레헴침례교회에 들어섰을 때 그 느낌은 아직도 지울 수 없다. 명성에 비해 너무 평범한 건물과 본당이었다. 예배가 시작되자 파이퍼는 그의 아내와 입양한 딸 탈리타와 함께 맨 앞줄에 앉았다. 성찬식 후에 파이퍼의 설교가 시작되었고, 아내와 나는 복음으로 가득 찬 말씀에 피곤을 잊은 채 매료되었다. 강단에서 몇 미터 떨어지지 않은 회중석에서 그의 눈빛과 손동작을 보았다. 그리고 그의 열정을 보았다. 예배 후 강단 앞에는 파이퍼를 만나려는 사람들이 모였다. 줄을 서서 기다리는 사람 때문에 간단한 인사와 사인을 받고 함께 사진을 찍었다. 그는 아내와 나를 붙들고 기도해 주었다.

  대학교 2-3학년 때까지 청중 앞에서 5분도 말을 하지 못했고, 풀러신학교에서 설교학 C-학점을 받은 사람이 위대한 설교자 존 파이퍼라면 믿어지겠는가? 내가 파이퍼를 연구하다가 이 사실을 발견했을 때 많은 격려를 받았다. 왜냐하면 주권적인 은혜로 파이퍼를 위대한 설교자로 세우신 하나님이 나 같은 사람도 변화시킬 수 있다는 소망을 가졌기 때문이다.

  파이퍼는 강해 설교를 위한 굳건한 신학적 기초와 불타는 열정 그리고 실제적인 방법을 가진 목회자이다. 그렇기에 이 책의 목적은 파이퍼의 삶과 저서들과 설교를 분석하여 설교자는 어떻게 설교를 준비해야 하는지를 발견하는 것이다. 파이퍼의 설교는 세속화된 설교자들과 거룩한 사랑 없이 딱딱한 신학적 교리만을 주장하는 자들에게 경고가 될 것이다. 반면 사역을 통해 하나님의 영광을 추구하기를 원하는 설교자들에게는 새로운 활력과 뜨거운 열정을 선사하고 성경 해석과 설교의 실제적인 원칙들과 방법들을 가져다줄 것이다.

1부에서는 파이퍼를 강해 설교자의 모델로 삼는 이유를 다룬다. 2부에서는 그의 성경 연구 방법을 볼 것이다. 3부에서는 그의 설교 철학과 설교에 대한 정의를 살펴본다. 4부에서는 파이퍼가 강해 설교를 조직하는 방법을 다룬다. 마지막 5부에서는 파이퍼의 설교를 통해 배울 수 있는 점들을 적용한다. 그리고 부록에는 독자들의 더 깊은 이해를 돕기 위해 두 가지를 소개했다. 부록 1은 파이퍼의 신학 '기독교 희락주의'를 간략하게 다룬다. 부록 2에서는 파이퍼가 설교에 대해 받은 열 가지 비판과 그에 대한 대답을 실었다.

파이퍼의 설교를 연구하는 것은 엄청난 유익이 있다. 그러나 파이퍼가 우상이 되어서는 안 되고, 그 역시 결점이 많은 사람임을 기억해야 한다. 그를 사용하시는 위대한 하나님을 찬양하는 자세를 가지자. 우리의 진정한 영웅은 예수 그리스도이심을 기억하자. 그리고 파이퍼를 사용하신 하나님이 우리도 써 주시길 갈망하자.

나의 첫 글쓰기는 무척 힘든 작업이었다. 하지만 신실한 동료들 덕분에 원고를 보완하고 수정하는 데 큰 도움을 받았다. 추천서를 기꺼이 써 주신 강성환 목사님, 고상섭 목사님, 권호 교수님, 김대혁 교수님, 김서택 목사님, 김형익 목사님, 서명수 목사님, 우병훈 교수님, 이규현 목사님, 이상렬 목사님, 이정규 목사님, 정현 목사님, 화종부 목사님께 진심으로 감사드린다.

서머나교회 이상렬 원로목사님과 장로님들, 목회자들, 성도들에게 감사드린다. 모두 사랑하는 나의 가족이다. 7년 동안 허락하신 서머나 강단은 모두에게 은혜의 현장이었다.

아내 차귀정에게 특별히 감사한다. 아내는 이 책이 나오기까지 기도와 격려를 멈추지 않았다. 아내는 부족한 남편의 설교를 한 번도 흘려들은 적이 없었다. 하나님이 주신 말씀으로 참 많이도 아내와 함께 웃고 함께 울었다. 아내는 이 책의 가장 귀한 참여자요 조언자요 동반자가 되어 주었다. 그리고 두 아들 주성이 주원이에게도 고마움을 전한다. 함께 예배당에 앉아 아빠의 설교를 듣고 나서 은혜를 받았다고 격려해 준 말은 결코 잊지 못할 것이다.

배성현 목사

목차

추천사 4
들어가는 말 이 책을 쓴 목적과 읽는 방법 14

1부 존 파이퍼는 누구인가?

1장 하나님의 주권과 영광에 사로잡힌 설교자 25
    강해 설교의 시급성
    훌륭한 모델, 강해 설교자 존 파이퍼

2장 하나님을 추구하는 경건한 삶 31
    하나님의 말씀에 흠뻑 젖어 듦
    하늘 번개에 연결된 기도의 삶

2부 존 파이퍼는 성경을 어떻게 연구하는가?

1장 성경을 대하는 자세 43
    성경의 권위를 존중하라
    필요와 기대를 가지고 성경으로 나아가라

2장 성경 연구 방법 48
    성경 연구의 세 가지 목표
    성경 연구의 다섯 가지 단계

3부 존 파이퍼에게 설교는 무엇인가?

1장 하나님 중심의 설교 철학 79
  설교는 삼위일체 하나님의 역할과 맞닿은 사역이다
  설교의 목적: 하나님의 영광을 설교하라
  설교의 토대: 그리스도의 십자가를 높이며 설교하라
  설교의 은사: 성령님의 능력으로 설교하라
  설교자의 정서(Affection): 진지함과 즐거움으로 설교하라

2장 설교의 세 가지 정의 110
  설교는 예배다
  설교는 강해다
  설교는 희열이다

4부 존 파이퍼는 강해 설교를 어떻게 조직하는가?

1장 설교를 위한 본문 정하기 121
설교 본문의 길이를 결정하는 네 가지 방법
설교 본문을 선택하는 여덟 가지 방법

2장 설교를 구조화하기 140
설교 중심 주제(Main Point, 중심 사상) 결정하기
설교 개요 작성하기
설교문 작성하기

5부 존 파이퍼의 설교를 통해 무엇을 배울 수 있는가?

1장 목표 설정과 균형 잡기 203
하나님 자신을 설교의 목표로 삼기
섬세한 균형으로 설교하기

2장 열정 개발과 훈련의 중요성 226
진정성 있는 열정 개발하기
끊임없이 훈련하기

나가는 말 기본기를 다지고 다시 시작하자 250

부록 1 존 파이퍼의 신학: 기독교 희락주의 개요 253
부록 2 존 파이퍼의 설교에 대한 열 가지 비판 271

QR 제공 페이지 278
주
참고 자료
1. 성장 과정과 사역자로의 주권적인 부르심
2. 성경 호 그리기(Bible Arcing) 예시
3. 성경 연구에 가장 영향을 끼친 인물, 다니엘 풀러
4. 조나단 에드워즈와 설교의 멘토들
5. 존 파이퍼 저서의 간략한 분석과 연구 가이드라인
6. 존 파이퍼의 독서법과 그에게 가장 영향을 준 책들
7. 존 파이퍼의 1년 설교 계획의 예(1996년도 설교)
8. 존 파이퍼의 시리즈 및 연속 강해 설교(1980-2011년)

* 본서의 주와 참고 자료는 책에 수록되지 않고 별도 제공됩니다.
  QR코드를 확인해 주세요.

1부
——

존 파이퍼는 누구인가?

파이퍼는 자신의 영적 멘토였던 조나단 에드워즈를 연구하면서 가슴에 새긴 방식이 있었다. 에드워즈의 사상의 위대함 뒤에는 에드워즈 영혼의 위대함이 있었고, 그의 영혼이 위대했던 이유는 하나님의 충만함으로 가득 차 있었기 때문이라고 생각했다. 그래서 파이퍼는 무엇보다도 에드워즈의 하나님을 보고, 이어서 하나님을 보았던 에드워즈의 영혼을 보려고 노력했다. 이 책 역시 에드워즈를 따라갔던 파이퍼의 방식을 그대로 밟아 간다. 파이퍼의 설교는 에드워즈처럼 하나님 중심의 사상과 신학 그리고 하나님의 주권을 드높이는 인격과 삶에서 흘러나온다. 설교 준비에서 설교자의 영적 준비만큼 중요한 것은 없다. 따라서 1부에서는 설교자 파이퍼를 연구해야 하는 이유와 그의 경건 생활을 살피고자 한다.

1장

하나님의 주권과 영광에 사로잡힌 설교자

강해 설교의 시급성

교회 역사는 강력한 성경적 설교가 교회의 부흥과 개혁을 위해 하나님께서 기름 부으신 주된 방법임을 가르친다. 설교는 복음의 선포이기 때문에 기독교는 설교와 함께 서거나 넘어진다.[1] 이안 머리는 『은혜의 설교자 로이드 존스』에서 설교의 중요성을 이렇게 말한다.

설교는 하늘에서 오는 선물이다. 설교의 결정적인 중요성을 이해하는 데 있어 계시는 필수적이고, 계시가 없는 것은 떡과 물이 없는 것보다 더 큰 재앙이다. 교회 부흥은 항상 설교의 회복을 통해 이루어졌고, 설교를 회복하고자 할 때 "하늘로부터 보내신 성령을 힘입어" 복음을 전하는 자들(벧전 1:12)에 대한 기억이 종종 중요한 역할을 했다. 훌륭한 본보기는 후세에 빛을 던져 준다.[2]

설교는 하나님께서 목회자에게 주신 가장 우선적인 특권이며 무거운 책임이다. 하나님은 잃어버린 자를 구원하고 그분의 나라를 확장하는 데 설교자를 사용하신다. 그러나 안타깝게도 지난 수십 년 동안 교회 강단에서 성경적 설교는 약화되었다. 이런 현상이 나타나는 몇 가지 이유를 살펴보자. 첫 번째, 설교자들의 메시지가 세속화되었다. 예를 들어, 많은 설교자가 번영신학이나 복음의 핵심이 빠진 도덕적 가르침에 영향을 받게 되었다. 앨버트 몰러는 이런 비극을 다음과 같이 설명한다.

> 지난 몇십 년 동안은 수많은 강단에서 무분별하고 제멋대로인 실험들이 행해진 시간들이었다. 가장 많은 문제가 있는 현상들 중에 하나는 강해 설교가 쇠퇴하고 있으며 사라지고 있다는 것이다. 복음주의 진영 안에 있는 영향력 있는 수많은 목소리는 강해 설교의 시기는 이제 과거사가 되었다고 말한다. 그 대신에 몇몇 현대 설교자들은 이제 세속적이거나 피상적인 회중에게 다가가기 위해 의도적으로 고안된 메시지를 전하고 있다. 이런 메시지는 성경 본문을 설교하는 것을 회피함으로써 성경적 진리와 혹시라도 난처하게 부딪힐 수도 있는 것들을 피하는 것이다.[31]

두 번째, 설교가 목회 사역의 우선순위에서 밀려났기 때문이다. 이는 하나님의 말씀의 권위가 상실되고 진리에 대한 믿음이 감소한 결과다. 일부 설교자들은 상담 사역이나 조직 리더십 등을 설교보다 더 필수적인 사역으로 본다. 또 다른 설교자들은 설교가 구시대적인 방법이라고 생각해 영상, 음악, 드라마, 멀티미디어와 프레젠테이션 같은 현대적 기술로 대체하여 청중과 소통해야 한다고 주장한다. 마지막으로, 설교의 방법론과 준비에 관한 무지가 강해 설교에 부정적인 영향을 주고 있다. 많은 사람, 심지어 목회자들도 강해 설교(Expository Preaching)라는 단어에 대해 부정적인 생각을 하고 있다. 그들은 강해 설교가 건조하고 딱딱한 성경 해설 내지는 교리를 가르치는 설교 형식이라고 비난한다.

한국교회의 성장은 성경적인 설교의 회복 여부와 맞물려 있다. 한국교회가 진정한 부흥을 경험하려면 성경적 강해 설교자들이 세워져야 한다.

훌륭한 모델, 강해 설교자 존 파이퍼

이러한 때에, 영향력 있는 목회자이자 신학자이며 개혁주의 지도자인 존 파이퍼는 성경적 강해 설교자들에게 좋은 본이 될 수 있다. 데이비드 웰스는 파이퍼를 여러 면에서 틀을 깬 우리 세대의 특별한 목회자 중 한 명으로 인정했다. 또한 교회에서 하나님과 그분의 영광이 희미해져 가는 시대에 하나님에 대한 큰 생각을 가진 사람이라고 평가했다.[4]

D. A. 카슨은 파이퍼를 우리 세대의 마틴 로이드 존스로 불렀고, 콜린 한센은 개혁신앙의 부활과 새로운 칼빈주의의 많은 부분을 파이퍼의 영향력의 결과로 평가했다.[5] 2009년 3월 23일 자 「타임지」는 "세계를 변화시키고 있는 열 가지 아이디어" 중 하나로 새로운 칼빈주의를 주목하면서, 개혁주의 부활의 선구자로서 앨버트 몰러와 존 파이퍼를 지명했다.[6] 2018년 미국 베일러대학교 트루에트신학대학원은 '영어권 국가에서 가장 영향력 있는 설교자 12인'을 발표했다. 그들 중에 한국 목회자들에게 크게 주목받고 있는 팀 켈러와 함께 존 파이퍼가 있다.[7] 파이퍼에 대

한 마크 데버의 존경은 남다르다. 그는 파이퍼가 개혁신학 부흥에 있어 "해안을 강타한 파도"라고 평가한다.[8] 2006년 '복음을 위한 연합 컨퍼런스'(Together for the Gospel Conference, T4G)의 강사 중 한 명으로 파이퍼를 초청했다. 데버의 말을 귀담아들을 필요가 있다.

> 우리 시대 복음주의 스타 존 파이퍼가 있습니다. 존 파이퍼는 이 세대 교회의 얼마나 큰 선물인지요! 우리 가운데 대부분은 많은 말을 순식간에 내뱉고 다음 할 일로 급하게 넘어가지만 존 파이퍼는 멈춰 서서 가만히 하나님의 말씀을 바라봅니다. 그는 종종 명백해 보이는 무언가를 바라봅니다. 결국 그 생각은 풍성해지고 세밀해지며 화려해지고 정교해집니다. … 그는 우리가 단지 하나님의 말씀을 전하는 데 그치지 말고 말씀을 기뻐해야 한다고 조언했습니다. 십자가를 기뻐하지 않고 십자가를 설교하는 것은 십자가를 부인하는 것입니다.[9]

파이퍼는 1980년 6월부터 2013년 5월 31일까지 미네아폴리스에 위치한 베들레헴침례교회에서 33년간 설교와 비전을 위한 목회자로 섬겼다. 그리고 1986년에 『하나님을 기뻐하라』(Desiring God: Meditations of a Christian Hedonist)를 출간하여 국제적인 명성을 얻게 되었다. 1988년에는 디자이어링 갓 컨퍼런스를 개최했고, 이후에 '기독교 희락주의'(Christian Hedonism)와 함께 그의 영향력이 급속히 자라기 시작하여 1994년에는 디자이어링 갓 사역(Desiring God Ministries, DGM)이 출범하게 되었다.

이 사역은 파이퍼의 많은 저서, 세미나, 설교, 집회, 글 등을 제공하여 하나님 중심의 비전을 퍼뜨리고 있다. 파이퍼는 신학, 설교, 선교, 목회 사역, 기독교인의 삶 등에 관한 책을 90권 이상 저술하였다.

1998년에는 베들레헴교회가 직접 운영하는 베들레헴 인스티튜트(TBI)가 탄생하여, 수년간 목회 훈련뿐만 아니라 신학과 선교 교육을 제공했다. 이 훈련 기관은 2008년에 이르러 '진지한 기쁨의 교육'이라는 모토를 가진 베들레헴 대학교와 신학교(Bethlehem College and Seminary, BCS)로 발전하게 되었으며, 현재 대학교와 신학교 모두 외국 유학생을 받고 있다.

파이퍼는 "우리가 하나님 안에서 가장 크게 기뻐(만족)할 때, 하나님은 우리 안에서 가장 크게 영광을 받으신다."라는 개인의 모토로 표현되는 '기독교 희락주의'를 퍼뜨리고 있다. 설교를 포함한 그의 모든 사역은 이 사상에 뿌리를 두고 하나님의 영광을 높이려는 열정을 확산시키고 있다. 그가 전하는 설교의 주된 목적은 삼위일체 하나님의 역할을 통해 설교 안에서 하나님의 주권과 영광을 나타내는 것이다. 이런 점에서 조나단 에드워즈가 파이퍼의 삶과 신학과 설교의 모델이 된다.

파이퍼는 강해 설교를 통해 하나님을 영화롭게 하기를 열망한다. 설교는 그에게 가장 우선적이고 고귀한 사역이다. 파이퍼는 이렇게 말한다. "설교 사역은 내 인생의 중심 사역입니다. 나의 기도는 이 사역과 내가 하는 모든 일을 통해 더욱 많은 사람들이 믿음의 순종을 더욱 깊이 실천함으로써 우리 하나님과 구주 예수 그리스도의 영광이 더욱 커지기를 바라는 것입니다."[10]

파이퍼는 성경적 강해 설교자로서 한국의 설교자들에게 많은 주목을 받고 있다. 많은 목회자가 파이퍼의 하나님 중심의 신학에 근거한 복음적 강해 설교에 관심을 두고 있지만, 그의 설교는 아직 제대로 연구된 적이 없다. 파이퍼의 설교 세계를 보여 주는 두 권의 저서가 있다. 하나는 베들레헴교회 성도들에게 헌정한 『하나님을 설교하라』이다.[11]

이 책에서 파이퍼는 설교에서 하나님을 최고로 높여야 하는 이유를 설명하고, 하나님을 최고로 높이는 설교를 위한 방법으로 조나단 에드워즈를 예로 들었다. J. I. 패커는 이 책이 지친 목회자들이 마실 만한 원기 회복제와 같고 강단 사역을 위한 신학, 전략, 영성을 깊이 파고든다고 말했다. 어윈 루처는 모든 설교자가 이 책을 1년에 한 번씩은 읽어야 하며, 이 책은 자기중심적 설교를 치료할 강력한 해독제라고 말했다.

설교를 위한 그의 또 한 권의 책은 로이드 존스에게 헌정한 『강해의 희열』이다. 이 책은 설교의 배경, 설교의 기원과 합당성, 설교가 성령님의 일인 동시에 사람의 일임을 강조한다. 싱클레어 퍼거슨은 이 책을 "설교자를 바닥에 엎드리게 했다가 다시 일으켜 세워 하나님을 위해 더 나은 사람이 되어 보다 잘 살아가고 싶게 만든다. 복음의 설교자라면 누구나 꼭 읽어야 한다."라고 평가했다.[12]

강해 설교를 배우기 위해 파이퍼의 설교를 듣고 연구하고 그의 저서를 탐독할 만한 가치가 있다고 생각하지 않는가? 파이퍼는 강해 설교를 위한 탄탄한 신학적 기초와 불타는 열정과 실제적인 방법을 가지고 있다. 또한 그는 세속화된 설교자나 거룩한 정서가 없이 견고한 신학 교리만 고수하는 설교자들에게 경종을 울린다. 그리고 하나님의 영광을 추구하려는 설교자들에게 신선한 활력과 뜨거운 열정을 줄 뿐만 아니라, 해석학과 설교학의 실제적인 원리와 방법을 제시하고 있다.

2장

하나님을 추구하는 경건한 삶

　로이드 존스는 설교자의 영적 준비의 중요성을 이렇게 강조했다. "설교자는 보통 수준 이상의 영성이 있는 사람이어야 하며, 진리를 확고히 알고 이해하는 단계에 이른 사람이어야 하고, '그 진리를 다른 사람들에게 전달할 수 있다'라고 느끼는 사람이어야 합니다. … 설교자에게 가장 중요한 첫 번째 임무는 설교문을 준비하기 전에 자기 자신을 먼저 준비하는 것입니다."[1] 파이퍼도 이와 같은 생각으로 사역의 모든 분야를 결정짓는 것은 설교자의 영적 상태라고 생각했다. 그러기 위해서 그는 세 가지 은혜의 수단을 사용했다. 바로 말씀, 기도, 독서(독서 생활은 QR코드로 제공되는 참고 자료를 확인하기 바란다–편집자주)이다.

하나님의 말씀에 흠뻑 젖어 듦

　파이퍼는 성경을 그 어떤 책보다 더 사랑했다. 그는 성경에 푹 젖어 있기를 원했고, 하나님의 말씀이 그의 영육을 충만하게 채우기를 원했다. 그는 강해 설교를 위해 설교학보다는 꾸준한 성경 공부와 경건한 성경 읽기가 더 중요하다는 강한 신념이 있었다. 파이퍼는 성경을 읽고 해석하면서 피 끓는 열정을 수없이 경험했다. 그는 이렇게 말한다.

> 내가 설교자가 될 수 있었던 것은 신학교에서 성경을 보면서 뜨겁게 감격했기 때문일 것입니다. 열정적으로 감격했습니다! 빌립보서가 나에게 열리고 갈라디아서가 열리고 로마서가 열리고, 주해 수업 시간에 (설교학 시간이 아니라) 산상수훈이 나에게 열리기 시작했을 때, 내 안에 있는 모든 것들이 느끼고 있었습니다. "누군가에게 이것을 말해주고 싶다. 이것은 믿을 수 없이 너무 엄청나기 때문에 이것을 말할 방법을 찾고 싶다."[2]

성경을 읽다가 성경이 열리고 흥분하는 이 모든 과정이 파이퍼에게는 일종의 설교 준비와 같았다. 다시 그의 말을 들어 보자.

> 모든 성경 공부와 경건한 성경 읽기는 설교를 위한 준비입니다. 아니, 경건하게 읽을 때 늘 '설교 준비'를 한다고 생각해서는 안 됩니다. 대신 하나님의 영광과 그분의 길을 음미하십시오. 설교자는 이 귀한 약속이나 충격적인 책망이 어떻게 그의 백성에게 힘이 될 수 있는지를 생각하며 기뻐해야 합니다. 성경을 지속적으로 읽고 꾸준히 암송하십시오. 그렇게 하면 여러분은 성경에 스며들게 되고 설교에 하나님의 말씀의 꿀이 뚝뚝 떨어지게 될 것입니다. "금 곧 많은 순금보다 더 사모할 것이며 꿀과 송이꿀보다 더 달도다"(시 19:10).[3]

이처럼 파이퍼는, 설교자는 경건한 성경 공부와 성경 읽기를 통해서만 빚어질 수 있다고 믿었다. 그렇다면 그가 구체적으로 어떻게 성경을 읽고 묵상했을까? 말씀으로 가득 채워져 있기 위해 파이퍼는 세 가지 방법을 병행했다.4) 첫째, 이른 아침 자기만의 골방에서 매년 성경읽기표(The Discipleship Journal)를 따라 성경을 통독했다. 둘째, 바쁜 삶에서 벗어나 하나님께 집중하고 말씀을 묵상하기 위해 정기적으로 성경과 종이와 펜을 들고 여행을 떠났다. 이렇게 규칙적이면서도 열렬한 성경 묵상은 그의 영혼을 더욱 강건하게 만들었다. 파이퍼는 이렇게 말한다.

나는 성경의 네 부분을 읽었다. 어떤 준비를 위해서가 아니라 단지 나의 영혼을 먹이기 위함이었다. 본문을 읽을 때마다 그와 관련된 다른 본문이 떠올라 나의 이해를 더욱 명확하게 만들어 주었다. 그리고 안개가 걷히고 나는 하나님을 더욱 온전하게 보고 즐길 수 있었다. … 오, 하나님의 말씀이 얼마나 달콤한가! 나는 창문을 통해 밝은 아침을 보며 이렇게 말했다. 하나님 사랑합니다. 주 예수님 사랑합니다. 저는 당신의 말씀을 사랑합니다. 오, 당신을 알고 당신의 말씀을 가졌다는 것이 얼마나 큰 특권인지요. 제가 당신의 말씀에 신실하도록 지켜 주십시오. 예수님의 이름으로 기도합니다. 아멘.5)

마지막으로, 파이퍼가 말씀으로 영혼을 채우는 방법은 암송이다. 그는 성경 구절, 문단, 장, 심지어는 한 책을 다 암송하기 위해 많은 시간을 사용했다. 그는 암송의 유익에 대해 이렇게 말한다.

내가 성경 암송에 이렇게 많은 시간을 쏟는 것은, 내주하는 하나님의 말씀에는 수많은 문제가 생기기도 전에 그것을 해결하며, 수많은 상처가 생기기도 전에 그것을 치료하며, 유혹의 순간에 수많은 죄를 죽이며, 수많은 날을 "송이꿀"로 달콤하게 하는 능력이 있다고 믿기 때문이다.[6]

파이퍼는 자신의 삶이 영적 전쟁임을 늘 기억했고, 불신앙과 싸우기 위해 성경 암송을 게을리하지 않았다. 특히 목회를 하면서 마귀는 파이퍼 자신과 가정과 교회와 세상에 대해 낙심하고 슬퍼하도록 불화살을 쏘아댔고, 파이퍼는 이를 말씀으로 이겨냈다고 고백한다.[7] 성경을 이토록 사랑한 결과 그의 영혼과 마음뿐만 아니라 글과 말도 하나님의 말씀에 젖어 들었다. 심지어 만나는 사람들에게 '성경을 향한 사랑을 전염'시켰다.[8] 예를 들어 베들레헴침례교회에서 행정 목회를 도왔던 데이비드 마티스는 파이퍼와 신학에 대해 대화한 후 자신도 파이퍼처럼 말씀의 사람이 되고 싶다는 열망을 느꼈다고 한다. 그는 이렇게 기록한다.

질문을 받았을 때 파이퍼는 신학적인 문제를 해결하기 위해 웨스트민스터 신앙고백서가 아니라 에베소서와 요한복음을 인용하는 등 신앙고백서가 아닌 성경 본문으로 늘 돌아갔습니다. 이런 모습은 나에게 파이퍼가 사랑하고 선포했던 침례교 개혁주의 신학에 대한 귀중한 교훈을 가르쳐주었습니다. 개혁주의가 아무리 훌륭하더라도 우리의 궁극적인 권위는 항상 성경과 오직 성경이라는 것입니다. 우리 신학생들은 존 목사님은 오직 성경(Sola Scriptura)을 믿을 뿐 아니라 그것을 실천했다는 것을 분

명히 알 수 있었습니다.[9]

하늘 번개에 연결된 기도의 삶

성경을 향한 사랑과 함께 파이퍼는 하나님과 동행하고 거룩함을 추구하기 위해 기도하는 삶을 살았다. 그는 기도가 하늘에서 내려치는 번갯불에 우리의 흐늘흐늘한 전선을 연결하는 것이라고 믿었기 때문에 늘 기도하기에 힘썼다.[10] 파이퍼는 매주 교회에서 금요일 6시 30분에 갖는 아침 기도회를 포함해 약 다섯 번 정도 30분 기도 모임을 가졌다.[11]

그는 공적인 기도회뿐만 아니라 사적인 곳에서 규칙적으로 기도와 묵상에 힘썼다. 예를 들면 서재 한구석을 캐비닛으로 막아 기도의 골방을 만들었다. 그리고 거기에 무릎을 꿇고 성경을 펴 놓을 수 있는 크기의 기도 책상을 두었다. 이른 아침 긴 시간 동안 그리고 점심, 저녁, 취침 시간에 맞춰 하루 중 두세 번 정도 짧은 기도와 묵상을 지속했다.[12]

이처럼 파이퍼는 기도를 통해 하나님과 끊임없는 교제 속에서 살기 위해 몸부림쳤다. 하늘 번개에 늘 접속되어 있기 위해 파이퍼는 특별한 방식을 추구했다. 성령님의 도우심과 함께 말씀을 기도하는 것이었다. 그는 이 방법을 조지 뮬러에게서 배웠다. 뮬러의 방식을 본받아 파이퍼는 성경을 읽는 시간만큼 길게 기도하게 되었다. 그는 이렇게 말한다.

기도 시간과 성경 묵상 시간이 분리될 필요가 없다. 그것들이 나눠지지 않는 것이 가장 좋다. 만약 내게 '나 자신과, 나의 가족과, 나의 교회와,

선교사들과, 도시와 나라를 위해 무엇을 기도하는가'라고 묻는다면 나의 대답은 '말씀을 기도하라'이다. 하나님의 말씀은 하나님과 그의 뜻을 밝혀준다. 당신을 위해 그리고 당신이 기도하는 자들을 위해 당신이 바라는 것은 더 많은 하나님 자신이며 더 많은 하나님의 뜻이다.[13]

하나님의 말씀을 묵상하고 기도로 바꾸는 것, 이것이 내가 믿기로 가장 신실한 그리스도인들이 발견한 핵심적인 기도 방법이다. 어떤 사람은 이렇게 물을지도 모른다. "어떻게 하면 한 시간이나 기도할 수 있나요? 내가 구할 것은 다 구해도 5분이나 10분이면 되는데요." 그러면 나는 이렇게 대답할 것이다.

"성경 구절을 선택해서 천천히 읽기 시작하세요. 한 문장이 끝날 때마다 처음으로 돌아가 읽은 것을 기도로 바꾸세요. 이렇게 하면 성경을 읽을 수 있는 시간만큼 기도할 수 있을 겁니다. 하루 종일이라도 기도할 수 있을 겁니다." … 그리스도를 높이는 하나님의 말씀으로 마음을 적시고 그 말씀을 기도로 바꿀 때, 당신의 갈망과 기도는 영적인 것이 된다. 다시 말해, 성령이 당신의 기도를 하나님이 중심되시고 그리스도를 높이는 기도로 빚으신다.[14]

이처럼 파이퍼는 성경 읽기와 연구를 성령님 안에서 기도와 연결시켰다. 심지어 말할 때나 이메일로 소통할 때나 설교하는 순간순간 하나님의 도우심을 구했다. 그리고 잃어버린 영혼들을 위해 기도 골방에서 고통 가운데 간절히 기도했다. 그는 설교자들에게 다음과 같이 도전한다.

자신을 점검해 보십시오. 영적 멸망을 향해 가는 거리의 사람들을 보며 울 수 있는 능력이 지금 여러분에게 있습니까? 이러한 눈물은 하나님의 심오한 역사를 통해서만 가능합니다. 우리가 각자의 삶과 교회에서 이러한 하나님의 역사를 원한다면 고뇌의 기도가 있어야 할 것입니다. "하나님, 내 마음을 깨뜨려 주십시오!" … 이처럼 '함께 고뇌할 때 하나님은 눈물을 허락하실 것입니다. 이러한 눈물이 없다면, 우리가 먹이는 양떼는 이 교회 저 교회로 떠돌 것이며 어둠에서 빛으로 나오는 사람도 거의 없을 것입니다. 하루 시간을 내어 혼자 한적한 곳에 가서 어떻게 기도해야 하는지를 놓고 기도하십시오. 바로 지금 당신에게 말하십시오. "하나님, 저의 기도에 본질적인 변화를 일으켜 주십시오!" 루터, 웨슬리, 버나드, 허드슨이 매일 기도하면서 보낸 시간이 지금과는 다른 시대에나 어울리는 이상적인 꿈이라고 생각하지 말아 주십시오.[15]

파이퍼는 효과적인 기도 생활을 위한 다섯 가지 실제적인 방법과 말씀을 가지고 기도하는 네 가지 방법을 소개한다.

1. 기도에 전념하기 위한 다섯 가지 실제적인 방법: FADES

1) **F – Free and Formed**(자유롭고 형식을 갖춘 기도): 이것은 '기도의 내용'을 의미한다. 기도가 자유롭기만 하면 기도가 얕고 진부해진다. 반면 기도를 형식적으로만 하면 기도가 기계적이고 공허해진다. 두 가지 방식 모두 중요하다. 그렇다면 어떻게 기도해야 하는가? 첫째, 말씀으로 기도하라. 말씀을 암송하고 기도하거나 주기도문

을 나만의 말로 바꾸어 기도할 수 있다. 둘째, 기도 목록을 작성하라. 기도해야 할 사람들의 이름과 기도 제목을 가지고 있으라. 선교 상황을 알 수 있는 소책자 등을 가지고 세계 교회를 위해 기도하라. 셋째, 기도 패턴을 만들라. 주기도문의 구성을 따라서 기도할 수 있다. 자신의 죄를 회개한 후, 가족, 목회자와 장로, 교회 직원, 성도들, 선교사에 이르기까지 동심원을 그려서 기도하라.

2) **A – Alone and Assembled**(혼자 그리고 함께 드리는 기도): 정기적으로 혼자 기도하고, 다른 신자들과 함께 모여 정기적으로 기도하라.

3) **D – Desperate and Delighted**(간절함과 기쁨으로 드리는 기도): 기도에 헌신한다는 의미는 때로는 간절하게, 때로는 기뻐하면서 하나님께 나아간다는 뜻이다. 기도는 가장 큰 아픔과 두려움을 가지고 하나님을 만나는 곳이고, 가장 큰 기쁨과 감사로 하나님을 만나는 곳이다. 간절함과 기쁨으로, 금식과 축제로 기도에 전념해 보라.

4) **E – Explosive and Extended**(폭발적이고 확장된 기도): 이는 '기도의 길이'를 의미한다. 기도에 헌신한다면 짧은 시간에 감사와 기쁨이 폭발하게 될 것이다. 그리고 오랫동안 기도하는 시간을 갖게 될 것이다. 짧고 폭발적인 기도와 동시에 긴 기도로 하나님을 만나라.

5) **S – Spontaneous and Scheduled**(자발적이고 계획된 기도): 이는 '기도할 때'를 의미한다. 우리가 기도에 전념할 때 바울처럼 하루 종일 성령님의 도우심으로 그리스도와 교제할 수 있다. 그분과 대화할 때는 어떤 계획이 지배하지 않는다. 그러나 반드시 계획된 기도가 병행되어야 한다. 자발성의 진정한 열매는 계획성이라는 정원에서

잘 자란다. 기도 시간을 정하라. 언제 어디서 누구와 기도할 것인지를 계획해 보라. 오직 성경만 있으면 된다. 말씀으로 기도하라.[16]

2. 말씀을 가지고 기도하는 네 가지 방법: IOUS

1) **Incline**(기울이라): 내 영혼이 하나님을 향하고, 마음을 하나님의 말씀으로 이끌어 주시고, 마음에 없는 갈망을 일으켜 주시길 기도하라. **"내 마음을 주의 증거들에게 향하게 하시고 탐욕으로 향하지 말게 하소서"**(시 119:36, 강조는 저자 추가).

2) **Open**(열어라): 말씀으로 이끌릴 때 내 생각이 아니라 말씀에 실제로 있는 것을 보고 마음의 눈이 열리게 기도하라. "**내 눈을 열어서** 주의 율법에서 놀라운 것을 보게 하소서"(시 119:18).

3) **Unite**(하나 되라): 내 마음이 나누이지 않고 온전히 하나님께 집중되어 하나님의 말씀에 즐겁게 반응하도록 기도하라. "여호와여 주의 도를 내게 가르치소서 내가 주의 진리에 행하오리니 일심으로 주의 이름을 경외하게 하소서"(시 86:11).

4) **Satisfy**(만족하라): 내가 하나님의 말씀과 연결되고 나의 기도에 응답하시는 성령의 역사를 느끼면서 내 마음이 세상이 아니라 하나님으로 만족하도록 기도하라. "아침에 주의 인자하심이 **우리를 만족하게 하사** 우리를 일생 동안 즐겁고 기쁘게 하소서"(시 90:14).[17]

2부

존 파이퍼는
성경을 어떻게 연구하는가?

파이퍼는 훌륭한 설교자는 성경 공부와 읽기를 통해서만 빚어질 수 있다고 믿었다. 성경에 푹 젖어 있는 것을 넘어 구체적으로 그는 성경을 해석하는 나름의 방법을 가지고 있었다. 파이퍼의 강해 설교가 강력한 이유는 그의 탄탄한 주해가 뒷받침되었기 때문이다. 그의 설교는 철저히 성경에 기초한 설교였다. 성경을 사랑했던 파이퍼는 구체적으로 성경을 어떻게 대하고 있을까? 그리고 성경을 구체적으로 어떻게 해석했을까?

1장

성경을 대하는 자세

파이퍼는 하나님의 말씀을 올바르게 해석하고 말씀의 의미를 파악하기 위해 다섯 가지 성경 접근법을 소개한다.[1] 첫째, 성경이 하나님의 말씀이라는 사실을 받아들이라. 둘째, 성경을 존중하라. 셋째, 성경의 관점에서 설교자도 죄인임을 인정하라. 넷째, 하나님의 용서를 확신하라. 다섯째, 하나님이 성경을 통해 우리의 모든 필요를 채우실 것을 기대하라. 이는 두 가지로 구분할 수 있다. 첫 번째, 성경의 권위를 존중하라. 두 번째, 필요와 기대를 가지고 성경으로 나아가라.

성경의 권위를 존중하라

파이퍼는 설교자가 경외심과 깊은 존중을 가지고 성경에 다가가야 한다고 강조한다. 읽고 연구하는 본문이 하나님의 말씀이기 때문이다. 또한 성경은 성령님의 감동으로 쓰여졌기에 무오하고 권위가 있다고 믿는다.[2] 그래서 파이퍼는 설교자가 성경에 권위를 가지고 설교함으로써 청

1장 성경을 대하는 자세 43

중이 하나님의 말씀을 듣고 있음을 상기시켜야 한다고 말한다. 성경의 절대적 권위와 성경을 향한 경외심은 그에게 하나님의 말씀을 정확하게 이해하고자 하는 갈망을 주었다. 파이퍼는 이렇게 도전한다.

성경은 아무리 존중해도 지나침이 없지만, 잘못 존중하는 것은 얼마든지 가능합니다. 서로 다른 본문이 어떻게 어울리는지 진지하게 묻지 않는다면, 우리는 슈퍼맨이거나(그래서 모든 진리를 단숨에 보거나) 무관심한 사람들입니다(그래서 진리의 일관성을 확인하는 데 전혀 관심이 없는). 그러나 나는 무관심한 사람이나 슈퍼맨이 성경을 올바르게 존중할 수 있다고 보지 않습니다. 그러므로 하나님의 말씀을 존중한다면 질문을 던지고 문제를 제기해야 하며, 우리의 수고에 새로운 보화와 옛 보화로 보답하는 해답과 해결책이 있다고 믿어야 합니다(마 13:52).[31]

하나님의 말씀에 대한 존중은 파이퍼가 하나님의 말씀의 바른 해석을 원하는 열망과 겸손으로 성경 앞에 나아가도록 만들었다. 그는 설교자가 성경을 공부할 때 겸손해야 한다고 도전한다.

만약 성경이 여러분의 삶에 대한 권위 있는 하나님의 말씀이라고 믿는다면, 성경을 올바르게 해석하기 위해서는 상당한 겸손함이 필요함도 알 것입니다. 그 이유는 간단합니다. 성경은 종종 우리의 자연스러운 성향에 반하는 방식으로 느끼고 생각하고 행동하도록 요구합니다. … 그래서 장기적으로 볼 때 올바른 해석은 오직 상하고 통회하는 심령에서만 나올

수 있습니다.[4]

이처럼 파이퍼는 성경이 하나님의 신성하고 권위 있는 계시라는 깊은 확신이 있었다. 또한 성경을 대하는 설교자는 죄인임을 절실히 알고 있었다. 그래서 그는 성경에 대한 경외함과 갈망과 겸손함으로 성경을 읽고 해석하는 데 헌신했다.

필요와 기대를 가지고 성경으로 나아가라

파이퍼는 설교자가 성경을 읽고 공부할 때 경외심뿐만 아니라 필요와 희망을 품고 나아와야 한다고 말한다. 그는 우리가 누려야 할 필요와 희망을 세 가지로 나눈다.

첫째, 파이퍼는 성경이 이 세상에서 필요한 모든 것을 다 채워 준다는 것을 믿어야 한다고 강조한다. 왜냐하면 성경이 이 세상 모든 책 중에서 인간에게 가장 영향력 있는 책이기 때문이다. "여러분이 지금 다루고 있는 어떤 현대의 사상보다 더욱 지혜롭고 더욱 통찰력이 있고 더욱 세상을 변화시키는 거대한 것을 발견할 것이라는 기대와 열린 마음을 가지고 성경 앞으로 나아가라."[5]

그렇게 함으로써 설교자는 자신의 생각이 아닌 하나님의 인도를 따를 수 있다. 파이퍼는 하나님이 그분의 방법으로 우리의 필요를 채우실 것을 기대하라고 설득력 있게 도전한다.

성경은 이러한 필요를 채워 줄 준비가 되어 있습니다. … 그렇다면 성경이 우리에게 필요한 희망과 격려와 힘을 충족시키기 위해 근본적으로 다른 접근법을 제시한다면, 우리는 아주 중요한 선택을 해야 합니다. "성경의 처방을 거부하고 다른 의사를 찾아갈까요? 아니면 하나님께서 우리 자신보다 우리를 더 잘 아시고, 우리 자신보다 우리를 더 사랑하신다는 사실을 겸손히 인정하고 그분의 처방과 조언에 담긴 지혜를 인내하며 찾아볼까요?"[6]

둘째, 파이퍼는 하나님이 우리로 하여금 죄를 깨닫게 하시고 그 죄를 용서하시기 위해서 성경을 주셨다는 것을 알고 성경에 접근할 것을 강조한다.[7] 다시 말해서, 그는 용서받아야 할 필요성과 용서를 받고자 하는 기대를 가지고 하나님의 말씀으로 나아간다. 성경을 읽고 공부할 때 우리는 창조주 하나님 앞에 서게 된다. 그리고 우리는 자신의 양심과 하나님의 실재 그리고 우리가 하나님이 당연하게 받으셔야 할 영광과 감사를 그분께 돌리지 못한 죄인임을 깨닫게 된다. 그렇기 때문에 우리는 용서의 필요와 함께 예수 그리스도로 인해 죄 용서가 선포되었음을 굳건히 확신하며 성경으로 나아가야 한다.

파이퍼는 설교자가 성경에서 죄를 용서하는 예수 그리스도의 권세를 보아야 하며 "그의 입술에서 나오는 가장 달콤하며 가장 필요한 말씀('나는 내 목숨을 많은 사람들의 대속물로 주기 위해 왔다')을 들어야 한다."[8]라고 강조한다. "다시는 목마르지 않을 것이다"라는 설교에서 파이퍼는 이러한 성경 접근법을 잘 설명한다.

예수님이 사마리아 여인을 우물가에서 만나는 요한복음 4장의 이야기는 우리 자신에 대한 비참한 진실과 예수님에 대한 놀라운 진리를 드러냅니다. 그리고 예수님에 대한 이 놀라운 진리는 비참한 우리에게 희망을 줍니다. … 성경이 우리 자신에 대한 비참한 사실을 알려 주는 이유는 은혜와 구원의 위대함을 그 사실 그대로 놀랍게 느껴지게 하기 위함입니다.[9]

셋째, 파이퍼는 설교자들이 희망과 격려와 힘을 필요로 하는 마음으로 성경에 접근해야 한다고 말한다. 특히 우리가 고난을 겪을 때 하나님이 말씀으로 기쁨의 소망을 주심을 기대하며 나아가야 한다고 강조한다.

무엇이 희망을 만들어 내며 유지시킵니까? … 우리는 하나님과 함께하는 미래를 다른 어떠한 보화보다 더 귀하고 만족스러운 것으로 보아야 합니다. 그것이 바로 "소망 안에 기뻐하는 것"입니다. 그리스도 안에서 지금 우리를 위해 계시고, 앞으로도 모든 것 되실 하나님으로 만족하는 것입니다. 그래서 이 질문(어떻게 기쁨의 소망을 깨우며 유지하는가?)에 대한 두 번째 답은 성경을 읽고 묵상하고 암송하는 것입니다.[10]

파이퍼는 삶의 인도, 죄의 용서, 희망 등 이 세상에서 필요한 모든 것이 하나님의 말씀을 통해 다 채워지리라는 기대를 품은 채 성경을 읽고 묵상하며 연구했다.

2장

성경 연구 방법

파이퍼는 『존 파이퍼의 초자연적 성경 읽기』라는 책에서 자신이 성경을 읽고 연구하는 탁월한 방법들을 충분히 제시한다. 그러나 그의 성경 주해의 가르침은 이 책이 나오기 18년 전 소책자 안에서 시작되었다. 파이퍼는 1999년 7월에 당시 그의 교회 부목사였던 톰 스텔러에게 "성경적인 주해"(Biblical Exegesis: Discovering the Meaning of Scripture Texts)라는 32페이지짜리 책자를 건네주었다.[1] 톰은 이 자료를 가지고 베들레헴침례교회 성도들과 학생들을 가르쳤다. 이 보물 안에는 파이퍼가 풀러신학교 시절 다니엘 풀러로부터 배웠던 본문을 읽는 방법이 잘 담겨 있다.

성경 연구의 세 가지 목표

파이퍼는 교회의 생명은 하나님의 말씀에 달려 있기에 설교자가 하나님의 말씀을 충실히 연구하고 가르치는 것은 세상을 변화시키는 데 상상 이상의 일을 하리라고 믿었다.[2]

이런 확신을 가진 설교자가 강해를 제대로 하려면 반드시 성경적인 성경 해석에 헌신해야 한다. 성경적인 주해는 성경적인 설교의 모판이라고 할 수 있다. 주해라는 엄청난 수고를 하지 않는다면 결코 좋은 설교가 나올 수 없다. 파이퍼가 위대한 강해 설교자가 될 수 있었던 이유는 그가 위대한 성경 주해가였기 때문이다. 강해 설교를 하기 위해서 설교자는 성경 연구에 얼마나 노력을 기울여야 할까? 존 맥아더는 "열매 맺는 강해 설교는 커다란 노력을 요구한다. 아무것도 말씀처럼 중요한 것이 없으므로 그 무엇도 '말씀을 바르게 쪼개기' 위해 강해 설교자가 쏟는 노력을 능가할 수 없다."[3]라고 말했다.

파이퍼 역시 교회의 생명이 하나님의 말씀에 달려 있다고 믿었기 때문에 진정한 말씀 해석자가 되기 위해 피나는 노력을 기울였다. 그는 모든 설교자가 성경 말씀의 의미를 발견하기 위해 다른 어느 책보다 성경을 정성스럽고 정확하고 꼼꼼하게 읽는 법을 배워야 한다고 생각했다. 그래서 파이퍼는 성경을 연구하는 것은 설교자들이 성경에서 하나님의 뜻을 발견하기 위해 엄청난 지적인 노력을 기울여야 할 "힘겨운 정신노동"이라고 말한다.[4]

1. 즉각적(통상적) 목표 – 지적 수고를 통한 저자의 의도 파악

설교자가 성경 해석을 바르게 하려면 반드시 성경 해석에 대한 분명한 목표가 있어야 한다. 파이퍼는 성경 해석을 위해 즉각적 목표와 최고의 목표와 궁극적 목표를 가지고 있다. 먼저 파이퍼는 설교자가 성경을 공부할 때 원래 성경 저자들이 무엇을 말하고자 했는지를 명확하게 이

해해야 한다고 강조한다. 이것이 즉각적 목표 또는 통상적 목표다.[5]

설교자는 성경의 저자가 원래 의도한 바가 무엇인지를 알아내기 위해 성경을 연구해야 한다. 파이퍼는 저자의 의도는 정확히 우리 앞에 있는 본문의 언어에서 찾을 수 있고, 저자가 전달하고자 의도한 내용은 일회적인 역사적 사건이기에 언제나 동일하다고 말한다. 나아가 설교자는 성경 저자의 의도를 발견한 후 그 의미를 자신의 삶과 주변 상황에 적용할 수 있고, 그 적용의 힘은 변치 않는 객관적인 의미에 근거를 두고 있기에 강력하다고 강조한다.[6]

저자의 의도를 제대로 파악하기 위해 설교자는 성경을 읽고 또 읽으며 연구해야 하는 엄청난 지적 수고를 감당해야 한다. 파이퍼는 이런 의미에서 주해를 "지적 효소와 인지 촉매제"라고 부른다.[7] 그는 하나님이 자신을 겸손하게 낮추셔서 우리를 찾아오는 방식은 성육신과 더불어 성령님의 감동으로 된 성경이라고 말한다. 다시 말하면 하나님은 자신을 낮추셔서 사람의 모습으로 오셨을 뿐만 아니라 문법과 명제와 구문론으로 구성된 사람의 언어로 자신을 계시하셨다.

사람의 언어는 특정한 사람을 통해 특정한 역사적 상황(특정한 시기와 특정한 장소)에서 주어진 것이다. 그래서 성경의 각 장르마다 특성이 있고 성경 각 권마다 각각의 저자가 존재한다. 그래서 아기가 자라면서 언어 기술을 연마하듯이, 설교자는 하나님의 말씀을 바르게 알아 가도록 저자가 사용하는 단어나 구문을 연구해야 한다.

파이퍼는 성경 각 권에 담긴 저자의 의도를 파악하기 위해 야고보서에 나오는 "지혜"라는 단어를 예로 든다. 야고보서 1장 5절에 나오는 지혜의 의미를 찾기 위해서 잠언 8장에 나오는 지혜를 가져올 필요가 없다. 왜냐하면 야고보서와 잠언의 저자가 다르기 때문이다. 오히려 야고보서 3장 15절로 가서 지혜의 의미를 연구해야 한다. 그렇게 함으로써 성경 저자의 의도 즉 하나님의 의도를 알 수 있다.[8]

또 다른 예로 파이퍼는 베드로전서 3장 18-22절에 나오는 고난의 의미를 이렇게 설명한다. "이 구절의 핵심은 잘못된 일이 아닌 옳은 일을 위해 예수님과 함께 고난받을 각오를 하도록 도와주는 것입니다. 우리가 잊어서는 안 되는 베드로의 의도는 우리를 믿음으로 무장시켜 그리스도와 그의 나라를 위해 고난 받도록 도와주기 위함입니다."[9]

파이퍼는 저자의 의도를 파악하기 위해서 다른 저자가 성경의 다른 곳에서 말한 내용(전체 책 문맥)과 읽고 있는 본문의 즉각적인 문맥을 연결해서 보았다. "이 산도 저 산도 아닌 영과 진리로"라는 제목의 설교에서 그는 요한복음 4장 22절의 "우리는 아는 것을 예배하노니 이는 구원이 유대인에게서 남이라"를 이렇게 설명한다.

예수님이 여기서 그리고 복음서의 다른 곳에서 강조하는 것은 유대인으로부터 나신 구원자를 영접하는 것 외에 진리로 예배드릴 방법이 없다는 것입니다. … [예수님은 말씀하셨습니다] "누구든지 나를 참으로 모르고, 나를 참으로 경외하지 않고, 나를 참으로 사랑하지 않는 자는 하나님을 알지도 못하고 경외하지도 사랑하지도 않는다."[10]

그리고 성경의 다른 부분을 인용하여 이렇게 말한다.

2장 성경 연구 방법

이것이 바로 누가복음 10장 16절 "나를 저버리는 자는 나 보내신 이를 저버리는 것이라"의 핵심입니다. 그들이 거부하는 자를 예배한다는 것은 말이 되지 않습니다. 그리고 "나를 영접하는 자는 나를 보내신 이를 영접하는 것이니라"(마 10:40)는 말씀처럼 그들이 영접하지 않는 자를 예배한다는 것 또한 말이 되지 않습니다. 그리고 사마리아 사람들과 유대인들에게 특히 더 관련된 요한복음 5장 46절 "모세를 믿었더라면 또 나를 믿었으리니"라는 말씀도 마찬가지입니다. 다시 말해 "내가 누구인지를 부인한다면 모세를 진정으로 믿는 것도 아니고 모세를 따라 드리는 '예배' 또한 진짜 예배가 아니다."라고 말씀하신 것입니다.[11]

파이퍼는 이러한 과정을 통해 단어들의 정확한 의미를 이해할 수 있을 뿐만 아니라, 저자가 의도한 대로 더욱 깊이 실재로 들어가는 통찰력을 얻게 되고 마침내 성경의 통일성을 발견할 수 있었다. 이처럼 성경 해석은 굉장한 시간과 노력을 많이 요구하는 힘든 과업이다. 그럼에도 불구하고 파이퍼가 해석에 필요한 기술과 능력을 얻으려고 훈련한 이유가 있다. 본문에 대한 이해와 통찰력은 두세 가지 명제와 그것들이 서로 어떻게 연결되는지를 집중적으로, 머리가 아플 정도로 고찰할 때 얻어진다고 믿었기 때문이다. 이런 묵상은 본문에 대한 질문에서 나온다. 이처럼 질문하고, 생각하고, 곱씹을 때 엄청난 통찰력을 얻을 수 있다.[12]

2. 최고 목표 – 지성과 감정의 변화

파이퍼는 성경 해석은 즉각적인 목표를 지나 최고 목표로 나아가야 한다고 말한다. 즉각적인 목표가 '머리'(The Head) 또는 '지성'(The Intellect)을 강조한다면, 최고 목표는 머리와 더불어 '마음'(The Heart) 또는 '감정'(The Affections)을 함께 강조한다고 볼 수 있다.[13]

성경을 연구하기 위한 파이퍼의 학구적인 노력은 차가운 느낌의 지적인 일이 아니라 그의 온 마음과 영혼과 생각을 다 동반한 열렬한 것이었다. 지성과 감정의 연결에 대해 파이퍼는 이렇게 말한다. "하나님에 대한 올바른 사색(right thinking)은 하나님을 향한 올바른 감정(right feeling)에 이바지하기 위해 존재한다. 논리는 사랑을 위해 존재한다. 하나님에 대한 숙고는 하나님에 대한 애정을 위해 존재한다. 머리는 가슴에 이바지해야 한다."[14]

설교자는 성경을 연구할 때 뜨거운 마음을 가진 지적 활동을 멈추어서는 안 된다. 또 한 가지 파이퍼가 강조하는 바는, 성경 해석은 하나님이 설교자를 낮추시는 과정이라는 것이다. 설교자는 자신의 생각과 의견을 내려놓고 저자의 의도를 발견하기 위해 겸손히 문법과 역사적, 문화적 문맥과 문학적 문맥을 공부해야 한다.

또 다른 한편으로 성경 해석은 하나님께서 설교자의 마음을 만지시는 과정이다. 하나님의 말씀은 설교자의 거만함과 자기 의존성을 무너뜨려 성경에서 계시된 영광스럽고 영원한 진리를 보고 누릴 수 있게 한다. 그렇게 할 때 성경 해석은 설교자를 찬양과 감격으로 인도한다. 하나님의 말씀을 연구하는 것이 참으로 기쁜 일이 된다. 파이퍼의 말을 들어 보자.

하나님의 자기 계시를 탐구하는 일이 나는 참 기쁘다. 바로 오늘 아침에도 성경에 다시 한 번 밑줄을 그었다. "여호와와 그의 능력을 구할지어다 그의 얼굴을 항상 구할지어다"(시 105:4). 내가 좋아하는 일은 하나님을 구하고, 그분을 알고, 그분을 나타내 보이는 것이다. … 하나님은 말씀으로 자신을 계시하신다. 그분을 알기 원한다면 그분의 말씀 속에 들어가야 한다. 그래서 나도 주님을 찾기 위해 말씀을 연구하는 데 하루의 대부분을 쏟아 붓는다. … 우리의 정신(mind)과 마음(heart)이 존재하는 이유인 하나님을 더욱 깊이 사랑하게 된다. '이것이 내가 존재하는 이유구나'라고 깨닫기 위해 마음과 생각을 비춰 보고 바꾸는 데 이에 견줄 만한 게 없다. 이처럼 우리의 정신이 하나님을 바라보고(seeing God), 우리의 마음이 하나님을 맛보는 것(savoring God)은 다른 어떤 것과도 비교할 수 없는 경험이다. 우리가 살면서 하는 다른 모든 경험 또한 궁극적으로 여기로 귀결된다.[15]

3. 궁극적 목표 – 하나님의 영광

우리는 파이퍼가 성경 읽기와 주해에 있어 세 가지 목표를 가지고 있음을 살펴보는 중이다. 저자의 의도를 파악하는 즉각적 목표, 지성과 감정의 변화를 경험하는 최고 목표, 그리고 마지막으로 하나님의 영광을 위한 궁극적 목표가 있다. 성경 읽기는 성경을 읽는 사람이 하나님을 더욱 깊이 알고 사랑하고 더 뜨겁게 예배하고, 나아가 다른 사람들의 기쁨을 위해 하나님을 알리는 것이다. 파이퍼는 성경 읽기와 같은 가장 평범한 정신적 활동을 통해 예배와 같은 최상의 영적 체험이 일어날 수 있다고 확신했다.[16]

우리는 예수님의 복음 안에서 하나님을 볼 수 있는 영적인 눈을 갖게 된다. 그리고 그 눈으로 언제나 하나님의 최고의 존귀함과 아름다움, 즉 하나님의 영광을 보기 위해 말씀을 읽어야 한다. 하나님의 영광을 제대로 보기만 한다면 뜨거운 감정으로 하나님을 예배하게 된다.[17]

파이퍼가 말하는 성경을 읽으면서 이르러야 할 최고로 높은 지점은 하나님의 영광이다. 왜냐하면 성경이 하나님의 영광으로 가득 차 있기 때문이다. 그리스도 안에 있는 하나님의 영광의 풍성함을 알고자 한다면 우리는 성경을 읽어야 한다.

파이퍼는 하나님의 영광을 보려는 설교자는 성경을 읽고 연구하는 자연적 행위가 있어야 하고 그런 거룩한 수고 위에 성령께서 하나님의 영광을 보도록 초자연적인 역사를 일으키셔야 한다고 말한다. 그래서 성경을 연구할 때 세 가지를 기대하면서 성경을 읽으라고 권면한다. 첫째 항상 하나님의 최고의 가치와 아름다움을 보기(see) 위해 읽고, 둘째 모든 것 위에 뛰어난 하나님의 탁월하심을 음미하기(savor) 위해 읽고, 셋째 하나님의 영광을 보고 음미함으로써(seeing and savoring God's glory) 그리스도의 형상으로 변화되기 위해 성경을 읽어야 한다.[18]

파이퍼는 이 세 가지를 묶어 궁극적 목표를 이렇게 정의한다. "하나님의 무한한 존귀함과 아름다움이 그리스도께서 각 족속과 방언과 백성과 나라 가운데서 피 흘려 사신 그리스도의 신부가 영원토록 드리는 뜨거운 예배 가운데 높임을 받으시게 되는 것이다."[19] 다시 말해 파이퍼에게 성경 읽기와 연구는 성경에서 하나님의 영광을 보고 맛보는 것이다.

파이퍼는 베델신학교 교수 시절에 이와 같은 예배의 영광을 맛보았다. 그는 1977년 봄 로마서 9–11장에 대한 마지막 주해 수업 시간에 다음과 같은 특별한 경험을 했다.

> 그 해 마지막 수업 때, 각각의 모든 단원들 사이의 관계를 정리하기 위해 칠판에 커다란 "원호"(final arcs)를 그리고 있었습니다. 로마서 9–11장에 해당하는 원호를 칠판 한 쪽에서 다른 쪽 끝까지 그리고 나서 로마서 11장 36절을 전체 내용의 궁극적 핵심으로 강조했습니다. "이는 만물이 주에게서 나오고 주로 말미암고 주에게로 돌아감이라 그에게 영광이 세세에 있을지어다." 그런데 제가 칠판에서 돌아서기도 전에 열두 명의 학생들은 송영을 부르기 시작했습니다. 제가 부탁한 것이 아니었습니다. 계획한 일도 아니었습니다. 그렇게 저절로 찬송이 나왔습니다. … 하나님의 이야기는 하나님의 영광에 대한 것입니다. 하나님의 구원 방법에 대한 계시는 하나님의 경이로움에 대한 기쁨의 찬양으로 이어집니다.[20]

파이퍼의 성경 주해에 대한 궁극적 목표는 신학교 학생들뿐만 아니라 위대한 성경학자에게도 영향을 끼쳤다. 헬라어의 탁월한 교사로 알려진 윌리엄 D. 마운스는 1998년 올랜도에서 열린 복음주의 신학 학회에서 파이퍼의 연설을 들었다. 마운스는 그때 파이퍼의 연설을 듣고 나서 성경을 연구하는 방식을 바꿨다고 한다. 당시 파이퍼는 이렇게 외쳤다.

> 모든 목회자와 선교사의 가장 큰 필요는 … 그들이 아는 것보다 하나님을 더욱 잘 알고, 그들이 즐거워하는 것보다 하나님을 더욱 많이 기뻐하

는 것이다. 만일 학생들이 헬라어 본문 주해에서 경험한 하나님의 영광을 위한 열정으로 불타오르며 성경 수업을 마치고 나온다면, 영성 훈련 과정을 따로 만들 생각은 누구도 하지 않았을 것이다.[21]

성경 연구의 다섯 가지 단계

1. 헬라어 및 히브리어 원어로 읽기

파이퍼가 성경 공부에 대해 가졌던 지적인 노력 안에는 원어 지식에 대한 열심이 포함된다. 그는 원어 공부의 필요성을 이렇게 강조한다.

하나님의 감동하심으로 된 말씀은 헬라어와 히브리어로 쓰인 책으로 우리에게 왔습니다. 우리 중 어느 누구도 태어나면서부터 헬라어와 히브리어는 물론이고 읽을 수 있는 능력을 가진 사람은 없습니다. 이런 것들은 배워야 합니다. 그리고 그것들은 공부를 통해 배워야 합니다. 우리가 배운다고 해도 도구를 사용할 수 있어야 성경 안에서 금과 은을 캐내어 열매를 맺을 수 있습니다. 그렇게 하는 유일한 방법은 공부하는 것입니다.[22]

이렇듯 파이퍼는 히브리어와 헬라어를 해석하는 것이 말씀 사역의 필수 조건이며 강해 설교의 강력한 도구임을 확신하였다. 그는 헬라어와 히브리어 해석에 무관심한 신학생들과 목회자들에 경종을 울린다. 파이퍼는 목회자들이 다른 교육을 받는 것에는 몇 년씩 투자하면서도 정작 가장 중요한 언어 공부에 시간을 들이지 않는다고 한탄한다. 그리고 설교자가 헬라어와 히브리어로 말씀을 공부하지 않을 때 나타나는 네 가지 결과를 다음과 같이 말한다.

1) 성경 본문의 정확한 의미에 대해 확신을 갖지 못한다. 그렇게 되면 하나님의 계시 전체를 깊이 있고 힘 있게 설교할 수 없다.
2) 확신도 없이 그저 서로 다른 번역에 의존해야 한다면, 본문을 자세하게 분석하지 못하고 하나님의 말씀으로 회중을 흥분시키는 정밀함과 명료함이 떨어진다.
3) 말씀을 깊이 파서 깨달음을 얻기보다 손쉽게 통찰과 아이디어를 줄 수 있는 2차 자료를 의존하게 된다. 2차 자료는 읽기 쉽고 우리가 '뒤처지지 않고 있다'는 인상을 준다. 그런 2차적인 음식은 양떼의 믿음과 거룩을 유지하지도, 깊게 해 주지도 못한다.
4) 결국 부정확하고 부주의한 해석이 나오게 된다. 부정확한 해석은 자유주의 신학의 어머니다.[23]

그렇기 때문에 설교자는 원어로 성경을 공부하는 것이 어려운 일이지만, 하나님을 더욱 분명하게 알아 가는 길이며 하나님을 더욱 힘 있고 명확하게 선포하는 길임을 잊어서는 안 된다. 원어의 의미를 알고자 씨름하면서 하나님의 원 계시를 이해하려는 열정과 능력을 회복해야 한다. 신중하고도 고된 주해 작업의 기쁨을 맛본 설교자는 원전에서 말씀의 샘물을 완전히 마실 때까지 결코 만족하지 않을 것이다. 파이퍼는 설교자들이 헬라어 성경을 가지고 컨퍼런스와 세미나에 참여할 수 있는 날이 오기를 고대하고 있다. 그리고 기도와 문법이 만나 위대한 영적 불길이 일어나길 기도하라고 촉구한다.[24]

파이퍼의 권고에 따라 설교자가 원어 공부에 더욱 공을 들이게 된다면 연구의 보상은 실로 엄청나며 성경 안에 있는 진리의 부요함을 누리게 될 것이다.

파이퍼는 설교 준비를 할 때 설교 본문을 컴퓨터 화면에 영어-헬라어 혹은 영어-히브리어로 띄워 놓고 읽는다.[25] 그가 헬라어와 히브리어 원어로 읽는 제일 큰 이유는 바로 그 근원에서 솟아 나오는 물을 배부르게 마시고 싶었기 때문이었다. 그래서 헬라어나 히브리어로 된 성경을 읽으며 저자가 사용한 단어와 구문의 가장 정확한 뜻을 파악하려 애쓴다. 헬라어와 히브리어 성경 외에 현대 번역본 중 ESV와 NASV를 선호했는데, 그중 ESV가 설교와 가르침과 암송과 연구에 가장 적합하다고 말한다. 원문의 정확한 표현을 가능한 한 완벽하게 담아내고 있으며 가독성을 겸비한 최상의 균형을 갖추었다고 보았기 때문이다.[26]

파이퍼는 원문을 연구하는 과정에서 원어 어휘 사전(lexicons), 단어 사전(word study dictionaries), 색인 사전(concordances)과 여러 주석들을 참조한다. 그러나 가장 중요한 원칙은 이 자료들을 무작정 의존하기보다 본문의 문맥 속에서 저자가 의도한 바가 무엇인지 정확히 발견하는 것이다. 그러기 위해서는 원문의 문법(grammar)도 공부해야 하지만 구문론(syntax)을 반드시 익혀야 한다. 파이퍼는 본문의 단어와 구문들이 문맥에서부터 이해될 수 있다고 확신했다. 파이퍼는 로마서 3장 21-26절을 설교하면서 이러한 해석의 원칙을 잘 설명한다.

"의롭다 함을 얻다"(justified)라는 단어 안에 "올바른"(just)이라는 단어가 들어 있다는 점을 주목하기 바랍니다. "올바른"(just)이라는 단어는 "의로운"(righteous)이라는 단어와 본질적으로 유사합니다. 게다가 원어로 살펴볼 때 22절의 "의롭다 함을 얻다"(justified, dikaioumenoi)와 "의"(righteousness, dikaiosune)라는 단어가 동일한 어원(dikai-)을 사용하고 있습니다. 따라서 24절에서 "의롭다 함을 얻다"(being justified)는 의미와 22절에서 "믿음으로 말미암아 미치는 … 의니"(righteousness through faith)의 의미가 매우 유사해지는 것을 알 수 있습니다. 따라서 이 부분을 이렇게 읽어보시기 바랍니다. "이제 하나님의 한 의가 나타났으니 … 곧 예수 그리스도를 믿음으로 말미암아 모든 믿는 자에게 미치는 하나님의 의니 … 의롭다 하심을 얻은 자 되었느니라." 다시 말해, 우리가 의롭다 하심을 얻을 때 하나님의 의가 우리에게 정죄가 아닌 칭의로 임하는 일이 발생하는 것입니다. 죄의 짐이 아니라 의의 선물로 오는 것이지요.[27]

본문의 단어와 구문들을 문맥에서부터 이해하려는 파이퍼의 노력은 마태복음 5장 6절의 해석에서도 찾아볼 수 있다. "의에 주리고 목마른 자"에 대한 의미를 찾기 위해 "의"라는 단어가 산상수훈에서 다섯 번(마 5:6, 10, 20; 6:1, 33) 등장한다는 사실에 주목하며 이렇게 강조한다. "따라서 이 설교에서 예수님이 말하는 바를 알 수 있는 가장 훌륭한 방법은 의로움이라는 단어를 사용한 다른 경우를 살펴보는 것입니다."[28]

2. 역사적 배경과 문학적 문맥을 분석하기

단어의 정확한 뜻을 파악하기 위해 파이퍼는 두 번째로 본문의 역사적 배경과 문학적 문맥을 연구했다. 이것이 해석의 두 번째 단계다. 그는 저자가 역사적 배경에 따른 특정 용어를 사용했다고 생각했기 때문에 본문의 역사적 배경에 많은 관심을 가졌다. 파이퍼는 문학적 분석과 함께 역사적 배경이 저자의 생각을 이해하는 데 기초적인 것이라 여겼다. 그리고 이 작업은 '본문 뒤에 숨겨진 것'을 알기 위해서가 아니라 '본문의 본질', 즉 의미를 파악하는 것을 목표로 한다고 믿었다.[29]

여기서 파이퍼는 역사적 배경이 주해에 중요하다는 것을 인정하지만 과도한 역사적 분석에 집중해서는 안 되며, 역사적 배경과 문학적 문맥 사이의 균형을 유지해야 한다고 강조한다.

파이퍼는 룻기 강해 설교에서 역사적 배경을 설명할 때 이와 같은 원칙을 사용했다. 그는 룻기가 쓰여진 시대와 영적 상태를 자세하게 설명하면서 이렇게 설교한다.

1장 1절에 따르면 이 이야기는 사사 시대에 일어났습니다. 이 시기는 이스라엘이 여호수아의 지도하에 약속의 땅을 점령한 후 약 400년 동안 이스라엘에 왕이 나오기 전(대략 BC 1,500년에서 BC 1,100년)의 기간입니다. 이때는 이스라엘에 있어서 매우 어두운 시대였습니다. 백성들은 죄를 짓고, 하나님은 그의 백성들을 돌이키고자 그들에게 원수를 보내셨고, 백성들은 고통 가운데 하나님께 도움을 요청했습니다. 그때마다 하나님은 긍휼히 여기셔서 그들을 구원하기 위해 사사를 보내셨습니다. 백성들은 계속해서 반역했고, 겉으로 보았을 때 이스라엘 백성들을 향한 하나님의 의와 영광을 위한 목적이 실패하고 있었습니다.[30]

그리고 나서 그는 룻기가 "최악의 상황에서 하나님의 숨겨진 역사를 엿볼 수 있는 책"이라고 언급한다.[31]

파이퍼는 역대하 16장을 본문으로 한 설교에서 아사가 하나님을 의지하지 않는 어리석음을 설명한다. 그때 그는 역사적 배경을 상세히 언급한다. 다윗부터 아사까지 역사적 배경을 살펴본다. 아사가 유다를 41년 동안 통치하면서 약 35년 동안은 평화로운 시기를 보냈다. 그러나 이스라엘 왕 바아사가 쳐들어왔을 때, 아사는 더 이상 하나님을 의지하지 않는다. 그리고 아사는 아람 왕 벤하닷에게 도움을 요청한다. 이런 역사적 배경을 살핀 후, 파이퍼는 우리가 하나님을 의지하지 않고 사람이 할 수 있는 자원에 의존할 때 엄청난 복을 놓치게 되고 불필요한 고난을 겪게 된다고 적용한다.[32]

역사적 배경과 함께 파이퍼는 문학적 문맥도 분석한다. 성경을 공부할 때 그는 저자의 문학적 특징들을 파악하고자 노력한다. 이 부분은 앞에서 살펴본 문맥을 통해 저자의 의도를 발견하는 것과 일맥상통한다고 볼 수 있다. 요한복음 1장 6-36절 설교에서 파이퍼는 설교자의 일이 저자의 문학적 목적에 침투하여 하나님의 감동하심으로 된 본문의 신학적, 영적 및 복음적 목적을 찾는 것이라고 설명했다.[33]

문학적 분석을 할 때 파이퍼는 본문의 큰 그림(the big picture)과 함께 근접 문맥(the immediate context)을 연구한다. 파이퍼는 본문을 해석하기 위해 우선 성경 전체를 연구한 후, 앞 장과 뒷장이 본문과 어떻게 연관이 있는지 보기 위해 노력했다. 그는 로마서 11장 33-36절을 본문으로 한 설교에서, 본문을 다루기 전 로마서 1-11장의 주요 메시지를 요약해서 설명한다.

오늘 우리는 로마서 1장부터 11장까지 둘러보았던 6년간의 여정을 마무리합니다. 그동안 우리는 우리의 마음(모든 인간의 마음)이 끔찍할 만큼 악한 상태라는 것을 로마서 1장에서 3장 19절까지 살펴보았습니다. 그리고 우리의 의와 희생제물이 되셔서 율법의 행위가 아닌 오직 믿음으로 의롭다 함을 얻게 하기 위해 그리스도가 십자가에서 행하신 위대한 사역도 로마서 3장 20절에서 5장 21절까지 살펴보았습니다. 또한 그리스도의 사랑 안에서 우리로 하여금 죄를 이기고 안전케 하시는 성령의 능하신 사역에 대해서도 로마서 6장에서 8장에 걸쳐 보았습니다. 그런 후에는 하나님의 주권적 은혜와 약속을 지키는 신실하심에 대한 위대한 논증도 로마서 9장에서 11장까지 지나며 보았습니다. 이제는 로마서 11장 32절의 놀라운 말씀으로 절정에 다다랐습니다. "하나님이 모든 사람을 순종하지 아니하는 가운데 가두어 두심은 모든 사람에게 긍휼을 베풀려 하심이로다."[34]

이렇게 개괄하여 설명한 후, 파이퍼는 하나님의 길과 판단에 대한 이 모든 계시에 대해 바울이 로마서 11장 33-36절에서 경이와 찬양으로 확실하게 화답한다고 설명한다. 이어서 앞뒤 문맥과 본문을 연결한다. "하나님은 우리가 로마서 1-11장을 들은 후에 이러한 반응을 할 수 있기를 바라십니다. 그분의 긍휼에 놀라고 예수 그리스도를 통해 하나님을 경배하는 것 말입니다. 이러한 반응이 우리로 하여금 로마서 12-15장에 나오는 실질적인 도덕적 요구대로 살 수 있게 해줍니다."[35]

파이퍼는 설교자가 이런 문학적 분석을 통해 청중이 저자의 생각을 명확하게 이해하도록 도와주어야 한다고 강조한다.

3. 구조적으로 분석하기: 본문을 명제로 나누기

파이퍼가 본문의 의미를 결정하는 단계의 세 번째는 저자의 의도를 파악하기 위한 구조적 분석이다. 그는 이를 위해 먼저 본문을 명제(propositions)로 나눈다. 명제는 본문을 구성하는 기본 요소이다.[36] 파이퍼는 명제에 대해 이렇게 설명한다. "문단은 명제로 구성되어 있습니다. 명제는 진술, 질문, 감탄사로 구성됩니다. 명제는 주어와 동사를 가지고 있고 그다음에 그것들을 둘러싼 다른 것들이 있습니다. 바로 이것이 명제입니다."[37]

파이퍼는 명제를 사고의 흐름을 구성하는 기본적 요소로 보았다. 예를 들어, "죄인들을 위해"라는 어구는 그 자체로 명확한 의미를 전달하지 못한다. "죽었다"와 "예수는"도 마찬가지다. 이 셋이 합해져서 하나의 명제를 이룬다. "예수는 죄인들을 위해 죽었다." 그래서 명제를 제대로 이해하려면 언어의 문법도 중요하지만 기초적인 구문론에 대한 지식이 있어야 하는 것이다. 파이퍼는 이처럼 단어들을 명제의 일부분으로 볼 때 비로소 문장 안에서 정확한 뜻을 발견할 수 있다고 보았다.[38]

본문에서 명제를 잘 찾아내고 명제에 포함된 단어를 다 이해하더라도 그 의미를 온전히 이해하지 못할 수 있다. 단어가 문맥에서 어떻게 쓰이는가에 따라 의미가 정해지는 것처럼, 명제는 다른 명제와의 관계를 통해 정확한 의미를 가질 수 있는 것이다. 이 부분은 이어지는 명제들 서로의 논리적 관계 찾기에서 자세하게 다룬다. 이처럼 파이퍼는 구절의 단어와 구문의 의미를 정확하게 파악하려고 애쓴다. 그렇게 하기 위해 그는 원어의 어휘, 역사적, 문학적, 그리고 구조적 분석과 같은 광범위한 관점에서 저자의 생각을 추적하고 있다.

4. 호 그리기(Arcing): 명제들 간의 논리적 관계를 파악하기[39]

파이퍼는 문단을 명제들로 나누고 나서 마지막으로 그 명제들 간의 논리적 관계를 찾아야 한다고 강조한다. 명제들은 구절 안에서 서로 연결되어 있다. 성경 본문 안에서 영적인 보석들이 뒤죽박죽 나열되어 있지 않고 앞뒤가 잘 맞는 상태로 연결되어 논리적인 '논증의 사슬'을 만들어 낸다. "이 진술이 저 진술로 연결되고, 연결된 그 두 진술은 또 다른 진술로 연결되고, 그 세 진술은 또 다른 진술로 연결된다. 그렇게 계속 연결되어 영광스러운 진리에 대한 분리할 수 없는 논증이 단락 전체로 확대된다. 그리고 성령이 우리의 마음을 밝히실 때 이 논증의 사슬에 불이 붙는다."[40]

파이퍼는 명제들을 서로 연결하는 것이 성경 해석에서 가장 중요한 과정이라고 생각한다. 성경을 해석할 때 명제들이 다른 명제들과의 관계 안에서 사용된 정확한 의미를 이해할 때까지는 저자의 생각과 논리의 흐름을 파악할 수 없다고 말한다. 그는 명제들 안에는 '놀라운 일관성'이 있다고 강조한다.

성경이 일관되고 모순이 없다면, 성경을 이해한다는 것은 모든 것이 서로 어떻게 어울리는지를 파악한다는 뜻입니다. 성경 신학자가 된다는 것은 – 목회자는 누구나 성경 신학자가 되어야 합니다 – 점점 더 많은 조각이 서로 어울려 하나님이 디자인하신 아름다운 모자이크로 나타남을 본다는 뜻입니다. 주해를 한다는 것은 그 많은 본문의 진술이 저자의 생각 속에서 어떻게 서로 일관되는가를 놓고 본문을 탐구한다는 뜻입니다. … 성경 계시의 일관성과 하나님의 진리의 심오한 통일성을 확인하는 게 성경 해석의 목적이어야 합니다.[41]

파이퍼는 명제를 발견하고 문장들 간에서 명제들의 관계를 알아보는 과정을 본문의 '호 그리기'(arcing)라고 부른다.[42] 호 그리기는 본문의 구조와 의미를 지배하는 관계에 대해 질문하도록 유도하는 방법이다. 이러한 방식은 파이퍼의 성경 연구에 획기적인 변화를 가져다주었고 성경 해석의 방법론적 열쇠가 되었다.

파이퍼는 명제의 구문을 확실하게 이해하고 그 안에 있는 단어들을 연구한 후에도 여전히 그 의미를 이해하지 못할 수도 있다고 말한다. 앞에서 강조했듯이, 단어의 의미를 명제 안에서 찾아야 하는 것처럼, 명제

또한 다른 명제와의 관계를 통해 정확한 의미를 발견할 수 있다. 성경을 연구할 때 명제들 사이에 존재하는 관계의 종류를 알아야 한다. 만약 명제들이 어떻게 관련되어 있는지 모호한 생각만 하고 있다면, 설교자는 저자의 사고 흐름을 제대로 알 수 없고 정확하게 본문의 의미를 말로 표현할 수 없다. 그러므로 본문의 의미를 찾고자 할 때 사용할 수 있는 논리적 관계 목록이 필요하다.

성경 본문 안에는 하나의 '핵심 주제'가 있고 명제들은 이 주제를 확실히 보여 주기 위해 연결되어 있다. 예를 들어 보자.

"나는 성경을 너무 사랑한다. 그것이 하나님의 말씀이기 때문이다."

이 구절은 두 가지 명제로 나눌 수 있다.
- 명제 1 "나는 성경을 너무 사랑한다."
- 명제 2 "왜냐하면 그것이 하나님의 말씀이기 때문이다."

이 두 명제는 서로를 지지하지 않지만, 내가 한 일련의 일들을 묘사한다. 그리고 두 명제 중에서 가장 중요한 것은 성경이 하나님의 말씀이라는 주장이다. 그러나 중심 주제는 내가 성경을 너무 사랑한다는 것이다. 이렇게 볼 수 있는 이유는 근거(이유)가 되는 명제 2 "왜냐하면 그것이 하나님의 말씀이기 때문이다."가 명제 1을 뒷받침하기 때문이다. 이렇게 본다면, 명제 2는 명제 1을 지원하기에 두 명제는 종속적인 관계를 맺고 있다.

해석 과정에서 길거나 복잡한 논증을 풀어 갈 때는 시각적으로 도움이 되는 방법이나 도식적 장치가 더더욱 필요하다. 설교자가 주어진 본문 뒷부분의 명제들이 어떻게 이어지는지 보기 위해 애쓰는 동안, 앞부분의 명제들이 복잡하게 연결된 관계를 머릿속에 동시에 간직하는 것은 불가능하다.

이전 명제의 흐름이 저자의 사고의 열쇠가 될 수 있다. 그렇기 때문에 명제의 상호관계를 보존할 방법을 반드시 찾아야 한다. 그렇게 한다면 저자가 말하고 싶은 논증의 전체 그림과 일관성을 파악할 수 있다. 파이퍼의 설명을 들어 보자.

예를 들어, 골로새서 2장 21절에서 바울은 "곧 붙잡지도 말고 맛보지도 말고 만지지도 말라 하는 것이니"라고 말합니다. 이 구절만 따로 본다면, 바울이 이 세 가지 명제를 통해 특정한 행동 규칙을 규정하고 있다고 볼 수 있습니다. 그러나 그것은 완전히 잘못 이해한 것입니다. 앞의 명제인 20절의 질문은 "어찌하여 세상에 사는 것과 같이 규례에 순종하느냐"라고 말합니다. 이렇게 볼 때 바울이 실제로 의미하는 것은 21절에 나오는 세 가지 명제("붙잡지도 말고 맛보지도 말고 만지지도 말라")가 문맥에서 분리되었을 때 의미하는 것과는 정반대입니다. 즉, "붙잡지도 말고 맛보지도 말고 만지지도 말라"와 같은 규정을 조심하라는 뜻입니다.

또 다른 예는 빌립보서 2장 12절입니다. "두렵고 떨림으로 너희 구원을 이루라." 이 명제는 "너희 안에서 행하시는 이는 하나님이시니 자기의 기쁘신 뜻을 위하여 너희에게 소원을 두고 행하게 하시나니"(빌립보서 2:13)

라는 구절과 연결해서 보지 못하면 적절하게 해석될 수 없습니다. 바울이 말하고자 하는 전체 신학은 이 두 명제를 연결시키는 방식에 달려 있습니다.

만약 당신이 13절을 12절의 결과로 본다면, 성화에 대한 하나님의 행동은 우리의 활동에 달려 있습니다. 만약 13절을 12절의 근거로 본다면, 거룩을 추구하는 우리의 노력은 하나님에 의해 시작되고, 하나님이 이미 우리 안에서 일하고 계시기 때문에 가능한 것입니다. 바울은 두 명제를 "because"(헬라어, gar)라는 접속사로 결합할 때 의심의 여지를 조금도 남기지 않습니다. 다시 말해서 우리 안에서 행하시는 하나님의 역사는 우리의 행동의 근거이자 그 행동을 가능하게 하는 원동력입니다.

호 그리기의 여섯 단계

이렇듯 관계의 논리 속에서 명제를 보는 것은 단순히 각 명제의 의미를 명료하게 설명할 뿐만 아니라, 저자가 주장하는 흐름을 파악하는 데 도움을 준다. 이는 성경 읽기에 완전히 새로운 접근 방식을 열어 준다. 단순히 성경을 읽는 것이 아니라 저자의 논리를 이해하는 것이다. 그래서 설교자는 전체 문장의 핵심 주제(main point)를 찾고 각 명제가 핵심 주제를 보여 주고 지원하기 위해 어떻게 함께 들어맞는지를 발견해야 한다. 명제가 어떻게 서로 연결된 것인지를 찾아내는 호 그리기 과정에는 여섯 단계가 있다.

1) 각 명제에 줄을 그어 문단의 명제들을 나눈다.

2) 각 명제 위에 호를 그린다.

3) 그려진 각 호 밑에 숫자를 적는다.

4) 명제들 사이에 더 많은 호를 그린다.

5) 논리적인 연결점을 기록하여 명제들 간의 관계를 기록한다.

6) 본문의 핵심 또는 가장 큰 중심 주제와 보조적인 주제를 식별한다.[43]

호 그리기 열여덟 가지 논리적 관계들

모든 명제는 독립적인 동시에 전체의 중심 주제에 기여하고 있다. 파이퍼는 명제들 서로 간의 관계를 두 가지 주요 범주로 나눈다. 첫째 '대등적 관계'(Coordinate Relationships, 뒷받침하지 않는 명제들), 둘째 '종속(보조)적 관계'(Subordinate or Supporting Relationships, 뒷받침하는 명제들)이다.

대등적 관계(Coordinate Relationships)

명칭	정의	주요 접속사	예
1) 연속적 나열 (Series: S)	각 명제가 각각 독립을 이루면서 전체에 기여를 한다.	그리고(and), 더욱이(moreover), 게다가(furthermore), 이처럼(likewise), -도 또한 아닌(neither, nor), καί, δέ	마 7:8; 마 24:29; 롬 12:12
2) 점진적 발전 (Progression: P)	나열과 비슷하지만 각 명제가 절정을 향해 한 걸음씩 나아간다.	그리고는(then), 그리고(and), 더구나(moreover), 게다가(furthermore), καί, δέ	막 4:28; 롬 8:30
3) 대안 (Alternative: A)	각 명제는 주어진 상황에서 발생하는 다른 가능성을 표현한다.	또는(or), 그러나(but), 반면(on the other hand), 한편(while), δέ, ἤ, μέν	마 11:3; 요 10:20-21; 행 28:24

종속(보조)적 관계(Subordinate or Supporting Relationships)

명칭	정의	주요 접속사	예
A. 재진술에 의한 뒷받침(Support by Restatement)			
4) 행동–방식 (Action/Manner: Ac/Mn)	한 가지 행동의 진술이 나오고, 이 행동이 수행되는 방법이나 방식을 나타내는 더 정확한 진술이 뒤따른다.	–하다는 점에서(in that), 곧 –에 대해서는(by), 헬라어 분사(participles)	행 14:17; 행 16:16; 빌 2:7
5) 비교 (Comparison: Cf)	어떤 행동이 무엇과 같은지를 보여 줌으로써 그 행동을 더 명확하게 표현하는 두 명제 사이의 관계를 말한다.	–어떤 상황에도 불구하고(even as), –하듯이 … 마찬가지로(as … so), 듯이(like), –같이/처럼(just as), ὡς, καθώς	요 20:21; 고전 11:1; 살전 2:7
6) 부정–긍정 (Negative/Positive : –/+)	하나의 진술을 부정함으로써 다른 하나가 강화되는 두 명제 사이의 관계를 말한다. 또한 대조되는 명제 사이에 이 관계가 함축되어 있다.	–아니고,(not) … 이다(but), ἀλλά	엡 5:17; 고전 4:10; 히 2:16
7) 개념–설명 (Idea/Explanation: Id/Exp)	원래 진술과 그것을 명확하게 해 주는 이어지는 진술과의 관계를 말한다. 원 진술을 명확하게 하는 명제는 이전 명제의 한 단어만 정의할 수도 있다.	즉(that is, in other words), ὅτι, γάρ, ἵνα	창 27:36; 롬 4:7–8; 고전 10:4
8) 질문–대답 (Question/Answer: Q/A)	질문과 그에 대한 대답으로 이루어진 진술이다.	의문 부호(질문과 답의 관계)	시 24:3–4; 롬 4:3; 롬 6:1–2
B. 별개의 다른 진술로 뒷받침(Support by Distinct Statement)			
9) 근거 (Ground: G/주절 + 원인절)	하나의 진술이 나오고(주절), 그 진술에 대한 논쟁이나 이유가 되는 명제(추론절)가 따라온다.	왜냐하면,때문에(for, because, since) 등, γάρ, ὅτι, ἐπεί, διότι	마 5:3; 고전 7:9; 빌 2:25–26

10) 추론 (Inference: ∴ /주절 + 추론절)	하나의 진술이 나오고(주절), 그 진술에 대한 논쟁이나 이유가 되는 명제(추론절)가 따라온다.	그러므로(therefore), 그런 이유로(wherefore), 결과적으로(consequently), 따라서(accordingly), οὖν, διό, ὅπως	마 23:3; 롬 6:11-12; 벧전 5:5b-6
11) 양자 (Bilateral: BL)	앞뒤의 두 명제와 그것들을 뒷받침하는 한 명제와의 관계를 말한다.	때문에(for, because), 그러므로(therefore), 그래서(so), γάρ, ὅτι, οὖν, διό	롬 2:1-2; 롬 8:7-8; 시 67:4-5
12) 행동-결과 (Action-Result: Ac/Res, 주절+결과절)	하나의 행동과 그 행동이 미치는 영향이나 결과 사이의 관계를 말한다.	-하여, -해서(so that, that), 그 결과로(with the result that), ὥστε	마 8:24; 요 3:16; 약 1:11
13) 행동-목적 (Action/Purpose: Ac/Pur, 주절+목적절)	하나의 행동과 그 행동의 결과로 나타나도록 의도된 것과의 관계를 말한다.	-하기 위해(in order that), -하도록(so that, that), -관점에서(with a view to), -할 목적으로(to the end that), -하지 않기 위해(lest), ἵνα, εἰς τό	롬 1:11; 골 2:4; 벧전 5:6
14) 조건 (Conditional: If/Th, 조건절+주절)	행동의 존재가 잠재적일 뿐이고 결과가 그 행동에 달려 있다는 점을 제외하면 행동-결과와 같다.	만일 -하면(if … then), -하기만 한다면(provided that), -를 제외하고(except), -이 아니면(unless), εἰ, ἐάν, εἴτε, ἄρα	출 21:3; 요 15:14; 갈 6:1
15) 시간 (Temporal/T, 주절+시간절)	주요 명제와 그것이 발생하는 시기와의 관계를 말한다.	-할 때(When), -할 때마다(Whenever), -후에(after)만일, -전에(before), ὅταν	마 6:16; 눅 6:22; 약 1:2
16) 장소 (Locative/L, 주절+장소절)	한 명제와 그것이 발생하는 장소와의 관계를 말한다.	-곳에(Where), -곳마다(Wherever), ὅπου	룻 1:16; 마 18:20; 고후 3:17
C. 반대 진술로 인한 뒷받침(Support by Contrary Statement)			
17) 양보 (Concessive: Csv)	주요 절과 반대되는 진술과의 관계를 말한다.	-에도 불구하고(although, thought), 하지만(yet), -그럼에도(nevertheless), 그러나(but, however), δέ, πλήν	고전 4:15; 벧후 1:12; 히 5:8

| 18) 상황-반응 (Situation-Response: Sit/R) | 하나의 절에 나오는 상황과 다른 절에 나오는 놀랍거나 반대되는 반응 간의 관계를 말한다. | 그리고(and) | 마 23:37; 요 7:21 |

내러티브 본문을 호 그리기로 분석하기

파이퍼가 본문 주해를 할 때 호 그리기를 사용하는 것은 주로 신약 서신서나 구약의 예언과 시를 분석하는 데 국한되어 있다. 내러티브 구절을 분석하기 위해서는 바울서신 주해를 할 때처럼 논리적인 질문을 던지기보다 아래와 같은 방식을 제안한다.

1) 본문을 큰 덩어리로 다루라.
2) 구절의 각 사건을 하나의 호 아래 놓으라.
3) 내러티브에 대한 질문을 하라.
4) 본문의 핵심을 끌어내기 위해서 스토리 안에 있는 의미의 방식을 찾아야 한다. 설교자는 스토리를 읽고, 연구하고, 저자가 무엇을 말하고 있는지를 분별하려고 노력해야 한다.

파이퍼는 이야기를 "우리에게 주어진 영광스런 선물"이라고 말한다. 그렇기 때문에 충실한 강해를 하기 위해서는 이야기를 이야기로 두고, 그 이야기가 왜 거기에 있으며, 그것이 무엇을 의미하는지를 알아내야 한다고 강조한다.[44] 그는 열왕기하 6-7장의 이야기를 구체적인 예로 들어 이렇게 설명한다.

내러티브가 있다면 사건과 사건은 반드시 연관되어야 합니다. 예를 들어 하나님은 왜 앗수르 군사들의 눈을 멀게 하셨을까요? 왜 그들은 떠날까요? 왜 진영에 음식이 가득할까요? 나병환자들은 왜 나가서 음식을 찾을까요? 왜 그들은 "우리가 이렇게 하면 잘못한 거야. 사람들이 예루살렘에서 아이들을 잡아먹고 있다. 불과 1마일(약 1.6킬로미터) 떨어진 곳에 음식이 있다는 걸 알려 줘야 한다."라고 말했을까요? 따라서 이러한 각 사건을 하나의 호 아래에 놓고 큰 내러티브의 핵심을 찾기 위해 모든 사건이 어떻게 연결되어 있는지에 대해 '왜?'라는 질문을 던져야 합니다. 호 그리기와 같은 원리지만 더 큰 덩어리를 다루고 내러티브에 대한 질문을 하는 것입니다.[45]

5. 질문 던지기

파이퍼는 호를 그리는 데 있어서 '일련의 논리적 논증'을 이해하고자 본문에 대한 질문을 하는 데 집중했다.[46] 예를 들면,

- "명제들이 어떻게 논리적으로 연결되는가?"
- "본문의 핵심(main point)은 무엇인가?"
- "본문은 어떻게 구성되었는가?"
- "적용을 위해 청중에게 필요한 것은 무엇인가?"

성경적 진리를 깨닫고자 스스로에게 이러한 질문을 던지면서, 파이퍼는 서두르지 않고 천천히 하나님의 말씀을 상고한다. 그리고 설교의 개

요를 발견하고자 질문들을 종이에 받아 적는다.[47] 그리고 자신과 청중들을 위해 강력하고 적절한 적용점을 찾는다. 그렇게 하다 보면 갑자기 청중들에게 본문을 비춰 줄 개요나 사고의 흐름이 생긴다.

---

* 편집자주: 호 그리기 예시는 QR코드로 제공되는 참고 자료를 확인하기 바란다.

3부

존 파이퍼에게 설교는 무엇인가?

파이퍼의 설교를 이제 실제적으로 살펴보려 한다. 설교를 조직하고 전달하는 것보다 설교자에게 더욱 중요한 것은 설교 철학이다. 3부에서는 파이퍼가 설교를 무엇이라고 생각하는가를 살펴보고자 한다. 설교로 전환되어 실제로 청중들에게 전달되는 과정에서 놓쳐서는 안 되는 작업이 바로 그의 설교 철학이다.

파이퍼에게는 하나님의 말씀에 대한 3부작(Trilogy on the Word of God)이 있다.[1] 첫째는 성경의 목적을 밝힌 『존 파이퍼의 성경과 하나님의 영광』이다. 둘째는 성경 읽는 방법을 다루는 『존 파이퍼의 초자연적 성경 읽기』다. 그리고 마지막으로 하나님 말씀을 설교한다는 것이 무엇이며 설교를 어떻게 해야 하는지를 다루는 『강해의 희열』은 앞의 두 권의 유기적 파생물이자 3부작의 마무리가 된다. 이 책들과 더불어 『하나님을 설교하라』는 그의 신앙의 영웅인 조나단 에드워즈의 삶과 신학과 설교를 예로 들면서 설교 철학을 밝히고 있다. 이제 이 책들을 기반으로 해서 파이퍼의 하나님 중심의 설교 철학과 설교의 세 가지 정의를 살펴보려고 한다.

1장
하나님 중심의 설교 철학

18세기 영국 부흥의 주역이었던 조지 윗필드는 모든 설교자가 가슴에 새겨야 할 명언을 남겼다. "윗필드라는 이름은 사라지게 하고 그리스도께서 영광 받으시게 하라!" 윗필드의 불타는 열정은 파이퍼에게도 명확하게 보여진다. 설교는 설교자가 아니라 하나님을 높이는 일이다. 파이퍼에게 설교는 그야말로 놀랍고 경탄할 만한 것이며, 그저 이야기를 전달하거나 설교자의 지혜와 의견을 나누는 것이 아니라 "살아 계신 하나님의 중재자"로서 매주 청중들에게 하나님의 말씀을 다루는 일이었다.[2]

성경 구절 중에서 파이퍼의 설교에 가장 큰 영향을 미친 것은 디모데후서 4장 1-2절이다. "하나님 앞과 살아 있는 자와 죽은 자를 심판하실 그리스도 예수 앞에서 그가 나타나실 것과 그의 나라를 두고 엄히 명하노니 너는 말씀을 전파하라 때를 얻든지 못 얻든지 항상 힘쓰라 범사에 오래 참음과 가르침으로 경책하며 경계하며 권하라." 파이퍼는 이 구절을 얼마나 귀하게 여겼던지 "성경의 모든 명령 중 가장 고귀한 서문"이라고 말한다.[3]

파이퍼는 2010년 2월에 마스힐교회에서 있었던 목회자 재교육 세미나에서 "선지자로서의 목사"(The Pastor as Prophet)라는 제목으로 강의를 했다. 여기서 그는 설교를 "하나님이 보내신 메신저가 하나님이 기록하신 말씀을 바탕으로 예수 그리스도 안에 있는 하나님에 대한 좋은 소식을 전파하는 것"이라고 정의했다.[4] 이런 의미에서 파이퍼는 자신은 오직 하나님의 성령이 하나님의 이름으로 하나님의 사람들에게 하나님의 말씀을 전달하기 위해 보낸 메신저로 서기를 갈망했다.[5] 오직 하나님만을 높이고자 하는 하나님 중심의 설교에 대해 파이퍼는 이렇게 정의한다.

설교를 통해 하나님이 하시는 일은 그분 자신을 높이는 것이지 설교자를 높이는 것이 아닙니다. … 이 책을 통해 제가 하려는 일은 설교에서 하나님을 최고로 높이라고 호소하는 것입니다. 하나님의 주권적인 은혜의 자유를 설교의 주조(the dominant note)로 삼고, 하나님의 영광을 위한 열심을 일관된 주제(the unifying theme)로 삼으며, 하나님의 거룩하심이 전체적인 분위기에 스며 나오게 하라고 호소하는 것입니다. 그러면 일상의 주제(가족, 직장, 오락, 우정 등)를 다루든지 이 시대의 위기(에이즈, 이혼, 중독, 우울증, 학대, 빈곤, 기아, 무엇보다 복음을 듣지 못한 사람들의 문제)를 다루든지 시종일관 하나님 앞에서 다룰 수 있습니다.[6]

설교는 삼위일체 하나님의 역할과 맞닿은 사역이다

파이퍼가 하나님 중심의 설교 철학을 강조하는 것을 종합해 보면 놀라운 지점에 이르게 된다. 이것이 파이퍼의 설교를 위대하게 만드는 주춧돌이라고 할 수 있다. 설교에 있어서 그가 가진 하나님 중심의 비전은 삼위일체적으로 요약할 수 있다는 것이다.

성부 하나님, 성자 하나님, 성령 하나님이 설교 사역의 시작이요 중간이요 마지막입니다. 다음과 같은 사도의 말은 모든 목회 사역에 해당되며, 특히 설교에 해당되는 것입니다. "이는 만물이 주에게서 나오고 주로 말미암고 주에게로 돌아감이라 그에게 영광이 세세에 있을지어다 아멘"(롬 11:36). [7]

파이퍼는 이런 확신 가운데 설교 철학을 3G로 풀어 간다. 설교의 목적(Goal)은 '하나님의 영광', 설교의 토대(Ground)는 '그리스도의 십자가', 그리고 설교의 은사(Gift)는 '성령님의 능력'이라는 삼위일체의 역할로 설명한다. [8] 여기에 기독교 희락주의가 독특하게 녹아 있는 설교의 진지함(Gravity)과 기쁨(Gladness)을 합치면 파이퍼의 설교 철학은 5G로 귀결된다.

설교의 목적: 하나님의 영광을 설교하라

1. 하나님의 영광이 깊이 배어 있는 설교자

설교에서 하나님을 최고로 높여야 하는 이유는 설교의 목적이 하나님을 영화롭게 하는 것이기 때문이다. 그렇기 때문에 하나님을 최고로 높이는 설교를 하기 위해서 설교자는 하나님의 영광을 크게 드러내야 한다. 파이퍼는 성경에 나타난 하나님의 생각과 마음에는 시작부터 끝까지 하나님의 영광보다 더 궁극적인 것은 없으며 설교를 통해 하나님은 스스로가 높임 받으시기를 열망하신다고 믿었다. 조나단 에드워즈를 통해 배운 하나님의 영광을 위한 하나님의 열심이라는 사상의 맥(脈)이 설교에 흐르고 있다.

파이퍼는 로이드 존스처럼 예배 시간에 설교를 통해 전기에 감전된 것 같은 충격과 놀라움 속에서 하나님을 느끼게 해 주고 싶었고, 스펄전처럼 하나님으로 충만하기를 원했다. 그는 설교를 통해 설교자뿐만 아니라 청중들이 일주일에 한 시간이라도 하나님의 거룩한 분위기 속에 들어간 후 일주일간 그 여운을 느끼며 살게 해 주길 갈망했다.[9] 2006년에 열린 '복음을 위한 연합 컨퍼런스'(Together for the Gospel Conference, T4G)에서 파이퍼는 하나님의 영광의 무게로 작성된 설교에 대해 이렇게 말한다.

조지 윗필드는 설교를 확신하였으며 삶을 설교에 헌신했습니다. 하나님은 그의 설교를 통해 대서양을 접한 양 대륙에서 강력한 구원의 역사를 이루셨습니다. 설교는 대화가 아닙니다. 토론도 아닙니다. 신앙에 대한 우발적인 대화도 아니며 단순히 가르치는 것도 아닙니다. 그것은 하나님의 위대함과 엄위 그리고 거룩함이 담겨 있는 메시지를 전하는 행위입니다. 설교의 주제는 다양할 수 있지만, 그 안에는 하나님의 위대함과 엄위로 언제나 불타는 빛으로 가득합니다. 윗필드는 바로 이렇게 설교했습니다.[10]

이처럼 설교자는 하나님의 영광이 깊이 배어 있어야 하고 하나님 자신에게 매료되어 살아야 하며 하나님의 위대함과 탁월함과 아름다움을 보여 줄 수 있어야 한다. 그렇게 하기 위해서 설교자는 사람이 만들어 내는 인위적 흥분이 아니라 하나님의 위대하심과 그분의 위엄과 거룩하심에 지배받고 하나님만을 높이고자 하는 열정에 사로잡히는 자가 되어야 한다. 파이퍼는 복음의 핵심이 되시는 하나님의 영광이 깊이 배어 있는 설교자들을 세워 주시길 바라면서 이렇게 외치고 있다.

제가 여러분을 향해 가지는 열망은 이것입니다. 하나님께서 마음이 상하고 성경에 능한 많은 설교자를 세워 주시기를 원합니다. 그리스도는 십자가에서 죽으시고 다시 부활하심으로 모든 나라, 모든 군대, 거짓된 종교, 테러리스트, 해일, 암세포, 우주의 모든 은하를 절대적인 주권으로 다스리십니다. 이 그리스도의 복음에 계시된 하나님의 위대함과 위엄 그리고 거룩하심으로 지배를 받는 많은 설교자들을 하나님이 세워 주시길 원합니다.[11]

2. 말씀을 통해 하나님의 영광을 보는 청중들

파이퍼는 하나님의 영광이 배어 있는 설교자가 설교할 때, 청중들 역시 하나님의 말씀을 듣는 것을 통해 하나님의 영광을 볼 수 있다고 강조한다. 그는 설교를 듣는 사람들이 하나님의 위대하심에 굶주려 있으며 오직 하나님의 위대하심의 향기만이 "당신의 영광을 내게 보여 주세요!"라는 영혼들의 숨겨진 울부짖음을 만족시킬 수 있다고 확신한다.[12]

그래서 그는 청중들에게 매주 하나님의 영광의 무게를 전달하여 그들이 하나님의 영광을 보도록 인도하기를 갈망했다. 이는 파이퍼가 일상의 여러 가지 주제들을 설교하지 않는다는 의미가 아니다. 그가 강조하는 바는 모든 설교에서 위대하신 하나님께 초점을 맞춰야 한다는 것이다. 부모의 자세, 이혼, 에이즈, 폭식, 텔레비전, 성생활 등도 하나님의 거룩한 임재라는 주제 안에 곧장 흡수되어야 한다. 그렇게 할 때 놀랍게도 청중들 개인의 문제까지 하나님이 친히 다루시는 것을 그는 수없이 경험했다.[13]

파이퍼가 1984년 1월 1일에 이사야 6장 1-8절을 가지고 "거룩, 거룩, 거룩하신 만군의 주"라는 설교를 할 때였다. 베들레헴침례교회는 매년 1월에 기도주간을 가졌는데, 당시에 그는 여러 가지 삶의 문제들에 대한 주제 대신 위대하고 거룩하신 하나님의 위엄과 영광에 대해 설교하기로 마음먹었다. 파이퍼는 그 설교를 통해 하나님의 위대하심을 열정적으로 묘사하고 싶었고, 그 자체만으로도 사람들의 필요를 채울 수 있는지를 알아보고 싶었다.[14]

그는 교회가 하나님의 영광을 봄으로써 부흥을 경험하기를 기대했다. "부흥은 우리가 하나님의 거룩하심과 위엄을 보고, 그리고 우리 자신을 불순종하는 티끌 같은 존재로 볼 때 일어난다. 깨어짐, 회개, 죄용서 받은 말할 수 없는 기쁨, 하나님의 위엄을 맛봄, 그의 거룩함을 더욱더 보기 원하고 더욱더 거룩하게 살고자 하는 갈망, 그것이 바로 부흥이다. 그리고 이는 하나님을 보는 것에서 비롯된다."[15] 이런 열망을 가지고 파이퍼는 청중들이 하나님에 대한 일곱 가지를 보기 원했다.

1) 하나님은 살아 계신다.

2) 하나님은 권위가 있으시다.

3) 하나님은 전능하시다.

4) 하나님은 찬란히 빛나신다.

5) 하나님은 높임을 받으신다.

6) 하나님은 거룩하시다.

7) 하나님은 영광스러우시다.[16]

파이퍼가 비록 설교에서 삶에 적용할 만한 점을 하나도 제시하지 않았지만 결과는 놀라웠다. 어떤 젊은 부부는 어린 자녀가 가까운 친척에게 성적 학대를 당해서 오랫동안 고통받고 있었다. 상한 마음을 가지고 말씀을 듣던 중, 파이퍼의 설교가 그들의 마음을 찔러 쪼개었다. 설교를 들은 후 아이의 아빠는 파이퍼를 찾아와 이렇게 말했다. "목사님, 최근 몇 달은 우리 인생에 가장 힘든 기간이었습니다. 그런데 어떻게 버틸 수 있었는지 아십니까? 목사님이 새해 첫 주에 하나님의 거룩하심이 얼마나 큰지 보여주셨기 때문에 버틸 수 있었습니다. 그 말씀이 발을 디디고 설 반석이 되어 주었습니다."[17]

이런 예가 파이퍼가 적용을 무시했음을 의미하지는 않는다. 설교자가 강단에서 인생이 겪는 수많은 문제를 적절하게 다루고 적용하는 것도 필요하지만, 가장 중요한 것은 무엇보다 살아 계셔서 세상과 심지어 우리의 모든 문제를 다 아시고 다스리시는 하나님의 거룩한 위엄과 영광을 보여 주는 것이다.

3. 하나님의 영광을 보고 변화되어 기쁨으로 순종하는 청중들

파이퍼는 설교를 통해 청중들이 하나님의 영광을 볼 뿐만 아니라 하나님의 형상을 닮아 변화되기를 원했다. 그는 "그의 아들 안에 있는 하나님의 기쁨"이라는 설교에서 말하기를, 설교의 목표는 사람들이 하나님의 형상을 닮아 변화되게 만드는 것이고, 설교를 '하나님의 영광을 묘사하는 것'으로 정의한다. 그리고 고린도후서 3장 18절, 4장 4-6절을 통해 이렇게 설명한다.

바울은 어두워진 사람들의 마음에 빛을 전달하는 수단이 설교라고 말합니다. 4절에서 복음은 그리스도의 영광에 관한 복음이며, 6절에서 말하는 지식은 하나님의 영광에 대한 지식입니다. 그래서 두 구절을 통해 알 수 있는 것은, 마음에 전달되는 빛이 영광의 빛이라는 사실입니다. 즉, 그리스도의 영광과 하나님의 영광입니다. … 따라서 설교를 통해 전달되는 빛은 영광의 빛이며, 여러분은 이 영광은 하나님의 형상인 그리스도의 영광 또는 그리스도 안에서 완전하게 반영된 하나님의 영광이라고 말할 수 있습니다. … 설교는 청중들의 마음에 신령한 영광을 묘사하고 전시하는 것입니다(4:4-6). 그래서 청중들은 이 영광을 봄으로써 주의 형상을 닮아서 영광에서 영광으로 변화될 수 있는 것입니다(3:18).[18]

파이퍼는 이런 변화가 사람들로 하여금 왕이신 하나님의 영광과 가치에 기쁨으로 순복하게 만든다고 믿었다. 예수 그리스도의 얼굴에 나타난 하나님의 영광을 아는 지식의 빛을 받은 사람들은 하나님의 주권에 마지못해서가 아니라 기쁨으로 순종하게 된다. 파이퍼가 이런 생각을 하게 된 것은 기독교 희락주의 사상을 설교 철학에 반영한 것이다. 영광을 받기를 원하는 하나님의 가장 깊은 헌신과 만족을 얻고자 하는 우리의 갈망은 서로 충돌하지 않는다. 오히려 하나님의 영광이 절정에 이를 때 우리의 기쁨도 절정에 이르게 된다.[19]

설교의 토대: 그리스도의 십자가를 높이며 설교하라

1. 설교의 목적을 가로막는 두 가지 장애물: 하나님의 의와 인간의 교만

설교에서 하나님을 최고로 높여야 하는 두 번째 이유는 그리스도의 십자가가 설교의 토대이기 때문이다. 파이퍼는 하나님께서 설교를 통해 영광을 받지 못하고, 그리스도 안에서 하나님의 영광이 기쁨으로 순종하는 자에게 반영되지 못하게 하는 두 가지 장애물이 있다고 한다. 바로 "하나님의 의와 인간의 교만"이다. 하나님의 의는 '하나님의 영광을 위한 흔들림 없는 하나님의 열심'이고, 인간의 교만은 '자기 자신을 사랑함으로써 하나님의 영광을 즐거워하지 않고 하나님의 영광의 가치를 멸시하려는 욕망'이다.

이것이 바로 창세기 3장에서는 드러난 하나님처럼 되고 싶은 죄의 본질이다. 파이퍼는 인간이 자랑스럽게 자기 자신과 사랑에 빠짐으로써 하나님의 영광의 가치를 멸시하고 있다고 지적한다. 하나님에게 있는 객관적이고 외적인 장애물(하나님의 의는 절대로 자신의 영광이 멸시당하는 것을 참지 못하심)과 인간에게 있는 주관적이고 내적인 장애물(인간의 교만은 하나님의 영광을 기뻐하지 않음)이 서로 충돌하고 있는 것이다.[20]

2. 그리스도의 십자가: 유일한 해결책

파이퍼는 두 가지 장애물을 극복할 위대한 방법을 찾아냈다. 그것은 바로 그리스도의 십자가였다. 십자가는 하나님 중심의 설교와 사람 중심의 설교의 갈등을 해결할 수 있다. 예수 그리스도의 속죄를 통해 하나님은 '죄를 향한 무한한 진노'를 보이셨고 '무한한 영광의 가치'를 선포하셨다. 또한 십자가는 하나님의 영광을 멸시하는 죄인이 기쁨으로 하나님의 영광을 찬양하도록 만든다. 의로우신 하나님이 자신의 영광을 위해 열심을 가지신 동시에 죄인인 사람이 기쁨으로 의로우신 하나님께 영광을 돌리고자 하는 타당성은 오직 그리스도의 십자가에 있다.[21]

파이퍼는 "하나님의 의가 나타나다(3부)"(롬 3:23-26)라는 제목의 설교에서 하나님은 십자가를 통해 그분의 무한한 영광의 가치를 보여 주는 동시에 그분의 아들의 죽음을 통해 죄인들을 의롭게 하신다는 것을 이렇게 설명한다.

26절 마지막 부분에서 바울은 예수님의 죽음에 대한 하나님의 두 가지 위대한 목표를 보여줍니다. 예수는 왜 죽으셨습니까? "자기도 의로우시며 또한 예수 믿는 자를 의롭다 하려 하심"입니다. 하나님 스스로 의로운 분이 되시는 것과 더불어, 자기의 의가 없는 사람들을 의롭다고 인정하시기 위해서입니다. 이 두 가지는 서로 모순되어 보입니다. 하나님의 영광을 다른 것들과 바꾸어 버린 죄인들을 향해 진노를 퍼붓는 것은 의로운 것이어도, 경건치 아니한 자들에게 진노를 퍼붓지 않는 것은 불의한 것일 테니 말입니다. 하지만 하나님께서 자기 영광의 무한한 가치를 나타내면서도 경건치 아니한 자들을 의롭다 하는 것이 그분의 뜻이라면, 누군가가 – 즉 예수 그리스도가 – 하나님의 진노를 받음으로 하나님이 자기의 영광을 조롱하는 죄를 결코 가벼이 여기지 않으신다는 사실을 보여 주셔야 했습니다. 그래서 25절의 "화목제물"이라는 단어가 그토록 중요한 것입니다. 그리스도가 우리의 죄를 대신해 하나님의 진노를 담당하시고, 우리에게는 그 진노를 걷어 내셨습니다.[22]

파이퍼는 하나님의 영광을 그리스도의 영광과 같은 것으로 보고 있다. 그래서 그는 믿음으로 의롭다 하심을 받은 죄인들이 그리스도의 복음을 통해 나타난 하나님의 영광에 그들의 소망을 두어야 하고 그리스도 안에서 하나님의 영광을 보라고 외친다.

하나님의 영광을 보아야 합니다. 우리가 보게 될 영광을 소망해야 합니다. 그런 다음에야 우리가 보게 될 영광을 소망하며 즐거워합니다. 하나님의 영광이 있습니다. 하나님의 영광에 대한 소망도 있습니다. 그러면 하나님의 영광을 소망하며 즐거워하든지 자랑하든지 기뻐합니다. 우리는 그 영광을 어디서 봅니까? 우리 죄인들을 위한 그리스도의 삶과 죽음과 부활의 이야기를 다룬 복음서에 주로 나옵니다. 우리가 그 이야기를 나누고 복음을 전파할 때 그것으로부터 나오는 것이 있습니다. 고린도후서 4장 4절에서 바울이 말한 내용입니다. "그리스도의 영광의 복음의 광채 … 그리스도는 하나님의 형상이니라." 복음은 "그리스도의 영광의 복음"입니다. 그리고 영광스런 그리스도는 "하나님의 형상"입니다. 그러므로 우리가 예수님의 삶과 죽음과 부활을 다루는 복음 이야기 안에서 보는 그리스도의 영광은 하나님의 영광입니다. 하나님의 아들의 삶에 대한 역사와 그 역사 속 위대한 이야기의 전파를 통해 하나님이 드러나십니다. 복음을 통해 그분의 영광이 빛납니다.[23]

결국 파이퍼가 강조하고 싶은 것은 이것이다. 설교자는 하나님의 영광을 부인했던 죄인들이 오직 그리스도의 십자가를 통해 하나님의 영광 안에서 기뻐할 수 있다는 소망을 가지고 선포해야 한다. 그래서 그는 설교자들이 설교에서 하나님을 영화롭게 하기 위해 전적으로 십자가에 못 박히신 그리스도만을 의지할 것을 도전한다.

"모든 설교는 그리스도의 대속적인 죽음의 복음 위에 기초되고 그 복음과 엮여 있어야 합니다. … 십자가에 못 박히신 그리스도를 모든 설교와 모든 삶의 근거와 목표이며 주제로 삼아야 합니다. 그렇게 할 때 궁극적으로 죄인은 그리스도 안에서 하나님의 은혜의 영광을 즐거워할 수 있고 결국 의로우신 하나님의 영광이 드러나게 됩니다."[24]

3. 그리스도의 십자가: 객관적 타당성과 주관적 겸손의 토대

의로운 하나님의 영광은 성경을 통해 객관적으로 선포되고 있다. 청중들은 그런 설교를 듣고 나서 비로소 주관적인 경험을 하게 된다. 십자가의 능력은 설교자와 청중 모두의 교만을 무너뜨리고, 그들로 하여금 자신이 아닌 하나님의 자비에 자발적으로 의존하게 만든다. 그래서 파이퍼는 그리스도의 십자가는 설교의 객관적 타당성의 기초뿐만 아니라 주관적 겸손의 기초라고 말한다.[25]

예를 들어 "가장 지혜로우신 하나님의 위대한 일"이라는 설교에서 파이퍼는 구원의 가장 큰 목적은 하나님의 영광이며 그리스도의 십자가를 통한 인간의 겸손임을 강조한다.[26] 그리고 고린도전서 1장 10-31절로 설교하면서 청중들에게 주 예수 그리스도 안에서만 자랑하라고 촉구한다.

그러므로 바울은 31절에서 다음과 같은 결론을 내립니다. "자랑하는 자는 주 안에서 자랑하라." 베들레헴 성도 여러분, 예수님을 자랑하십시오. 설교자도 교회도 아닌 예수님을 여러분의 자랑으로 삼아야 합니다. 누구도 "나는 바울을 따릅니다." 혹 "나는 아볼로를 따릅니다." 또는 "나는 베드로를 따릅니다."라고 하지 마십시오. 저와 함께 이렇게 말해야 합니다. "나의 간절한 기대와 소망을 따라 아무 일에든지 부끄러워하지 아니하고 지금도 전과 같이 온전히 담대하여 살든지 죽든지 내 몸에서 그리스도가 존귀하게 되게 하려 하나니"(빌 1:20). 베들레헴 성도들이여, 우리는 그리스도를 높여야 합니다. 아멘.[27]

파이퍼는 청중뿐만 아니라 설교자도 스스로를 자랑하지 않도록 조심해야 한다고 말한다. "나는 입만 번지르한 설교자가 되지 않겠다"라는 설교에서 18세기 복음전도자 조지 윗필드의 말을 인용하여 그의 삶과 강력한 설교 사역이 오직 하나님의 은혜에 의지한 것임을 강조한다.

하나님이 없는 나는 아무것도 아니며, 아무것도 없으며, 아무것도 할 수 없습니다. 나는 회칠한 무덤과 같이 겉으로 조금 아름다워 보일지 모르나 내면은 교만과 자기 사랑과 모든 부패함으로 가득 차 있습니다. 그러나 내가 나 된 것은 하나님의 은혜입니다. 만일 하나님이 나를 지극히 작은 선한 일을 위한 도구로 삼으신다면 모든 영광은 나에게 있지 않고 하나님께 있습니다.[28]

설교자는 날마다 십자가 앞에 서서 교만을 깨뜨려야 한다. 설교자는 빛이 아니라 빛을 전하는 증인일 뿐이다. 그래서 자신의 교만과 싸워야 한다. 자신의 업적에 도취되어 자신이 무엇인가 된 것처럼 착각하지 말아야 한다. 파이퍼는 설교자들 안에 있는 교만의 위험을 일깨우기 위해 존 스토트의 말을 기억하라고 한다.

교만은 의심할 여지 없이 설교자에게 가장 심각한 직업적 위험 요소입니다. 교만은 많은 자들을 무너뜨렸고 그들의 사역에서 능력을 빼앗아 갔습니다. … 교만은 더 교묘하고, 더 교활하고, 더 비뚤어진 악입니다. 속으로는 박수갈채를 원하는 걷잡을 수 없는 욕구를 가지고 있으면서도, 겉으로는 아주 온유하게 행동할 수 있기 때문입니다. 우리가 강단에서 그리스도의 영광을 찬양하는 바로 그 순간에, 실제로는 속으로 자신의 영광을 추구하고 있을 수 있습니다. 그리고 청중에게 하나님을 찬양하도록 권면할 때, 그들이 우리를 위해 약간의 찬양을 남겨 두기를 은밀히 바라고 있을 수 있습니다. 우리는 백스터와 함께 이렇게 부르짖어야 합니다. "오! 이 끈질긴 동반자여, 폭군 사령관이여, 교활하게 알랑거리는 원수, 교만의 죄악이여!"[29]

설교자는 고린도전서 2장 1-2절을 가슴에 새겨야 한다. "형제들아 내가 너희에게 나아가 하나님의 증거를 전할 때에 말과 지혜의 아름다운 것으로 아니하였나니 내가 너희 중에서 예수 그리스도와 그가 십자가에 못 박히신 것 외에는 아무 것도 알지 아니하기로 작정하였음이라." 설교자는 그의 모든 삶과 설교가 그리스도의 십자가로 적셔지도록 애써야 한다. 그렇게 할 때 교만과 자기 자랑과 위선이 십자가에 못 박히고 온전히 하나님의 영광만이 나타날 것이다.

설교의 은사: 성령님의 능력으로 설교하라

설교에서 하나님을 최고로 높여야 하는 마지막 이유는 성령님의 주권적인 역사를 통해서만 설교의 목적인 하나님의 영광이 드러나며 그리스도의 십자가의 능력으로 설교자와 청중 모두의 자기 의존, 자기 높임 그리고 자기 확신이라는 교만이 무너지기 때문이다. 설교자가 교만해지면 하나님은 반드시 그를 꺾으시고 낮추신다. 그래서 파이퍼는 성령님의 능력을 '설교의 은사'라고 표현한다. 설교는 전적으로 성령께 달린 일이다. 겸손과 경외감을 가지고 설교 강단에 서야 한다. 자신의 지식과 웅변술을 절대로 과시하거나 의지해서는 안 된다.

파이퍼는 주일 아침에 일어나면 천국의 상쾌한 바람과 지옥의 연기 냄새를 맡고 자신의 초라한 원고를 보면서 수없이 절망한다고 고백한다. "오, 하나님, 너무나 빈약합니다! 이렇게 빈약한 말이 세 시간 후면 죽은 자에게 사망의 냄새가 되고 산 자에게 생명의 냄새가 된다니(고후 2:16) 너무 뻔뻔한 것만 같습니다! 나의 하나님, 누가 감히 이 일을 감당하겠습니까?"[30]

1. 설교자는 성령님의 초자연적인 조명을 구해야 한다

파이퍼는 그리스도의 십자가를 통해 하나님께 영광을 돌리기 위해 성령님의 감동으로 쓰여져 오류가 없는 하나님의 말씀 앞에 겸손하게 서야 한다고 강조한다. 설교자는 성경에서 하나님의 음성을 명확하게 들을 수 있도록 성령님이 자신의 교만한 마음과 반항적인 본성을 깨뜨려 주시길 기도해야 한다.[31]

더욱이 성령님의 감동으로 쓰인 말씀을 정확하게 해석할 수 있도록 도와달라고 구해야 한다. 왜냐하면 성경을 연구할 때 영적인 것들을 볼 수 있는 성령님의 '초자연적인 조명'이 필요하기 때문이다. 성령께서 마음의 눈을 열어 주시지 않으면 설교자는 말씀 안에서 단순히 단어와 문법 구조, 논리적 연결고리, 역사적 배경, 저자의 의도와 인간의 감정만을 볼 수 있다. 그들은 절대로 "하나님과 그의 아들의 영적 아름다움과 하나님이 세상에서 역사하시는 일"을 경험할 수 없다.[32]

설교자는 설교하기 위해서만 성경을 연구하는 직업인의 자세를 버려야 한다. 하나님의 말씀을 사랑하기에 하나님의 말씀을 읽어야 하고 연구해야 한다. 조나단 에드워즈처럼 꾸준히, 지속적으로, 가능한 한 자주 연구함으로써 성경을 분명하게 알고 성경을 아는 지식이 자라 가야 한다. 그리고 존 웨슬리처럼 다른 어떤 책보다 성경을 사랑하여 '한 책의 사람'이 되기를 갈망해야 한다. 그렇게 할 때 설교자는 성령님의 도우심으로 통찰력을 얻을 수 있고, 설교를 하는 도중에 성령님의 능력을 경험하게 된다. 파이퍼는 설교를 하면서 반드시 출처와 근거를 성경에서 밝히라고 한다.[33]

그렇게 할 때만이 청중들이 설교가 설교자의 생각이나 의견이 아니라 하나님의 말씀임을 깨닫고 그 메시지가 양심에 깊이 파고드는 것을 경험하게 된다.[34]

2. 설교자는 성령님의 능력을 받아야 한다

성령님의 도우심으로 성경을 연구하고 깨달은 설교자는 이제 강단에 서게 된다. 아무리 잘 준비된 설교문이라 해도 설교하는 동안에 하나님이 공급하시는 능력이 없이는 설교할 수 없다. 파이퍼는 설교를 하기 전은 물론 설교하는 도중에도 하나님의 영광이 나타나고, 죄인들이 구원을 받고, 예수 그리스도의 십자가가 높임을 받기 위해서 성령을 부어 주시기를 간구하라고 말한다.[35]

파이퍼는 수십 년 동안 매주 설교를 해 왔으나 자신은 초보자 같은 느낌이 들 때가 많았다고 한다. 그것은 자기 능력으로는 아무것도 할 수 없고 오직 하나님의 능력이 나타나야 설교가 참으로 설교가 된다고 믿었기 때문이다. 성령님의 능력 없이는 회심도 일어날 수 없고 부흥도 올 수 없다는 것을 설교자는 철저히 알고 기도해야 한다.

파이퍼는 자기 힘이 아닌 하나님이 공급하시는 능력으로 설교하기 위해 다섯 단계 'APTAT'를 정해 두었다. 그는 강단에 서기 전과 후에 아래와 같은 순서를 가진다. 사람의 노력으로 할 수 없기에 하나님을 전적으로 의지할 수밖에 없고, 성령님의 능력을 갈구하는 설교자에게 실제적인 방법을 이렇게 제시한다.

1) **Admit**(인정하라): 먼저, 설교하기 전에 드리는 고백이다. 하나님 없이는 아무것도 하지 못함을 인정한다(요 15:5, "나를 떠나서는 너희가 아무 것도 할 수 없음이라"). 하나님이 돕지 않으시면 가슴이 뛰지 않고, 눈은 보지 못하고, 기억력은 작동하지 않고, 산만함과 교만을 이길 수 없고, 하나님의 임재를 느낄 수 없고, 성도들을 사랑하지 못하고, 경외감으로 진리를 전할 수 없고, 죽은 자를 일으킬 수 없다고 파이퍼는 인정한다.

2) **Pray**(기도하라): 이어서, 하나님께 영광을 돌리고 성도들에게 기쁨을 불러일으키며 말씀을 가르치는 데 필요한 능력과 겸손, 지혜, 사랑, 기억력, 자유를 달라고 기도한다(시 50:15, "환난 날에 나를 부르라 내가 너를 건지리니 네가 나를 영화롭게 하리로다"). 파이퍼는 주일 오전 설교하기 세 시간 반 전에 일어나 두 시간 동안 마음의 준비를 하면서 이 기도를 간절하게 드린다.

3) **Trust**(신뢰하라): 다음 단계는 특별히 설교 중에 소망을 주는 약속의

말씀을 찾아 신뢰하는 것이다. 파이퍼는 설교 도중 사탄의 공격을 물리치고 힘 있게 말씀을 전하도록 도와주실 말씀을 암송하려고 애를 쓴다(시 40:17, "나는 가난하고 궁핍하오나 주께서는 나를 생각하시오니 주는 나의 도움이시요 나를 건지시는 이시라 나의 하나님이여 지체하지 마소서", 대하 20:20, "이에 백성들이 아침에 일찍이 일어나서 드고아 들로 나가니라 나갈 때에 여호사밧이 서서 이르되 유다와 예루살렘 주민들아 내 말을 들을지어다 너희는 너희 하나님 여호와를 신뢰하라 그리하면 견고히 서리라 그의 선지자들을 신뢰하라 그리하면 형통하리라").

4) **Act**(행동하라 = 설교하라) : **이제 설교할 때가 되었다.** 하나님께서 능히 그의 말씀을 이루실 것을 확신하면서 드디어 행동한다(빌 2:12-13, "그러므로 나의 사랑하는 자들아 너희가 나 있을 때뿐 아니라 더욱 지금 나 없을 때에도 항상 복종하여 두렵고 떨림으로 너희 구원을 이루라 너희 안에서 행하시는 이는 하나님이시니 자기의 기쁘신 뜻을 위하여 너희에게 소원을 두고 행하게 하시나니"). 파이퍼는 그가 간절히 바라는 강력한 역사가 일어나지 않았다 하더라도 설교하는 도중에 하나님이 자신과 성도들을 계속 만나 주시고 하나님의 영광이 나타났음을 경험했다고 말한다.

5) **Thank**(감사하라) : **설교를 마치면서 파이퍼는 하나님께 감사를 드린다.** 설교하는 동안 연약한 자를 붙들어 주시고 하나님의 영광을 위해 말씀의 진리와 십자가를 전할 수 있도록 능력을 주신 것을 감사한다(시 106:1, "할렐루야 여호와께 감사하라 그는 선하시며 그 인자하심이 영원함이로다").[36]

3. 청중들은 설교를 들으면서 성령님의 능력을 구해야 한다

파이퍼는 설교자뿐만 아니라 설교를 듣는 청중들에게도 성령님의 능력을 구하라고 말한다.

예수 그리스도께서 죄를 담당하시고 죽으심으로 하나님의 자비로운 능력을 드러내셨습니다. 그리고 성령님은 그 능력을 우리 교회에 적용하고 계십니다. 성령님이 위대한 능력으로 우리에게 오실 때까지 끈질기게 구하고 찾고 두드립시다. … 주의 영이 오시면 주의 마음도 오십니다. … 저와 함께 성령님을 구합시다. 그분의 충만함과 능력을 간구하십시오.[37]

예수님께서 모든 민족을 제자로 삼는 일에 동참하도록 베들레헴교회를 부르실 때, 그분은 죽은 자들을 살리라고 우리를 부르시는 것임을 깨달으십시오. 그러나 오직 성령님만이 그렇게 하실 수 있습니다. 이것이 무슨 의미인지 아시겠습니까? 이 말은 성령님이 권능으로 우리에게 임하실 때까지 우리는 증인됨에 있어서 무력하고 약할 것이라는 뜻입니다. 그리고 그가 오실 때 우리는 바울과 함께 "내 말과 내 전도함이 설득력 있는 지혜의 말로 하지 아니하고 다만 성령의 나타나심과 능력으로 하여"(고전 2:4)라고 말할 것입니다.[38]

파이퍼는 그리스도 안에서 하나님을 영화롭게 하기 위해 하나님의 감동된 말씀을 성령님의 권능으로 선포하기를 갈망한다. 하나님의 주권을 강조하는 파이퍼의 설교 철학을 정리하자면, 그의 설교는 하나님이 중심되시고, 그리스도가 높임 받으시고, 성령님이 역사하시는 선포라고 할 수 있다.[39]

설교자의 정서(Affection): 진지함과 즐거움으로 설교하라

1. 설교자는 인위적 조작이 아닌 진리에 영향을 받은 정서가 필요하다

파이퍼는 정서 표현이 다른 설교자들보다 강렬하다. 그의 설교를 들어 보면 과하다고 생각할 정도의 열정으로 그만의 독특한 표정과 목소리와 감정이 드러난다. 파이퍼는 따분한 설교자를 증오한다. 그는 이렇게 말한다. "지루한 설교자는 자신이 선포하는 하나님을 제대로 표현할 수 없습니다. 왜냐하면 하나님은 지루한 분이 아니시기 때문입니다. 감정(emotion)과 감정주의(emotionalism)의 차이점은 당신이 진리로 감정을 일깨웠는지에 달려 있습니다."[40] 따라서 설교자는 스스로의 정서를 조작해서도 안 되고, 청중들의 감정을 인위적으로 만들어 내서도 안 된다.

설교에서 하나님을 최고로 높이고자 하는 파이퍼의 열정은 그로 하여금 진지함과 즐거움으로 설교하게 한다.[41] 파이퍼의 설교를 들어 보면 이 두 가지가 조화롭게 엮여 있음을 알 수 있다. 진지함과 기쁨이 어떻게 공존할 수 있을까? 파이퍼의 말을 들어 보자.

> 목사의 삶과 설교에는 즐거움과 진지함이 함께 엮여 있어야 하며, 그럼으로써 무심한 영혼은 깨워 주고 성도의 짐은 감미롭게 만들어 주어야 합니다. … 사람들을 사랑하기에 소중한 현실을 가볍게 취급하지 않으며(그러므로 설교는 진지해야 합니다), 사람들을 사랑하기에 순종의 짐을 지우되 그 짐을 감당할 기쁨의 힘을 같이 줍니다(그러므로 설교는 즐거워야 합니다)."[42]

2. 설교자는 하나님이 진지하고 행복한 분이심을 알아야 한다

파이퍼가 가지는 진지함과 즐거움이라는 정서는 하나님에 대한 지식과 사람에 대한 지식에서 출발한다. 하나님은 진지한 분이시다. 하나님은 위엄이 있는 분이시다. 우리에게 전해지는 복음이 그리스도의 십자가를 통한 왕권의 선포이다. "너희 하나님이 다스리신다."[43]

그러기에 복음은 긴박하고 중대하다. 죄인들의 회심과 불멸의 영혼들의 운명이 달려 있기 때문이다. '지옥'이란 단어는 신약성경에 열두 번 나오는데, 열한 번이 예수님의 입에서 나온다. 이는 분노하는 설교자가 만든 이야기가 아니라, 죄인을 그 저주에서 건지려고 십자가에서 죽으신 하나님의 아들, 예수님의 엄숙한 경고다.[44]

또한 파이퍼가 믿고 있는 하나님은 행복한 분이시다.[45] 행복하신 하나님을 말할 때 자주 인용하는 두 구절이 있다. 먼저 디모데전서 1장 11절이다. "이 교훈은 내게 맡기신 바 복되신 하나님의 영광의 복음을 따름이니라."

이어서 디모데전서 6장 15절을 보면, "하나님은 복되시고 유일하신 주권자이시며 만왕의 왕이시며 만주의 주시요"(he who is the blessed and only Sovereign, the King of kings and Lord of lords)라고 바울이 고백한다. 여기서 '복되신 하나님'은 ESV 번역으로 **"the blessed God"**이다. 여기서 '복되다'라는 단어는 헬라어로 '마카리오스'인데 신약에서 오십 번이나 사용되었다. 대부분 성도들의 행복한 상태를 설명하기 위해 사용되었고, 두 번은 행복한 하나님에 대해 쓰였다. 이렇듯 파이퍼는 진리에 근거한, 즉 성경에 나타난 하나님의 성품으로 빚어진 정서를 가지고 설교한다.

3. 설교자는 피를 토하는 간절함과
진지함(Blood-Earnestness)이 있어야 한다

먼저, 진지함이라는 정서를 살펴보자. 파이퍼는 복음의 긴박감과 중대성을 생각할 때 진지함을 가지게 되었다. 죄인들의 회심, 교회의 부흥, 성도들의 견인이 설교에 달려 있다고 믿었기 때문이다. "내 설교에 죄인들의 영원한 운명이 달려 있다니, 생각만 해도 엄청나지 않습니까! 설교자가 이 사실을 알면서도 간절해지지 않고 진지해지지 않을 때, 교인들은 은연중에 천국과 지옥의 존재를 심각하지 않은 것으로 여기게 됩니다."[46]

그래서 파이퍼는 설교단에 설 때마다 결코 인위적이지 않은 거룩한 감정의 강력함과 논쟁의 무게, 그리고 깊이 파고드는 생각의 장엄함, 영혼의 뜨거움과 하나님을 향한 열심으로 설교하려고 노력한다. 한마디로 그의 설교는 피 끓는 진지함을 가지고 있다. 파이퍼는 이렇게 말한다.

하나님은 무한히 거룩하며, 죄는 하나님께 무한히 불쾌한 것이고, 하나님의 진노는 의로우시며, 은혜는 무한하게 귀합니다. 우리의 믿는 삶과 여러분의 교회와 지역 사회 가운데 모든 사람의 삶이 영원한 기쁨 혹은 영원한 고통으로 귀결된다는 사실을 하나님은 아들의 죽음과 회개하지 않은 자의 저주를 통해 하늘 아래 가장 큰 음성으로 말씀하십니다. 우리의 설교로 이와 같은 무게를 사람들에게 전달하지 않는다면, 무엇으로 전달하겠습니까? 야채동화(Veggie Tales)? 라디오? 텔레비전? 토론? 긴급 대화? 이런 것으로 전달할 수 있습니까? 하나님은 자신의 아들이 십자가에서 죽을 것(계 13:8; 딤후 1:9)과 지옥(마 25:41)을 계획하셨습니다. 그리하여 우리가 설교할 때, 가장 시급한 것을 분명하게 증거하도록 하셨습니다. 설교자가 그리스도의 보혈로 그의 옷을 적시고 지옥 불에 깨어 있다면 설교는 진지합니다.[47]

파이퍼는 오늘날의 강단 사역의 비극이 바로 설교자가 이 '진지함'이라는 감각을 잃어버린 것이라고 말한다. 계속 그의 말을 들어 보자.

그러나 오늘날 복음주의의 가장 지배적인 목소리를 내는 이들은 불행히도 십자가와 지옥의 무서움을 경시하고 있습니다. 십자가는 우리가 받을 심판에 대한 담당 능력을 상실했고, 지옥은 자기 비인간화(self-dehumanization)와 세상의 사회적 비극으로 영적인 의미를 잃어버렸습니다. 오! 다가오는 세대에는 하나님에 대한 잘못된 인식이 세상에 범람하지 않기를 원합니다.
교회에는 하나님의 영광에 대한 분별이 더 이상 넘쳐나지 않습니다. 천국과 지옥, 죄와 구원에 대한 간절하고 뜨거운 인식이 사라지고 그리스도인의 기쁨은 종이 한 장만큼 가벼워졌습니다.
… 이렇게 그리스도를 격하시키고 영혼을 파괴하는 이 시대에, 수많은 책과, 학회, 신학교, 교회 성장 전문가들은 젊은 목회자들에게 "쉽게 대하세요.", "재미있게", "신나는 것을 하세요."라고 말합니다. … 현 시대가 영원과 매우 가까워짐을 느끼는 제 시각으로는, 목회자들이 듣는 그런 메시지는 점점 더 제정신이 아닌 소리를 내는 것으로 들립니다.[48]

설교자는 말씀 사역이 피 끓는 진지함으로 충만하기를 몸부림쳐야 한다. 이것이 오늘날 무너지는 강단의 영광을 회복시킬 것이다. 피를 토하는 강렬한 진지함과 간절함은 설교자의 인위적 흥분이나 기질에서 나오는 것이 아니다. 이는 십자가의 복음을 제대로 알게 될 때, 불멸의 영혼의 영원한 형벌과 지옥의 고통을 느낄 때, 하나님의 영광을 보고 느낄 때 발생하는 신앙적 정서인 것이다.

파이퍼는 지옥의 진리를 마음으로 믿지 않고 이 진리가 생생하게 느껴지도록 믿지 않는다면, 그리스도 안에 있는 하나님의 복된 사랑이 거의 빛을 발하지 못할 것이라고 한다. 마음이 더 이상 지옥의 진리를 느끼지 못할 때는, 복음은 좋은 소식에서 단순히 그저 그런 소식에 불과하다. 그리고 기쁨의 강도는 떨어지고 가슴에서 넘쳐나는 사랑도 메말라 버린다.[49]

파이퍼는 사역의 초창기 때 하나님께서 로이드 존스를 통해 에버라본의 교회를 충만하게 채우신 것과 같이 그의 교회도 그렇게 해 달라고 기도드렸다. "주님께서 베들레헴 교회를 가득 채우시길! 이곳에 엔터테인먼트가 있어서가 아닙니다. 하나님이 그것을 금하십니다. 다만 우리에게는 하나님과 진리에 대한 피 끓는 진지함이 있기 때문입니다."[50]

4. 설교자는 넘치는 즐거움(Overflowing Joy)과
거룩한 쾌활함(Holy Cheerfulness)으로 설교해야 한다

파이퍼는 설교는 사랑의 행위라고 말한다. 그는 영혼을 사랑하기에 그들의 영원한 현실 때문에 진지하게 설교했다. 동시에 그는 잃어버린

영혼들을 구원하고 구원받은 성도들이 하나님의 말씀을 기쁨으로 순종하도록 돕고자 설교했다.[51]

설교자가 강단에서 누리는 기쁨이 바로 이것이다. 불멸의 영혼이 지옥의 문턱에서 돌아와 예수님의 품에 안기는 장면을 생각만 해도 얼마나 행복할까? 그리고 그들이 자신들을 소생시킨 하나님의 말씀을 기쁨으로 순종하는 모습을 설교자가 본다면 이 또한 얼마나 큰 즐거움일까?

이렇게 하기 위해 설교자는 더욱더 하나님을 즐거워하고 자신이 설교를 준비하는 과정에서 지속적으로 기쁨을 추구해야 한다. 자신이 감동받지 않은 말씀을 청중에게 전할 수 없기 때문이다. 설교자는 말씀을 묵상하고 연구하면서 준비된 말씀에 넘치는 즐거움과 행복을 먼저 누려야 한다. 그리고 설교를 할 때는 그것을 성도들에게 나눌 수 있어야 한다. 그래서 설교자는 자신의 설교에 죄인의 회심, 교회의 각성, 성도의 견인이 달려 있기에 "누가 이 일을 감당하리요"(고후 2:16)라고 외치는 동시에, 말씀 사역을 "즐거움으로"(히 13:17) 해야 하고, "자원함"으로(벧전 5:2-3) 해야 한다.[52]

여기서 주의해야 할 것이 있다. 설교자의 기쁨은 결코 천박한 농담이나 경솔함과 명확히 구분되어야 한다는 것이다. 진지함은 설교 주제의 무게에 비례하는 태도다. 진지함의 반대는 기쁨이 아니라 천박함 또는 경솔함이다. 파이퍼는 설교자로서 분위기를 전환하고 사람들을 편안하게 만들기 위한 농담과 말장난은 철저하게 거부해야 한다고 말한다. 농담은 대부분 적절하지 못하고 경솔함은 진실한 예배를 방해한다.[53]

설교자가 서론에서 분위기를 전환하기 위해 세상에서 떠도는 농담이나 적절치 않은 유머를 사용하면 하나님의 말씀의 가치를 떨어뜨리며 설교를 가볍게 보게 만든다. 파이퍼는 미디어와 엔터테인먼트가 가득한 오늘날 미국 교회의 문제 중 하나는 예배에서 사소한 방식으로 유머를 사용하여 '예수님을 가볍게 만드는 것'이라고 날카롭게 말한다.[54] 안타깝게도 강단에서 흘러나오는 가볍고 경박한 말장난이나 재담은 청중 가운데 참된 영적 역사와 부흥이 일어나지 못하도록 막는 가장 큰 대적으로 보일 때가 있다.[55]

그렇다면 설교자가 강단에서 유머를 발휘해서는 안 되는가? 파이퍼는 설교자도 천박하거나 경망스럽지 않은 삶의 유머적 요소를 가질 수 있다고 말한다. 그가 모델로 삼는 설교자는 스펄전이다.[56] 스펄전은 설교단에서 누구보다도 엄숙하고 간절했지만 유쾌한 성격의 소유자였다. 스펄전은 유머 감각이 뛰어났지만, 결코 가벼운 농담이나 경박한 말을 하지 않았다. 파이퍼가 말하는 즐거움의 정서는 스펄전의 '거룩한 쾌활함'과 연결된다고 볼 수 있다. 스펄전의 말을 직접 들어 보자.

우리는 - 우리 중에 어떤 분들은 특별히 더 - 가벼워지는 성향을 정복해야 합니다. 거룩한 쾌활함과 가벼운 경박스러움 사이에는 굉장한 차이가 있습니다. 전자는 덕스러운 것이지만 후자는 악행입니다. 마음이 함께 웃지 않으면서 모든 일을 가볍게 대하는 그런 경박스러움이 있습니다. 그것은 값 싸고, 천박하며, 진지함이 없습니다. 저는 지금 얄팍하고 가벼우며, 중요한 문제들에 대하여 진지함도 없는 겉으로 꾸며내는 종교적인 자세에 대해 말하고 있는 것입니다. … 유쾌한 것과 경박스러운 것은 서로 전혀 다른 것입니다. 진지한 대화가 주는 행복을 통해서 우울함의 어두운 암초들과 경박스러움의 유사(流砂) 사이를 잘 빠져나가는 사람이 지혜로운 사람일 것입니다.[57]

5. 설교자의 정서가 청중들에게 전해져서
   그들로 진지하고 즐거워하게 해야 한다

설교자는 피 끓는 진지함과 엄숙함으로 경솔한 영혼들이 정신을 차리게 해야 한다. 동시에 성도들에게 기쁨으로 말씀에 순종할 수 있도록 설교해야 한다. 설교자가 이렇게 할 때 청중들 역시 살아 있는 말씀에 반응하게 된다. 설교자의 정서가 청중들에게 설교를 통해 그대로 전달되기 때문이다.

설교자를 통해 하나님의 영광을 위한 열정, 영혼을 향한 애정, 피를 토하는 진지함 그리고 하나님을 기뻐하고 만족하며 기쁨으로 순종할 능력을 경험하게 된다. 회심과 회복과 헌신이 일어나고 마침내 부흥의 불길이 타오르게 된다.

파이퍼는 이런 관점을 조나단 에드워즈에게서 배웠다. 파이퍼는 설교를 통해 하나님을 최고로 높이기 위해 무엇보다 먼저 '거룩한 감정을 불러일으키라'고 말한다. 파이퍼가 정의하는 좋은 설교는 거룩한 감정(죄에 대한 미움, 하나님을 즐거워하는 마음, 그분의 약속을 기대하는 소망, 그분의 자비에 대한 감사, 거룩해지려는 열망, 부드러운 긍휼 같은 감정)을 불러일으키는 것이다.[58] 파이퍼는 그가 읽은 설교에 대해 가장 통찰력 있고 영향력 있는 인용문 중 하나를 조나단 에드워즈에게서 발견했다고 말한다.

저는 목사들이 청중들의 감정을 너무 고조시킨다는 이유로 비난받아서는 안된다고 믿습니다. 그들이 감동을 받은 그것이 감동받을 가치가 있고 그들의 감동이 그 중요성의 정도 혹은 감동의 가치를 넘어선 것만 아니라면 말입니다. 만일 나의 청중이 오직 진리로만 그리고 그들이 감동받는 것에 어울리는 감정으로 감동받는다면, 청중의 감정을 가능한 한 높게 고양시키는 것이 내 임무입니다.[59]

하나님의 영광을 대면하고 그것을 즐거워하는 설교자, 하나님의 진리를 전하고 불멸의 영혼을 사랑으로 마주하는 설교자는 절대로 냉담하거나 가벼울 수 없다. 그는 지옥 불을 외면하고 그저 두려움을 만드는 외침이나 재미난 웃음거리로 청중들을 감동시키려는 얄팍한 재간을 찾지 않는다.

대신 위대한 복음을 전함으로써 지옥의 문턱에서 천국문으로 인도하려는 피 끓는 진지함과 열망과 기쁨이 있다. 그렇게 할 때 비로소 청중들이 복음을 듣고 십자가의 예수님을 만나 하나님께 나아가 하나님을 즐거워하게 된다. 나아가 그 기쁨의 힘으로 즐거이 말씀에 순종하게 된다. 그럼으로써 하나님이 가장 영광을 받으신다. 이런 소망을 품고 설교자는 서재와 골방과 강단으로 가야 한다.

6. 설교자는 피 끓는 진지함과 거룩한 기쁨을 함양시켜야 한다
   : 파이퍼의 영성의 비밀

파이퍼는 『하나님을 설교하라』를 통해 설교에서 피 끓는 진지함과 넘치는 기쁨을 함양하기 위한 일곱 가지 방법을 소개한다. 함양한다는 것은 설교자가 부단히 노력해야 한다는 의미다. 파이퍼가 추천하는 방법은 설교에만 국한된 것이 아닌 그의 영성의 비밀이라고 볼 수 있다. 그가 밝히는 방법을 풀어서 적용하자면 이렇게 표현할 수 있다.

1) **모든 삶의 영역에서 거룩을 추구하라.** 설교단에 섰다고 설교자에게 없는 것이 갑자기 나타나지 않는다. 설교의 전문가가 되려고 하지 말고 설교자의 인격을 갖추려고 애쓰라. 강단에서만 설교자가 아니라 한 주간의 삶에서 거룩해야 한다. "거룩, 거룩, 거룩."

2) **모든 삶의 영역에서 기도로 하나님과 교제하라.** 하나님 앞에 오래 머물러 있어야 하나님의 향취가 오래 지속된다. 설교자의 성경 연구는 열렬한 기도와 생사를 같이 한다. 기도가 강력하면 설교자는 진지함과 즐거움을 유지한 채 강단에 올라갈 수 있다.

3) **성경에 흠뻑 젖어 있는 이들의 책을 읽으라.** 찌르기만 해도 성경이 흘러나오는 이들, 피를 토하는 간절함으로 하나님과 진리를 논한 이들의 책을 읽으라. 그렇게 되면 시간을 낭비하지 않고 더 정확하게 기쁨에 이르는 길을 걸을 수 있다.

4) **죽음을 자주 묵상하라.** 조나단 에드워즈가 젊은 시절에 쓴 결심문처럼(9번, 55번), 천국의 행복과 지옥의 고통을 더 많이 생각하면 오늘 내가 무엇을 해야 하는지 더 잘 알고 최선을 다할 수 있다. 장례식을 인도할 때마다 나와 가족이 관에 누워 있다는 상상을 해 보라. 사소한 일에서 벗어나 영원한 기쁨을 향해 달려가게 될 것이다.

5) **설교자가 받을 엄중한 심판을 생각하라.** 성도들의 영원한 미래가 자신의 손에 달려 있다는 것을 생각하고(약 3:1; 히 13:17; 행 20:26-27), 하나님의 뜻을 온전하고 신실하게 전하라. 이는 거룩한 책임감이다.

6) **설교자의 최고의 모범이신 예수님을 닮아 가라.** 예수님은 의로우시면서 온유하시고, 가볍거나 침울하지 않으시면서도 슬픔과 아픔을 아셨다. 영혼을 누구보다 사랑하셨기에 따뜻하게 사람들을 대하셨다. 그러면서도 피 끓는 진지함으로 지옥을 선포하셨다.

7) **하나님 앞에서 겸손, 또 겸손하라.** 하나님을 알고 그분의 능하신 손 아래에서 겸손해지기 위해 온 힘을 다하라(벧전 5:6). 성도들의 칭찬과 성공이라는 작은 언덕에 만족하지 말고 위대하신 하나님의 높은 절벽에 오르는 산악인이 되라. 높고 높은 산에 올라 무한하신 하나님을 발견하라. 그렇게 한다면 하나님을 발견해도 그 끝은 없고, 하나님의 영광을 보는 즐거움이 약해질 수 없고 진지함과 즐거움이 메마를 수 없음을 알게 될 것이다. 천국 가는 그날까지 다함이 없는 하나님의 높은 산은 절대로 다 오를 수 없다는 것을 알고 무릎을 꿇게 될 것이다.[60]

2장

설교의 세 가지 정의

파이퍼는 앞에서 살펴본 대로 하나님의 주권을 그의 설교 철학의 기초로 삼았다. 이어서 그는 설교를 세 가지로 정의한다. 설교는 예배(worship)이자 강해(exposition)이자 희열(exultation)이다. 이 세 가지가 파이퍼가 설교할 때 항상 마음에 품고 있는 열망이자 설교를 통해 보고자 하는 열매라고 볼 수 있다. 설교자가 설교한다는 것은 하나님의 말씀을 설명하고 그 말씀에 환호함으로써 예배하는 것이기 때문이다.[1] 파이퍼의 독특한 표현으로 정리하자면, 설교는 "강해의 희열"(expository exultation)이다. "설교라는 독특한 소통 형태는 성경말씀에 계시된 실체를 지적으로 강해하는 일이면서, 또한 설교자가 자신이 강해 중인 말씀에 느끼는 희열을 통해 그 실체의 가치를 구현하는 일"이다.[2]

설교는 예배다

파이퍼에게 있어 설교는 예배를 도울 뿐만 아니라 설교 자체가 예배다.³⁾ 또한 설교가 '예배의 중심'이며 회중 예배의 중요한 부분이어야 한다고 말한다. 그는 특정된 형식의 말씀 선포인 '설교'를 통해 하나님은 먼저 스스로를 나타내시고, 하시고자 하는 일을 진행하시고, 새로운 생명을 탄생시키시며, 위대한 각성의 역사를 계속 이루신다고 믿는다.⁴⁾

이런 의미에서 파이퍼에게 있어 '설교는 예배'다. 그렇다고 해서 설교가 회중 예배의 전부이며 다른 부분들, 즉 예배 음악, 기도, 헌금, 성찬식이 중요하지 않다는 의미가 아니다. 그가 사역했던 베들레헴침례교회에서는 예배 음악을 굉장히 중요시했다. 이 교회가 추구하는 예배 음악은 하나님 중심적이고, 역사적이고 현대적인 음악이 함께 섞여 있고, 음악의 내용은 구속사의 흐름과 함께 복음을 잘 드러내고, 설교에서 하나님의 말씀을 위한 추가적인 준비 역할을 한다.⁵⁾

파이퍼가 강조하고자 하는 것은, 설교가 예배의 두 가지의 본질(지성과 감정)을 담고 있다고 보기 때문이다. 설교를 대체할 수 있는 방식은 없다. 즉 예배자는 지성(mind)을 사용하여 하나님을 보고 이해해야 하고(seeing or understanding God), 마음(heart)으로 하나님을 음미하고 기뻐해야 한다(savoring or delighting in God). 설교는 하나님의 말씀을 선포하면서 이 두 가지를 잘 연합하기 때문에 설교가 예배의 중심이라는 것이다.⁶⁾

그러므로 교회 전체 예배에서 설교는 반드시 있어야 한다. 오직 설교만이 독특하게 청중들을 일깨워 말씀에 대한 이해(understanding, 생각하고, 묵상하고, 숙고하는 것)와 느낌(feeling, 좋아하고, 즐거워하고, 두려워하고, 애통하고, 소망하는 것)을 가져다준다. 하나님은 설교를 통해 우리가 하나님을 보고(seeing) 음미하도록(savoring) 정해 놓으셨다.⁷⁾

하나님을 보는 것과 하나님을 음미하는 것을 설교와 연결하는 그의 통찰은 조나단 에즈워즈에게서 나왔다. 파이퍼가 영향을 받은 에드워즈의 말을 들어 보자.

하나님은 두 가지 방법으로 피조물 앞에서 영광을 받으신다. 첫째, 그들의 이해력에 … 자신을 나타내심으로 영광을 받으신다. 둘째, 그들의 마음에 자신을 전해 주심으로, 자신의 나타남을 기뻐하고 즐거워하며 누리게 하심으로 영광을 받으신다. … 자신의 영광을 보여 주심으로 영광을 받으실 뿐 아니라 그 영광을 기뻐하게 하심으로 영광을 받으신다. 피조물이 단순히 영광을 보기만 하는 것이 아니라 그 영광을 보고 즐거워할 때 더욱 영광을 받으시는 것이다. 하나님은 이해력과 마음을 아우르는 온 영혼에게서 영광을 받으신다.[8]

그러므로 설교자는 자신이 하나님의 말씀으로 예배하며 동시에 성령의 능력으로 청중이 하나님께 '예배자의 반응'을 하도록 도와야 한다.[9] 다르게 표현하자면, 설교자는 본인이 하나님의 말씀을 선포함으로 하나님을 예배하는 것과 같이 청중들이 하나님의 말씀을 들음으로 하나님을 예배하도록 애써야 한다. 아무리 탁월한 설교자라도 하나님을 예배하는 예배자일 뿐이다. 설교자와 청중들은 설교자에게 집중해서는 안 된다. 오직 하나님께 집중해야 한다. 설교자는 사라지고 오직 하나님만 보이는 것이 가장 위대한 설교다. "설교자가 아니라 하나님께 집중하십시오. 찬송 멜로디가 아니라 하나님께 집중하십시오. 하나님에 대한 지식뿐만 아니라 하나님 자신을 추구하십시오. 여러분이 하나님께 집중하고 그분을 추구할 때, 그분을 사랑하고 존중하고 존경하고 경외하고 즐거워하고 음미하기 위해 여러분의 감정을 불러일으키도록 애쓰십시오."[10]

설교는 강해다

파이퍼가 설교를 강해라고 정의하는 것은 앞에서 보았듯이 설교가 하나님의 말씀을 설명하는 것이기 때문이다. 설교는 가르침을 포함한다. 그 이유는 설교하는 내용이 진리이기 때문이다. "모든 성경은 하나님의 감동으로 된 것으로 … 교육하기에 유익하니"(딤후 3:16). "너는 말씀을 전파하라 때를 얻든지 못 얻든지 항상 힘쓰라 범사에 오래 참음과 가르침으로 경책하며 경계하며 권하라"(딤후 4:2). 파이퍼는 이렇게 강조한다. "참된 설교는 단순한 사람의 의견이 아닌, 하나님의 말씀을 신실하게 강해하는 것입니다."[11]

설교를 통해 하나님의 말씀을 설명한다는 것은 성경 본문을 설명하고 그 의미를 사람들의 삶에 적용해야 한다는 의미다. 설교자와 청중이 함께 하나님을 보고 하나님의 말씀을 생각하고 이해하는 것이 설교의 중요한 목표다. 파이퍼는 이렇게 말한다.

강해의 목적은 여러분이 성경의 진리를 먹고 소화시켜 영적 뼈를 강철처럼 만들고, 영적 폐활량을 배가하고, 마음의 눈을 하나님의 영광의 광채로 빛나게 하고, 여러분 안에 존재하는지도 몰랐던 영적 즐거움을 누릴

수 있는 영혼의 능력을 깨우는 데 도움을 주는 것입니다.[12]

파이퍼는 하나님의 말씀을 제대로 강해하기 위해 자신의 의견과 상상력을 최소화하려고 노력한다. 그렇게 설교할 때 그리스도 안에 있는 하나님의 영광이 나타나고 최고의 만족이 되시는 하나님을 볼 수 있기 때문이다. 이 목적을 이루기 위해 파이퍼는 성경의 단어와 문장과 문단을 신실하게 강해하고(exposit), 열고(open), 펼치고(unfold), 밝히고(eluciate), 명확히 하고(clarify), 설명하기(explain) 위해 노력한다.[13]

설교는 희열이다

설교는 하나님의 말씀을 가지고 하나님을 예배하는 것이다. 그리고 설교는 '환희하는 강해'다. 파이퍼는 디모데후서 4장 2절을 통해 설명한다. 바울이 "말씀을 전파하라"고 전할 때 '전파하다 또는 설교하다'(κηρυξον)의 의미가 '전하다' 혹은 '공표하다' 또는 '선포하다'라는 말이다. 그렇기에 설교한다는 것은 단순히 가르치고 설명하는 것 이상이다. 설교자는 성경 본문을 강해할 뿐만 아니라 진리의 영광을 생각으로 보고, 하나님을 음미하며, 본문 안에 나타난 진리에 대하여 그가 마음으로 느낀 환희를 표현한다.[14]

그래서 파이퍼에게 설교는 듣는 자들까지 흥분되도록 눈에 띄게 열광하며 전하는 설교자의 가슴 뛰는 환희이고 청중들에게 전해지기 때문에 '공적 환희'라고 할 수 있다.[15] 말씀을 기뻐한다는 것은 지성과 감성적인 부분 모두를 의미한다. 파이퍼는 이렇게 말한다.

참된 예배에는 항상 지적인 이해와 마음의 느낌이 따라오게 되어 있습니다. 항상 이해가 느낌을 받쳐 주어야 합니다. 그렇지 않으면 모든 것이 근거 없는 감상주의로 전락하게 됩니다. 반면에, 하나님에 대한 느낌이 전혀 없는 이해는 죽은 지성주의에 불과합니다. 그래서 성경이 내내 한편으로는 생각하고 숙고하고 묵상하라고 하면서, 또 한편으로는 즐거워하고 두려워하고 애통하고 기뻐하고 소망하고 좋아하라고 하는 것입니다.[16]

강해의 희열은 로이드 존스의 '불붙은 논리'(logic on fire)를 파이퍼 식으로 적용되어 표현된 것으로 보인다. 로이드 존스의 설교는 논리적이면서 열정과 확신이 넘쳤다. 그의 설교 안에는 '지성의 빛'과 '감정의 열'이 조화되어 있었다. 1991년 열린 '목회자를 위한 베들레헴 컨퍼런스'(Bethlehem Conference for Pastors)에서 파이퍼는 로이드 존스에 대한 연구 발표를 했다. 제목은 "그리스도를 높이는 능력을 위한 열정"이었다. 파이퍼는 로이드 존스의 불붙은 논리에 대해 이렇게 설명한다.

로이드 존스는 평생 두 가지 영역의 깊이를 알고자 몸부림쳤다. 하나는 성경 교리의 깊이였고 또 다른 것은 생기 넘치는 영적 경험의 깊이였다. '빛과 열, 논리와 불, 말씀과 성령.' 그는 한편으로는 죽은 형식적이고 제도적인 지성주의에 맞서고, 다른 한편으로는 피상적이고 경박하며 오락

위주의 인간 중심적인 감정주의에 맞서는 두 가지 전선에서 계속 싸웠다. 그는 그리스도가 없고 희망이 없는 절망적인 상태에 빠진 세상을 보았다. 그리고 그것을 변화시킬 능력이 없는 교회를 보았다. 교회의 한쪽 날개는 지적 모기를 잡아먹고 있었고, 다른 쪽 날개는 복음주의적 타협이나 부주의한 카리스마적 가르침이라는 낙타를 삼키고 있었다. 로이드 존스에게 유일한 희망은 역사적이고 하나님 중심의 부흥뿐이었다.[17]

설교자만 말씀으로 기뻐하며 열광할 뿐만 아니라 청중도 설교자와 함께 하나님의 영광을 보고, 이해되고 적용된 진리를 기뻐한다. 신실한 강해를 통해 결국 하나님이 설교자와 청중에게서 우러나오는 '정서들'(affections)로 인해 영광 받으신다. 이것이 그가 의미하는 설교이다.[18] 왜냐하면 설교자가 영원한 가치가 있는 실재들을 놀라움과 환희가 없는 감정과 말로 다루게 될 때, 설교자와 청중들은 함께 영적으로 죽는 결과를 낳기 때문이다.[19] 파이퍼는 설교자들이 강해의 희열을 훈련하라고 이렇게 격려한다.

하나님은 예배받으시기 위해 즉 우리에게서 높임받으시고 소중히 여겨지시고 우리의 갈망을 받으시고 찬양받으시기 위해 존재하십니다. 그러므로 하나님의 말씀은 주로 예배드리기 위해 기록되었습니다. 만일 하나님의 말씀이 요리 레시피나 수리 설명서처럼 취급된다면, 이는 잘못된 것입니다. 그리고 사람들은 고통을 겪을 것입니다. 하나님의 진리는 기쁨으로 다루어져야 합니다. 진리를 소중히 여기고 사랑하고 진리에 열광하고 진리 안에서 기뻐하기 위해서 여러분은 진리를 알아야 합니다. … 그래서 주님의 명령은 "말씀을 설교하라"입니다. 여러분의 머리는 강해에 계속 집중하고 여러분의 마음은 환희하는 일에 살아 있게 하십시오. 살아 있는 하나님의 귀한 말씀을 정확하게 다루십시오. 그리고 매주 이 강단에 나와 강해의 희열을 실천하십시오. 말씀보다 더 기뻐해서는 안 되며 말씀을 덜 기뻐해서도 안 됩니다. 말씀에는 이미 충만한 영광이 있기에 인위적인 것을 더할 필요는 없습니다. 그저 여러분의 마음이 깊고 진정으로 만족될 때까지 말씀을 먹으십시오. 그런 다음에 여러분의 청중들을 위해 같은 연회를 베풀어 주십시오.[20]

비록 설교의 무게가 그를 짓누르고 고통을 주기도 하지만, 파이퍼는 설교 사역에서 큰 기쁨을 누리고 있다. 그에게 하나님의 말씀을 설교하는 것은 참으로 위대하고 기쁜 일이었다.

4부

존 파이퍼는
강해 설교를 어떻게 조직하는가?

이제는 파이퍼가 실제로 설교를 어떻게 조직하는지를 살펴볼 때가 되었다. 들어가는 말에도 밝혔지만, 설교 준비는 영적인 준비에서 시작된다. 그리고 성경적인 강해 설교를 뒷받침해 줄 성경 연구 과정이 필요하다. 이어서 설교를 빚어낼 수 있는 바른 설교 철학이 깊이 내재되어 있어야 한다. 이런 과정을 살펴보지 않고 파이퍼의 설교 기술로 곧장 달려간다면, 결코 파이퍼의 설교 세계를 알 수 없다. 4부에서는 파이퍼가 강해 설교를 준비하는 과정에서 사용하는 실제적인 방법과 기술을 살펴보려 한다. 파이퍼가 설교를 위해 본문을 선택하는 방법과 설교의 서론, 본론, 결론을 어떻게 조직하는지 알아볼 것이다.

1장

설교를 위한 본문 정하기

　강해 설교의 대가 브라이언 채플은 "설교자의 첫 번째 임무는 성경에서 설교할 본문을 선택"하는 것이라고 말한다.[1] 이 말은 강해 설교자는 반드시 성경에 대한 확신을 가지고 하나님의 말씀에서 시작해야 한다는 의미다.

　설교자는 강단에서 매 주일 어떤 본문(또는 주제)으로 설교할 것인가 또는 무엇을 위해 설교할 것인가를 지혜롭게 정해야 한다. 성경을 창세기부터 요한계시록까지 (처음부터 끝까지) 이어서 설교할 것인가? 성경 한 책을 택해서 한 절 한 절 또는 단락을 이어서 설교해야 하는가? 한 권을 마치고 또 다른 권으로 넘어가야 하는가? 아니면 매주 다른 본문을 설교해야 하는가? 설교자는 매주 무엇을 설교해야 하는가?

　솔직히 설교를 위한 본문을 선택하는 것은 설교자에게 엄청난 부담이다. 위대한 설교자 찰스 스펄전도 그러했다. 스펄전은 성령께서 설교할 본문을 마음에 주실 때까지 기다렸고, 심지어 주일 아침에 본문이 주어지는 경우도 있었다고 말한다. 그는 이런 말을 남겼다.

설교와 관련해서도, 우리는 무엇보다도 본문의 선택 문제가 가장 걱정스러울 것입니다. … 여러분에게 고백합니다만 저는 아직도, 본문을 선택하는 일에 정말로 큰 어려움을 겪고 있습니다. … 이것은 빈곤함에서 오는 괴로움과는 매우 다릅니다. 그렇게 많은 진리들이 모두 시급하게 가르쳐야 하는 것들이고, 모든 의무들이 새로이 강조하고 심어 주어야 할 것들이며, 교인들의 수많은 영적인 필요들이 전부 공급을 바라고 있습니다. 저는 여러 시간씩 앉아서 기도하며 설교의 주제를 주시기를 기다리는 때가 많습니다.[2]

과연 스펄전처럼 설교할 본문이 너무 많아서 적절한 주제를 찾으며 고민하는 설교자가 얼마나 될까? 그였기에 가능한 일이지 보통 설교자가 따라 하기에는 위험 요소가 너무 많다. 설교자는 스펄전처럼 늘 말씀으로 충만하려고 노력하는 동시에 기도하며 설교 계획을 세워야 한다.

팀 켈러는 『팀 켈러의 설교』에서 전통적 연속 강해 설교자와 변형된 형식을 취하는 강해 설교자로 구분하여 설명하고 있다.[3] 전통적 강해 설교는 '렉시오 콘티누아'(Lectio Continua) 방식이다. 수개월이나 때론 수년에 걸쳐 권별로 성경 전체를 한 구절도 빠짐없이 다루는 방식으로 이는 위대한 강해 설교의 시대를 가져오게 만들었다. 로이드 존스, 제임스 보이스, 존 맥아더와 같은 인물이 여기에 해당한다. 로이드 존스는 베드로후서 강해 설교를 시작으로 성경의 한 책에 대한 연속 설교를 21년 동안 하게 되었다. 주일 오전에 산상설교를 60회, 에베소서를 약 8년에 걸쳐서 설교했고, 가장 유명한 로마서를 마치는 데만 1955-1968년 동안 약

14년이 걸렸다. 신약성경을 책 별로 한 절 한 절 설교한 것으로 알려진 존 맥아더는 본인이 주로 신약을 본문으로 설교하기 때문에 설교 계획이 특별히 필요하지 않다고 한다.[4]

반면, 변형된 형식을 취하는 강해 설교자들이 있다. 짧은 권별 성경을 연속으로 다루거나, 중요 장들만 절별로 다루기도 한다. 여기에 해당하는 설교자는 존 스토트, 딕 루카스, 마크 데버, 팀 켈러가 있다.

켈러는 미니 강해시리즈를 선호했다. 4-12주 또는 6개월 단위로 설교를 계획했다. 본인이 사역하는 환경을 고려한 구성이다. 뉴욕은 유동인구가 많은 지역이기 때문에 1년에 성경 전체적인 윤곽을 두루 섭렵하도록 했다. 따라서 1년 동안만 출석하는 사람도 성경 전체의 줄거리(복음)를 모두 접할 수 있도록 했다. 이런 목적을 두고 켈러는 매년 새로운 본문으로 동일한 '복음 커리큘럼'을 설교했다. 그가 장기적으로 계획한 바는 10년 주기의 설교를 통해 성경 전체를 다루는 것이다.[5]

파이퍼는 어디에 속하는가? 그는 로마서 강해를 마치는 데 8년 반(1998년 4월 26일 - 2006년 12월 24일)이 걸렸다. 매주 연속으로 설교한 것이 아니라 중간에 적게는 3회, 많게는 14회 정도 짧은 다른 본문으로 강해 설교를 진행했다. 앞으로 살펴보겠지만 파이퍼 역시 팀 켈러처럼 나름의 계획을 세우고 변형된 형식을 따르는 강해 설교자라고 할 수 있다.

설교 본문의 길이를 결정하는 네 가지 방법

파이퍼는 설교자가 설교 본문의 길이를 선택할 때 고려해야 할 네 가

지 원칙을 제시한다.[6]

1. 설교의 목표에 따라

우선, 본문의 길이는 설교 한 편 또는 시리즈(연속 설교)의 목표에 따라 달라야 한다. 첫째로, 한 권의 책을 간략하게 요약하고 적용하는 방식이다. 파이퍼는 소선지서 시리즈 설교를 진행하면서 나훔을 제외한 11권의 소선지서들을 각각 1편씩 다루었다.[7] 요엘에 대한 설교에서 그는 설교 목표를 이렇게 말했다. "저는 오늘 아침 여러분을 책의 전체적인 요약으로 안내한 후 다시 돌아가서 두 가지로 나누어 오늘 우리에게 적용될 수 있는 핵심에 집중하겠습니다."[8]

둘째로, 설교하려는 한 책의 주제를 지지해 주는 중요한 모든 구절을 파헤치면서 신학적으로 이어지는 문구들을 살펴보는 것이다.[9] 파이퍼는 말라기를 "공의로운 해가 떠오를 것이다"라는 제목으로 열한 번을 설교했다. 이러한 목표는 로마서에서 특히 두드러진다. 로마서 1장 16-17절을 본문으로 "복음이 믿는 자들을 어떻게 구원하는가?"라는 제목의 설교를 세 번했고,[10] 7장 14-25절을 가지고 "이 분열된 사람은 누구인가?"라는 제목으로 무려 여섯 번이나 설교했다.[11]

2. 본문의 장르에 따라

본문의 길이는 본문의 장르에 따라 달라질 수 있다. 예를 들어, 서신서를 설교할 경우 하나 또는 몇 구절을 가지고도 가능하다. 베드로전서 1장 13절을 가지고 "소망을 지키기 위해 마음의 허리를 동이라"는 제목으로 설교했다.[12] "내면의 전쟁: 육체와 성령"이라는 설교에서는 갈라디아서 5장 16-18절을 강해 단위로 정하여 논리적으로 설교했다.[13] "너희 구할 것을 하나님께 아뢰라"는 제목으로 빌립보서 4장 4-7절을 가지고 설교했다.[14]

다른 한편으로 본문이 내러티브일 경우는 저자의 의도가 하나 또는 몇 개의 구절에 있는 것이 아니라, 일어난 여러 가지 일들을 엮어 이야기를 만든 것이다. 그래서 이런 경우는 조금 더 긴 본문을 사용한다. 좋은 예는 파이퍼가 요한복음 4장에서 예수님께서 사마리아 여인을 만나는 내용을 네 부분으로 나누어 설교한 것이다. 눈여겨볼 점은 파이퍼가 이 이야기를 네 과정으로 나누어진다고 보았던 것이다. 1절에서 15절은 예수님이 생명수이시며, 16절에서 19절은 예수님이 선지자이시며, 20절에서 24절은 예수님이 영적 예배를 가능하게 만드는 구주이시며, 25-26절은 예수님이 "메시야"로 나타난다.[15]

또 다른 예는 룻기 연속 설교에서 볼 수 있다. 파이퍼는 한 장당 한 번으로 진행했고, 다음과 같이 총 네 번의 설교를 했다. "달콤한 그리고 쓰디쓴 섭리"(1장), "하나님의 날개 아래"(2장), "전략적인 의로움"(3장), "최고의 것은 아직 오지 않았다"(4장).[16]

3. 설명과 적용이 필요한 구절에 따라

본문의 길이는, 본문에 설명과 적용이 필요한 신학적인 용어들로 가득 차 있는 정도에 따라 선택될 수 있다. 파이퍼는 본문에 설명과 적용이 필요한 단어들과 구절들이 풍성할수록 더 짧은 본문을 선택한다고 강조한다. 그만큼 서두르지 말고 구절들을 깊이 연구해야 한다는 의미다. 예를 들어 로마서 1장 16절을 가지고 "복음을 부끄러워하지 아니하노라", "복음은 구원을 주시는 하나님의 능력이 됨이라", "먼저는 유대인에게요 그리고 헬라인에게로다"라는 세 번의 설교를 했다.[17]

그리고 요한복음 3장 16절을 가지고 '복음의 4가지 D'를 자연스럽게 연결해서 네 번의 설교를 했는데, "위험(The Danger: 멸망)", "계획(The Design: 사랑)", "의무(The Duty: 믿음)", "운명(The Destiny: 영생)"이다.[18] 로마서 8장 10-17절을 본문으로 죄를 죽이는 방법에 대해 세 번 설교했는데, "죄를 죽이는 방법", "성령으로 죄를 죽이라", "하나님의 말씀으로 죄를 죽이라"이다.[19]

4. 설교자의 능력에 따라

본문의 길이를 결정하기 위한 파이퍼의 마지막 원칙은 설교자가 본문을 다룰 수 있는 시간에 달려 있다. 이는 설교자가 설교 본문을 연구하고 전하는 데 얼마나 시간을 들여야 하는지와 관련된 것이다. 파이퍼는 이렇게 말한 바 있다. 설교자가 "새해부터 부활절까지 베드로전서를 다루어야 겠다고 생각한다면, 그것이 매주 설교하는 본문의 크기를 결정할 것입니다."[20]

설교자들이 무작정 파이퍼를 따라서 할 수는 없다. 왜냐하면 본문을 주해하고 설교할 수 있는 능력이 파이퍼와 같지 않기 때문이다. 그렇기 때문에 설교자 자신이 소화할 수 있는 정도의 본문을 택하되 브라이언 채플이 말하는 "강해 단위"(an expository unit)를 따르도록 애써야 한다.[21]

설교 본문을 선택하는 여덟 가지 방법

파이퍼는 설교 본문을 선택하기 위해서 교회의 상황, 사회적 위기 그리고 설교자의 개인적인 신념을 기반으로 하는 "유연성과 반응성"(flexibility and responsiveness)을 가져야 한다고 강조한다.[22] 좀 더 자세하게 다룬다면, 파이퍼는 설교 본문을 선택할 때 여덟 가지 방법을 사용한다.

1. 청중과 환경

설교자는 설교를 듣는 청중과 당시 환경을 잘 살펴야 한다. 예를 들면, 전도 설교, 장례식 설교, 결혼식 설교를 할 때는 일반 예배와는 다른 본문을 다루어야 한다.[23] 파이퍼는 장례 설교로 요한복음 11장 1-44절을 사용했고, 요한복음 3장 16절, 누가복음 15장 11-31절, 로마서 5장 6-8절, 에베소서 2장 1절 같은 본문으로 전도 설교를 했다.

여기서 주목할 점은 전도 설교는 회심하지 않은 사람들과 신자들 모두에게 필요하다는 것이다. 파이퍼는 매 주일 설교가 성도들이 하나님을 더 신뢰하게 돕고 불신자들이 하나님을 만나는 데 쓰임받기를 원했다.[24] 파이퍼의 성금요일(Good Friday), 부활절, 성탄절 설교도 신자와 불신자 모두에게 전해진 전도 설교의 훌륭한 예라고 볼 수 있다. 한 예로 그는 예수님이 전하신 팔복이 제자들과 무리들이었다는 점을 강조하면서 불신자들의 회심을 기대했다. 파이퍼는 팔복 시리즈 첫 설교에서 이렇게 말한다.

하나님의 말씀은 주로 하나님의 백성의 예배와 삶에 영양을 공급하고 힘을 주고 영감을 주기 위해 준비됩니다. 그러나 우리는 산 위의 제자들 뒤로 군중들이 몰려들었듯이 호기심 많은 사람들, 회의적인 사람들, 진리를 찾는 사람들, 의심하는 사람들이 더 많이 교회로 몰려오기를 기도합니다. 우리는 성령님의 기름 부으심으로 권위 있는 설교가 제자들을 대상으로 할 때에도 불신자들이 진리와 그리스도의 아름다움을 보게 하는 특별한 힘이 있다고 믿습니다. 따라서 주일 예배에 누구든지 자유롭게 초대해 주시기 부탁합니다. 사람들이 그리스도께 오고자 하는 갈망을 일깨울 수 있는 길은 바로 우리 주님께서 우리에게 말씀하시는 것입니다.[25]

요한복음 설교 시리즈를 시작했을 때 파이퍼는 요한복음이 불신자들이 예수 그리스도를 믿고 영생을 얻도록 도움을 주기 위해 쓰였다고 선포했지만, "그러나 이 책이 불신자만을 위한 것이라고 생각하면 안 됩니다. 예수님을 믿는 사람들도 결국 구원을 얻기 위해서는 계속해서 예수님을 믿어야 합니다. … 요한은 불신자에게는 믿음을 일깨우고 신자들에게는 믿음을 유지하여 둘다 영생으로 이끌기 위하여 이 책을 기록했습니다."라고 강조한다.[26]

2. 교회 달력 또는 특별 행사

파이퍼는 교회 달력이나 중요 행사를 무시하지 않았다. 그때는 특정한 진리를 전하기 위해 적절한 설교 본문을 채택했다.[27]

예를 들어 성목요일(Maundy Sunday), 성금요일, 부활주일, 종려주일, 추수감사절, 성탄절, 대강절, 고난주간, 새해 첫 주 기도주간, 어머니 날 주일, 아버지 날 주일, 송구영신, 예배당과 건물 건축, 교회설립기념일, 선교주일, 인종화합주일(Racial Harmony Sunday), 생명을 소중히 여기는 주일(Sanctity of Life Sunday) 등에 특별한 본문을 사용한다. 매년 새해 첫 주일은 기도주간을 시작으로 그다음 주에 말씀과 기도에 대한 설교를 하고, 이어서 인종화합주일 그리고 낙태를 반대하는 설교 패턴을 수년간 지속했다.[28]

3. 사회의 위기

파이퍼는 주변에 일어나는 모든 격변은 사람들의 안정과 인도를 위한 하나님의 말씀과 더불어 교회를 지켜보는 세상에 대한 말씀을 요구한다고 강조한다.[29] 예를 들어 국가적으로 일어나는 큰 재난을 만날 때 설교자는 반드시 위기를 극복하도록 하나님의 말씀을 적실성 있게 설교해야 한다.

1989년 10월 17일 샌프란시스코에서 대지진이 일어났을 때, 파이퍼는 진행하고 있던 시편 51편 시리즈 설교를 중단하고 히브리서 12장 25-29절을 본문으로 "흔들리지 않는 나라"라는 제목의 말씀을 전했다. 지진과 더불어 베이 브릿지가 무너졌다는 소식을 전해 들었을 당시 파이퍼는 교회 목회자들과 외부에서 저녁 식사를 하고 있었다. 목회자들 중 한 명이 기도를 하자고 요청하자, 모두 식사를 멈추고 베이 지역 주민들에게 하나님의 긍휼을 베풀어 주시길 기도했다. 파이퍼는 당시 상황을 이렇게 말한다.

그날 밤늦게 내 방으로 돌아왔을 때, 하나님은 굉장하다고밖에 말할 수 없는 이례적인 기도의 부담감을 지우시는 것 같았습니다. 그래서 나는 그곳에서 일어난 일을 통해 사람들의 마음을 하나님께로 돌이키게 하시고 세상을 향한 그분의 자비의 목적을 이루게 해 달라고 기도하는 나 자신을 발견했습니다. … 기도하는 중에 히브리서 12장 25-29절 본문이 떠올랐습니다. "그러므로 우리가 흔들리지 않는 나라를 받았은즉 은혜를 받자…."

우리가 기도하는 중에 나는 그 본문을 읽었고, 함께하던 목회자들은 감동을 받았습니다. 그리고 우리는 이 말씀을 근거하여 세상으로부터 흔들리는 사람들의 마음을 깨워 하나님의 나라로 돌아가게 해 달라고 간구했습니다. 그리고 이 비극을 승리로 바꿔 달라고 더욱 간절히 기도했습니다. … 내 마음이 너무 무거워 나는 잠시 방을 나가야 했고 셸리에게 장거리 전화를 했습니다. 하나님이 이번 주일 설교 본문을 바꾸어서 지진에 대한 말씀을 전하기를 원한다고 알렸습니다.[30]

2001년 9월 11일에 세계무역센터 테러가 있었다. 5일이 지난 주일에 파이퍼는 로마서 8장 35-39절을 본문으로 세 번의 연속 설교를 했다. 그는 "슬픔, 겸손, 우리 구주이자 왕이신 예수 그리스도 안에 있는 지속적인 소망의 예배"라는 제목으로 말씀을 전했다. 화요일 저녁에는 '슬픔'에 대해, 수요일 저녁은 '겸손'에 대해 설교했고 이어서 주일 아침에는 "구주이자 왕이신 예수 그리스도 안에 있는 지속적인 소망"이라는 제목으로 특별 연속 설교를 했다.[31]

4. 설교자의 마음과 생각에서 일어나는 요인들

파이퍼는 설교자가 다음과 같은 질문을 스스로에게 던져야 한다고 강조한다. "설교자가 전하고 싶거나 자신의 마음을 불타게 하여 큰 변화를 주고 있는 것이 무엇인가? 청중들이 현재 영적, 도덕적, 신학적, 관계적으로 필요로 하는 설교는 무엇인가? 성경이나 교리의 어떤 부분이 지속적으로 경시되거나 지나치게 강조되었는가?"[32]

파이퍼는 설교 본문을 선택하고 연구할 때, 교회가 어떤 문제와 도전에 직면하고 있으며 무엇을 필요로 하는지 구체적으로 관심을 가지고 있었다. 예를 들면 건축, 아이들의 죽음, 리더들의 실패, 실업, 재정적인 어려움까지도 염두에 두었다.[33]

1997년 5월 4일, 파이퍼는 진행하던 히브리서 시리즈 설교를 멈추고 4주 동안 세례에 관해 설교했다. 그렇게 한 이유 중 하나는 거의 17년 동안 세례에 관한 성경적 가르침에 대해 한 번도 연속 설교하지 않았기 때문이다. 그는 이런 상황은 "성경의 전체를 다루는 데 있어 큰 공백"이라고 말했다.[34] 1986년 9월 7일부터 파이퍼는 에베소서 4장 17절-5장 20절을 가지고 열한 번의 "믿음과 일상생활" 시리즈를 시작했다. 그렇게 한 이유는 그와 성도들이 개인적인 관계와 관련된 모든 실제적인 문제에서 믿음의 중요성에 대해 깊이 묵상해야 할 필요를 느꼈기 때문이라고 밝혔다.[35]

파이퍼는 목회를 시작한 지 18년 후인 1998년 4월 26일에 로마서 시리즈를 시작했다. 첫 설교에서 그는 로마서를 시작하게 된 계기를 이렇게 설명했다.

이곳 베들레헴에서 설교자로 18년의 세월을 보내는 동안, 저는 사도 바울의 로마서를 설교할 가장 좋은 시기를 기다려 왔습니다. 그렇게 계속 생각만 하다가 결국 포기하고 말았습니다. 마치 등반가가 에베레스트산 정상을 휘감은 구름을 올려다보다가 그냥 낮은 봉우리로 고개를 돌리듯 말입니다. 너무 버거운 일이라 여겼기 때문입니다. 하지만 하나님의 인내와 은혜 덕분에 최근 들어 이제는 로마서를 설교할 때가 되었다는 생각이 들었습니다. 우리는 지금 새로운 밀레니엄을 맞이하고 있습니다. 그리고 베들레헴교회에서의 총 30년 목회 중에서 후반기에 접어들었습니다. 물론 하나님의 뜻이 있어야 그렇게 되겠지만 말입니다. 어쨌든 서른네 살에 부임했을 때와 비교해 보면 지금 쉰두 살에 느끼는 시간의 속도는 훨씬 빠릅니다. 그리고 하나님의 형상이신 그리스도의 영광의 복음은(고후 4:4) 그 어느 때보다도 지금 훨씬 영광스럽게 보입니다. 로마서 말씀만큼 하나님의 복음이 위대하게 드러난 책은 없다고 생각합니다.[36]

파이퍼가 로마서를 설교하기 위하여 무려 18년을 기다렸다는 것은 로마서를 공부하는 데 그만큼 많은 시간을 보냈음을 의미한다. 설교 본문을 선택하는 것에 대해, 앤드류 블랙우드는 설교자가 성경의 다른 어떤 부분보다 선택한 구절을 더 친밀하고 사랑스럽게 알 때까지 연구하는 데 충분한 시간을 들여야 한다고 현명하게 말한다.[37]

설교자가 설교 준비에 충분한 시간을 가져야 하는데 그 출발점이 설교할 본문을 선택하는 것이다. 개인의 역량에 따라 준비 시간이 달라지겠지만, 주일을 맞이하기 전에 설교 준비를 충실히 해야 한다. 가능하다면 오랜 시간을 미리 묵상하고 연구해서 설교하려는 책이나 주제를 확실히 알 수 있도록 하는 것이 지혜로운 방법일 것이다. 중요한 것은 완벽한 준비가 아니라 충분히 준비하는 것이다.

5. 자유와 훈련

자유의 원칙

설교자는 성령님이 간섭하시고 설교자의 계획을 변경하실 수 있는 자유에 민감해야 한다. 이를 "자유의 원칙"(the principle of freedom)이라고 부른다.[38] 설교자는 한 권을 구구절절 강해하는 것에 너무 갇히면 안 된다. 성령님이 때로 다른 본문으로 설교자를 찾아오실 수 있도록 마음과 생각을 열어 두어야 한다. 그러기 위해서 설교자는 '항상 하나님을 향한 열정과 마음이 순수하고 성령이 충만하여서 주의 백성들의 유익을 위해 열심을 내고 영혼 구원을 갈망'해야 한다.[39]

파이퍼는 양들을 먹이기 위해 애쓰고 있을 때 종종 하나님이 설교 준비에 돌파구를 주신다고 말한다.[40] 1980년 11월 10일에 파이퍼는 몇 달 동안 예수 그리스도의 가르침을 묵상하는 가운데 선교 주간에 지상대명령에 도전을 받아 누가복음 시리즈에 대한 성령님의 인도하심을 느꼈다고 한다.[41] 파이퍼는 종려주일과 부활주일에 무엇을 말해야 할지를 두고 오랫동안 기도하고 묵상한 후, 1996년 3월 31일에 히브리서 시리즈를 시작했다.[42] 2000년 1월 30일에 파이퍼는 교회의 새로운 비전을 제시할 필요를 느껴 로마서 시리즈 설교를 멈추고 11주 동안 "환희를 위한 교육 시리즈"를 진행했다. 그러면서 하나님이 자신의 생명과 건강을 주신다면 로마서 시리즈를 다시 하게 될 것이라고 말했다.[43]

또한 설교자는 성경을 묵상하고 기도하면서 특정 주제에 깊이 파묻힐 때가 있다. 1984년 2월 5일에 "성령: 그는 하나님이시다!"라는 연속 설교를 시작했다. 그때의 상황을 파이퍼는 이렇게 말한다.

언젠가 저의 일기를 다시 읽어 본다면 1983년 말과 1984년 초는 두 가지 문구가 주를 이룰 것입니다. "최전방 선교와 전시체제의 정신력." … (약 8주 전) 12월 10일 아침에 저는 이 주제들을 생각하면서 내 사역의 방향을 두고 간절하게 기도하고 있었습니다. 그리고 주님은 제가 성령님에 대해 설교해야 한다는 강한 확신을 주셨습니다. … 1월 셋째 주 3일 동안 샬롬 하우스에서 성령님에 대한 연속 설교를 두고 기도하고 생각하면서 30시간을 보냈습니다. 그리고 그 결과 오늘 메시지가 지금부터 6월 17일까지 이어질 성령님에 대한 20편 시리즈 설교의 소개입니다.[44]

훈련의 원칙

설교자는 자유의 원칙과 함께 "훈련의 원칙"(the principle of discipline)도 필요하다. 설교자는 본인이 좋아하는 것만 설교하고 싫어하는 것은 피하려는 경향이 있다. 그래서 설교자는 한 권을 처음부터 끝까지 설교할 필요가 있다. 설교자는 자신의 역량과 계획에 따라 설교의 분량을 결정해야 한다. 파이퍼가 욥기 시리즈를 다섯 번 설교한 반면, 로마서 시리즈로 225번 설교했다. 파이퍼는 목회자에게 두 가지 방법을 다 사용해 보라고 권한다. "큰 단락을 가지고 열 번으로 나누어 설교할 수 있더라도 한 번의 설교를 통해 핵심만 전할 수 있다. 또한 천천히 구절구절을 매우 깊게 다룰 수도 있다".[45]

성도들이 들어야 하는 온전한 하나님의 말씀을 선포하기 위해 설교자는 주의를 기울여 설교 본문을 선택해야 한다. 그렇게 하려면 자유와 훈련의 원칙은 매우 중요하다.

이 두 가지 원칙은 긴장 속에 있고 설교자는 이 긴장에서 벗어날 수 없다. 그러나 설교자는 자신이 진행하고 있는 설교 시리즈를 멈추고자 하는 마음이 성령님으로부터 오는지 아니면 다루어야 할 다음 본문에 대한 두려움에서 오는지 항상 쉽게 알 수 없다. 그래서 설교자는 겸손하게 성령님의 음성에 귀기울이면서 하나님의 온전한 말씀을 선포하는 데 최선을 다해야 한다.

6. 설교 시리즈(연속 설교)

파이퍼는 설교할 때 어떤 본문이나, 책 혹은 한 주제에 대해 연속해서 자세하게 설명할 수 있다고 말한다. 사역 초기 때부터 은퇴할 때까지 파이퍼는 주제별 시리즈(Topical series)와 책별 시리즈(Book series)를 섞어서 전했다. 이때 중요한 것은 두 경우 모두 본문이 기초가 되어야 하며 본문을 강해해야 한다는 것이다.[46]

'주제적'이라는 말은 '비강해적'이라는 뜻이 아니다. 주제별로 설교할 때 파이퍼는 정해진 주제와 연관된 성경 구절을 이어서 다루었다. 예를 들어 1989년 5월 14일부터 6월 25일까지 "남성과 여성"에 대해 일곱 번을 설교했는데, 창세기 1장 26-28절 "하나님의 형상으로 창조된 남자와 여자", 창세기 3장 16절; 4장 7절 "남성과 여성: 타락 이후의 갈등과 혼란", 창세기 2장 18-25절 "범죄하기 전의 남성과 여성", 누가복음 13장 10-17절 "예수, 여자 그리고 남자", 베드로전서 3장 1-7절; 에베소서 5장 21-33절 "그리스도처럼 아내를 사랑하는 남편과 그에게 복종하는 아내", 디모데전서 2장 8-15절 "남성성, 여성성 그리고 사역의 자유", 디모데전서 2장 13-14절 "모든 삶에서 남성과 여성의 선함을 확인하기"이다.[47]

파이퍼는 책별 연속 설교에는 여섯 가지 장점이 있다고 말한다.

1) 설교자가 매주 어디로 가고 있는지 알도록 도와준다. 그래서 매주 무작위 선택에 자주 따라오는 '적중과 실패의 감각'을 피하도록 도와준다.
2) 설교자는 건너뛰고 싶지만, 청중이 꼭 들어야 하는 이슈나 교리를 다루도록 한다.
3) 청중에게 모든 성경이 하나님의 감동으로 된 것이고 가르치기에 유익하다는 메시지를 전하게 한다.
4) 설교자가 좋아하는 본문과 주제만 다룬다는 의심을 극복하게 한다.
5) 청중들의 사고에 진정한 성경적인 뼈대를 세우게 한다.
6) 청중들에게 성경을 체계적으로 연구하는 본보기를 제시해 준다. 그리고 사고 단위가 논리적으로 서로 어떻게 연결되어 있는지를 보여 준다.[48]

7. 목회팀과의 논의

파이퍼는 영적으로 성숙한 목회팀과 함께 상의하고 기도하면서 특정 설교 본문을 선택하기도 한다. 심지어 그는 과거 설교에 대한 평가나 미래 시리즈에 대한 제안을 받는 것도 유익하다고 말한다.[49] "나는 전능한 하나님이다: 열매를 맺고 번성하라"는 시리즈를 시작했을 때, 파이퍼는 이 제목으로 연속 설교를 하게 된 이유를 말한다. "하나님은 우리가 더욱 많은 열매를 맺도록 부르고 계십니다. 이것이 기도 주간 동안 우리를 섬기기 위해 오신 분들이 나눈 생각이었습니다. 우리가 함께 하나님께 부르짖을 때 이 주제는 교회의 기도 용사들 사이에서 계속해서 울려 퍼집니다."[50]

앞서 살펴본 대로, 세계무역센터 테러 후 "슬픔, 겸손, 우리 구주이자 왕이신 예수 그리스도 안에 있는 지속적인 소망의 예배"라는 제목으로 세 번에 걸쳐 설교를 했다. 파이퍼가 그렇게 하게 된 이유는 교회 목회팀이 라디오 방송을 함께 듣고 기도한 후 함께 의논한 결과였다.

2008년 9월 10일 파이퍼가 요한복음에 관한 설교 시리즈를 시작할 때 일곱 가지 이유를 밝혔다.

1) 요한복음은 하나님의 말씀입니다. 그리고 요한복음을 통해 설교하는 훈련은 제가 단지 좋아하는 주제에 초점을 맞추거나 청중들의 필요에 대한 나 자신의 잘못된 판단으로부터 저를 보호해 줍니다.
2) 저는 지금까지 사복음서 중 한 권 전체를 설교한 적이 없습니다.
3) 요한복음에 나오는 그리스도의 모습에는 특별한 위엄이 있습니다.

4) 요한복음은 단순한 문체와 심오한 교리가 비할 데 없이 조화를 이루고 있습니다.

5) 요한복음은 이 땅에서 주 예수와 독특하게 친밀하게 관계를 나눈 사람이 기록한 책입니다.

6) 장로님들이 저에게 요한복음 시리즈를 추천하였습니다.

7) 마지막으로, 저는 그리스도를 갈망합니다.[51]

그중 여섯 번째는 장로들의 조언이었다. 그는 이렇게 말한다. "작년에 제 설교의 방향에 관해 장로님들께 조언을 구했을 때, 그분들은 결혼, 중생, 그리고 새로운 강해 시리즈 순으로 추천해 주셨습니다. 저는 그분들의 지혜를 따랐습니다. 추천된 최우선 순위에 오른 두 책들은 창세기와 요한복음이었습니다. 저는 요한복음을 선택했습니다."[52]

8. 설교를 미리 계획하기

파이퍼는 설교를 계획하는 것이 설교자에게 좋은 훈련이며 설교자 자신의 공부에도 도움이 된다고 말한다. 설교를 계획하면서 파이퍼는 몇 달 동안 본문과 적절한 제목과 설교가 어디로 향할 것인지에 대해 한두 문장을 써 보는 것을 추천한다.[53] 설교자는 9월부터 12월 성탄절, 그리고 새해부터 부활절, 부활절부터 여름에 이르는 시리즈를 계획할 수 있다. 예를 들어 파이퍼는 1992년 9월 16일에 가을을 위한 9주 설교 계획을 발표했다.[54]

또 다른 좋은 예는 1989년 12월부터 1990년 12월까지 이어진 연속 설교의 계획이다. "말씀이 육신이 되어 우리 가운데 거하셨다"라는 제목으로 요한복음 1장을 1989년 12월 3-24일에 걸쳐 네 번의 설교를 했다. 그리고 1990년 1월 7일부터 4월 8일까지는 "오늘날에도 기사와 표적이 있는가?"라는 제목으로 열세 번의 연속 설교를 했다. 이어서 4월 15일 부활주일에는 "예수님은 섬기기 위해 살아계신다"(요 11:15)라는 제목으로 설교했다. 그리고 9월 16일부터는 서른일곱 번의 사도행전 시리즈 "예수님이 태초 이후에 하신 일"이 이어졌다. 대표적인 설교 계획은 로마서 강해다. 앞에서 살펴보았듯이 파이퍼는 이 기념비적인 연속 강해를 위해 무려 18년 동안이나 기도와 연구로 계획했다고 볼 수 있다.

2장

설교를 구조화하기

설교자는 설교 본문을 채택한 후 본격적으로 본문을 연구한다. 이제 튼튼한 본문 주해를 바탕으로 파이퍼가 강해 설교를 어떻게 구조화하는지 살펴보려 한다. 파이퍼가 핵심 아이디어를 결정하고, 설교 개요를 작성한 후, 서론, 본론, 결론으로 설교를 빚는 과정을 상세히 알아보자.

설교 중심 주제(Main Point, 중심 사상) 결정하기

도날드 G. 밀러는 "모든 설교에는 한 가지 주요 아이디어만을 가지고 있어야 한다. 다른 부수적인 포인트들은 이 거대한 주제의 일부여야 한다. … 모든 설교는 주제가 있어야 하며 그 주제는 설교의 근거가 되는 구절의 주제여야 한다."라고 말한다.[1] 헤든 로빈슨은 좀 더 쉽게 설명한다. "설교란 산탄(buckshot)이 아니라 하나의 명중탄(bullet)이 되어야 한다. 이상적으로 말하자면 중심 사상은 하나의 본문이나 여러 개의 본문에서 찾아낸 다수 사상들의 지지를 받는 하나의 중심이 되는 사상을 설명하고 해설하고 적용하는 것이다."[2]

이러한 학자들과 같이 파이퍼도 본문에는 설교의 주제 역할을 하는 요점이 있고, 다른 요점들은 그것을 설명하거나 지지한다고 말한다.[3] 성경 연구 방법인 호 그리기에서 살펴본 대로 설교의 중심 주제를 찾기 위한 파이퍼의 노력은 견고한 본문 주해에서 시작한다. 성경 본문의 중심 주제를 찾는 것이 강력한 강해 설교를 구조화하는 기초 단계이다.

파이퍼는 보통 설교를 시작하는 서론에서 중심 주제를 말한다. "삶을 염려하지 말라"는 설교에서 파이퍼는 이렇게 말한다. "오늘 본문의 핵심 내용은 하나님은 염려를 조성하여 그의 왕권을 굳게 하지 않는다는 것입니다."[4] "하나님의 위엄의 독특한 표지"(시 8편)라는 설교에서 파이퍼는 본문의 중심 주제를 다음과 같이 설명한다.

이 시편의 핵심은 처음과 마지막 구절에서 분명히 드러납니다. 1절: "여호와 우리 주여 주의 이름이 온 땅에 어찌 그리 아름다운지요[위엄이 넘치는지요]", 9절: "여호와 우리 주여 주의 이름이 온 땅에 어찌 그리 아름다운지요[위엄이 넘치는지요]". 하나님의 이름('나는 스스로 있는 자', 나의 절대적인 통치)은 모든 곳에서 위엄이 있습니다. 그리고 그것은 마땅히 그렇게 되어야만 합니다. 이것이 핵심 주제입니다.[5]

그러나 파이퍼는 본문의 보조적인 주제(supporting point)가 설교의 중심 주제가 될 수도 있다고 말한다. 본문의 보조 주제가 더 중요한 경우가 많기 때문이다.[6] 그는 로마서 1장 15-16절을 가지고 상세히 설명한다.

이 본문에서 실제적으로 가장 중요한 내용은 복음을 전하는 것을 부끄러워하지 않는 바울의 마음 상태나 로마에서 설교하려는 열망이 아니라 복음의 신령한 능력입니다. 그러나 복음의 신령한 능력은 바울의 마음 상태에 논리적으로 종속되어 있고 그것을 보조하고 있습니다. 좋은 설교는 복음을 전하는 열심을 핵심 내용으로 할 수 있습니다. 하지만 또 다른 좋은 설교는 복음의 능력을 (본문이 아닌 설교의) 핵심 주제로 만들 수도 있습니다. 그것을 청중들에게 분명하게 설명해서 그들이 스스로 그런 것들을 보고 본문을 기초하여 판단하도록 하면 됩니다.[7]

1998년 6월 14일에 파이퍼는 "복음을 부끄러워하지 말라"(롬 1:16)는 제목으로 설교했다. 그는 이 설교에서 로마서 1장 15절과 16절 상반절의 연결고리에 대해 청중들에게 주의를 기울이라고 하면서도, 바울이 로마에 복음을 전하고자 열망했던 것은 복음을 부끄러워하지 않았기 때문이라고 강조했다.

이후 2주 동안 파이퍼는 16절 하반절을 가지고 "복음은 구원에 이르는 하나님의 능력" 그리고 "먼저는 유대인에게요 다음은 헬라인에게로다"라는 제목으로 두 번 연속해서 설교했다.[8]

설교 개요 작성하기

설교의 중심 주제를 찾은 후, 파이퍼는 그 주제를 가지고 설교 개요로 나아간다. 패리스 윗셀이 강조하듯이 좋은 구조는 설교자가 찾은 자료들을 최대한 잘 정리하는 데 도움이 된다.[9] 파이퍼는 두서너 가지의 대지를 만들고 그것들의 연결고리를 찾으려고 노력한다.[10]

효과적인 설교 개요를 만드는 과정에서 파이퍼가 가장 우선으로 주의를 기울이는 것은 '통일성(unity)과 일관성(coherence)'이다. 파이퍼는 이렇게 말한다.

인위적으로 만들지 마십시오. 설교는 반드시 세 가지 또는 한 가지 요점만 있어야 한다고 생각하지 마십시오. 설교에는 통일성과 일관성이 있어야 합니다. 그런 의미에서 설교에는 한 가지 주제만 있어야 합니다. 하지만 어떤 본문은 동일한 중요성을 가진 두 단계 또는 세 단계 또는 네 단계로 구체화할 수 있습니다. 하지만 그중 어느 하나라도 한 설교에 담기에는 너무 작을 수 있습니다. 중요한 것은 여러분의 설교 안에 조화롭지 않은 조각들만 남아 여러분이 무슨 말을 했는지 청중들을 궁금하게 만들면 안 된다는 점입니다. 여러분이 말한 모든 것이 어떻게 서로 연결되어 요점을 만들어 내는지 그리고 어떻게 여러 개의 주제를 이루는지 보여 주십시오.[11]

파이퍼의 설교 개요를 일정한 형식으로 자동 분류할 수는 없지만, 일반적으로 다섯 가지 정도의 유형으로 나눌 수 있다.

1. 명제 형식

예레미야 32장 36-42절을 본문으로 파이퍼는 "주권적 은혜로 영원히 유지된다"라는 제목의 설교를 했다. 여기서 그는 '주권적 은혜가 결국 모든 재난을 이겨낼 것이다'라는 중심 주제를 가지고 주권적으로 붙들어 주는 은혜의 네 가지 약속을 나열하였다.

1) 하나님은 우리의 하나님이 되실 것이다(38절).
2) 하나님은 우리의 마음을 변화시키실 것이다(39-40절 하반절).
3) 하나님은 우리를 외면하지 않으실 것이다(40절).
4) 하나님은 무한한 열심으로 이 일을 행하실 것이다(41절).[12]

"하나님의 영광을 찬양하기 위해 양자로 예정되었다"(엡 1:1-6)라는 설교에서 파이퍼는 세 가지 핵심을 다룬다.

1) 양자 됨은 하나님으로부터 온다(5절).
2) 양자 됨은 예수 그리스도를 통해서 이루어진다(5절).
3) 양자 됨은 하나님의 영광을 위한 것이다(6절).[13]

파이퍼는 부활절에 에베소서 1장 15-23절 본문을 가지고 "우리를 향한 측량할 수 없는 하나님의 능력의 위대함"이라는 제목으로 설교를 했다. 이 설교를 통해 파이퍼는 하나님을 믿는 자들을 향한 하나님의 능력의 위대함을 측량하는 다섯 가지 방법에 대해 이야기한다. 이어서 파이퍼는 구체적으로 예수님이 죽으신 후에 어떤 일이 일어났는지를 보여 준다.

1) 하나님은 예수님을 일으키시고 죽음의 권세를 깨뜨리셨다(20절).

2) 하나님은 예수님을 그의 오른편에 앉히시고 우리도 그와 함께 앉히셨다(20절).

3) 하나님은 모든 악한 권세들 위에 예수님을 두셨다(21절).

4) 하나님은 예수님을 만물 위에 교회의 머리로 삼으셨다(22절).

5) 하나님이 다스리는 곳에서, 우리도 다스릴 것이다(23절).[14]

위의 개요를 보면 각각의 대지가 논리적인 병렬 구조를 이룬다. 그러나 파이퍼는 병렬 문단을 사용하지 않고 나열하기도 한다. "돈을 가지고 하나님을 찬양하기"에서 파이퍼는 누가복음 12장 32-34절이 우리가 돈으로 예배하는 방식에 대한 큰 패턴을 다루고 있으며 함축적으로 그것은 우리가 돈으로 무엇을 하는지와도 관련이 있다고 말한다. 이어서 개요를 아래와 같이 밝힌다.

1) 우리는 하나님을 우리의 목자, 아버지, 그리고 우리에게 너그럽고 그의 나라를 주기를 기뻐하는 왕으로서 소중히 여겨야 한다(32절).

2) 하나님을 이런 방식으로 신뢰하는 것은 재물을 쌓는 것보다 단순하게 살아가려는 강한 충동을 일으킨다(33절).

3) 돈의 목적은 이 땅이 아니라 천국에 우리의 보물을 최대한 쌓는 것이다(33절).

4) 여러분의 마음은 여러분이 소중히 여기는 것으로 향하고, 하나님은 여러분이 그분을 향해 움직이기를 원하신다(34절).[15]

또한 파이퍼는 잠언 1장 7-9절을 본문을 가지고 "어머니의 교훈을 버리지 말라"는 제목으로 설교했다. 설교 개요는 다음과 같다.

1) 가정의 기원: 가정은 하나님의 아이디어다(8절).
2) 학교로서의 가정: 가정은 자녀에게 세상에서 살아가는 방법을 가르치는 하나님의 기본 학교이다(8절).
3) 통일된 주제인 하나님을 경외함: 가정 교육의 기초는 여호와를 경외하는 것이다(7절).
4) 아버지와 어머니 모두의 책임: 하나님 아래 아버지와 어머니는 가정의 책임을 공유한다(8절).
5) 자녀의 복종: 하나님은 아들과 딸이 그들의 어머니와 아버지에게 복종하라고 부르신다(8절).
6) 보상의 약속: 하나님은 어머니와 아버지의 가르침을 버리지 않는 아들과 딸에게 보상하신다(9절).[16]

"삶을 염려하지 말라"(마 6:24-34)는 제목의 설교에서 파이퍼는 염려와 싸워야 하는 여덟 가지 이유를 설명한다.

1) 생명은 음식과 옷보다 소중하다(25절).
2) 새들은 하나님을 의존한다(26절).
3) 염려는 아무 쓸모없다(27절).
4) 하나님은 아름답게 장식하는 것을 기뻐하신다(28-30절).

5) 불신자들은 염려한다(32절).

6) 하늘 아버지는 여러분의 필요를 아신다(32절).

7) 하나님은 여러분의 짐을 지신다(33절).

8) 매일 매일의 분량(34절).[17]

위 개요는 파이퍼 설교의 핵심 주제를 잘 보여 준다. 그리고 각각의 대지는 병렬되지는 않지만 다른 것들과 구별될 뿐만 아니라 구절을 통해 서로 동떨어지지 않고 연결된다. 그러나 이런 경우는 산만하고 명제의 통일성이 다소 떨어진다.

2. 질문 형식

두 번째로 파이퍼는 개요를 작성할 때 질문 형식을 사용한다. 히브리서 13장 5-9절에 관한 설교 "예수 그리스도는 어제나 오늘이나 영원히 동일하시다"에서 다음과 같이 설명하면서 개요를 만들었다. "그리스도인들에게 하는 질문: '시기와 세대의 변화에 대하여 우리는 어떻게 생각하고 느끼고 행동해야 하는가?'에 답하기 위해 나는 히브리서 13장 8절에 집중하기를 원한다. 이 구절에 대해 나는 세 가지 질문이 있다."

1) 어떤 의미에서 예수님은 항상 동일하신가(8-10절)?

2) 어제, 오늘, 그리고 영원 이 세 시기의 중요성은 무엇인가(8절)?

3) 앞 문맥의 돈과 뒤 문맥의 거짓 교리와의 연결(5-8절)을 볼 때, 13장 8절은 오늘날 우리의 삶에서 어떻게 적용될 수 있는가(5-8절)?[18]

파이퍼는 마태복음 5장 6절을 본문으로 "의에 주리고 목마른 자는 복이 있다"라는 제목의 설교를 했다. '예수님은 인간 마음의 채워지지 않는 굶주림과 우리 영혼의 끝없는 갈증에 대해 하실 말씀이 있다'라는 중심 주제로 아래와 같은 개요를 설명한다.

1) 예수님께서 말씀하시는 의란 무엇인가?
2) 우리의 주림과 목마름의 본질은 무엇인가?
3) 우리의 주림은 어떻게 예수님이 약속하신 만족으로 바뀌는가?[19]

에베소서 2장 11-12절을 가지고 파이퍼는 '(예수를 통해 오직 은혜로 주어지는) 구원을 받지 못한 절망적인 상태를 기억하는 것은 영적으로 큰 유익을 준다'라는 중심 주제를 가지고 아래와 같은 개요를 작성했다.

1) 우리는 무엇을 기억해야 하는가?
2) 우리는 어떻게 기억해야 하는가?
3) 그러한 기억에 반대되는 것은 무엇인가?
4) 그렇게 기억하는 것이 왜 유익한가?[20]

3. 적용 형식

"우리에게 구주가 필요한 이유: 사탄의 세력에 사로잡힌 본질상 진노의 자녀"(엡 2:1-3)라는 제목의 설교에서 파이퍼는 아래와 같은 세 가지를 말한다.

1) 우리는 죄로 인해 죽었기 때문에 구주가 필요하다(1절).

(우리는 죄로 인해 죽을 때까지 고통을 받았다)

2) 우리는 사탄의 세력의 포로가 되었기 때문에 구주가 필요하다(2절).

(우리는 사탄의 포로였다)

3) 우리는 진노의 자녀이기 때문에 구주가 필요하다(3절).

(우리는 지옥을 선고받았다)[21]

로마서 4장 22-25절 본문을 가지고 설교하면서 파이퍼는 "우리가 의롭게 되기 위하여 누구를 혹은 무엇을 믿어야 하는가?"라는 질문을 던진다. 그리고 다음과 같은 세 가지 개요를 제시하면서 질문에 대한 답을 한다.

1) 우리는 상상할 수 없는 능력을 행하시는 하나님을 믿는다(24절).
2) 우리는 자비로운 구속을 행하시는 하나님을 믿는다(25절 상반절).
3) 우리는 승리의 정의를 행하시는 하나님을 믿는다(25절 하반절).[22]

4. 권고 형식

파이퍼는 히브리서 10장 23-25절 본문을 가지고 "서로 사랑과 선행을 격려하라"는 제목으로 설교할 때, 설교의 핵심 내용을 "하나님은 우리를 목적 있게 즉, 하루의 모든 일에 집중하고 목표를 갖도록 창조하셨다. 그러므로 우리가 해야 할 일을 하다가 죽으면 잘 죽는 것이다."라고 설명한다. 그리고 아래와 같은 개요를 밝힌다.

1) 소망을 품으라(23절).

2) 서로 사랑과 선행을 불러일으키라(24절).

3) 서로를 생각하라(24-25절).[23]

파이퍼는 빌립보서 3장 20-21절을 가지고 설교하면서 "여러분은 그리스도를 통해 계시된 것에 놀랄 것입니다. 이제 우리는 그것들을 묵상하고 놀라기 위해 준비가 되었습니다. 우리가 이 본문을 읽고 놀라기 위해 집중해야 하는 세 가지 핵심은 다음과 같습니다."라고 말한 뒤 개요를 설명한다.

1) 오늘 부활하신 예수님이 만물을 자신에게 복종시키는 능력에 놀라라 (21절 하반절).

2) 그가 다시 오실 날, 예수님이 이 능력을 사용하여 여러분의 몸을 그와 같은 몸으로 변화시킬 것에 놀라라(21절 상반절).

3) 오늘 여러분의 시민권이 그리스도께서 통치하시는 하늘에 있다는 것에 놀라라(20절).[24]

5. 구문 형식

요한복음 1장 1-3절을 가지고 설교하면서 파이퍼는 "요한이 우리에게 그의 복음서를 가득 채우고 있는 예수 그리스도에 대해 먼저 무엇을 말하고자 하는 것일까요?"라는 질문을 하며 다음과 같은 개요를 제시하였다.

1) 그분의 존재 시간(1절): "태초에 말씀이 계시니라."

2) 그분의 정체성의 본질(1절): "말씀은 곧 하나님이시니라."

3) 그분과 하나님과의 관계(1절): "말씀이 하나님과 함께 계셨으니."

4) 그분과 세상과의 관계(2-3절): "그가 태초에 하나님과 함께 계셨고 만물이 그로 말미암아 지은 바 되었으니 지은 것이 하나도 그가 없이는 된 것이 없느니라."[25]

"사랑: 삶과 죽음의 문제"(요일 3:11-18)라는 설교에서 파이퍼는 주제를 이렇게 설명한다. "요한은 우리에게 사랑에 대해 아주 중요하게 전할 말이 있다. 사랑이 무엇인지에 대해 혼란스럽고 혼돈의 상태인 문화 속에서 살아가는 우리가 절박하게 들어야 할 말이다." 그리고 다음의 간략한 개요를 작성했다.

1) 사랑의 증거(14-15절)

2) 사랑의 본질(12, 16-18절)[26]

파이퍼는 말라기 1장 6-14절을 분문으로 "부주의한 예배의 저주"를 설교하면서 세 가지의 대지를 이어 간다.

1) 부주의한 예배의 기원

2) 부주의한 예배의 본질

3) 부주의한 예배의 반대: 탁월한 예배[27]

로마서 1장 5절을 본문으로 한 "그의 은혜로, 그의 이름을 위해, 믿음의 순종을 위해"라는 설교에서, 파이퍼는 세 가지를 다루고 있다.

1) 은혜의 속성(사역을 감당할 수 있도록 값없이 주시는 능력으로서)
2) 은혜의 효력(믿음으로 순종하게 하는 일에 있어서)
3) 은혜의 궁극적 목적(모든 사람들 앞에서 그리스도의 이름을 영화롭게 하려는)[28]

파이퍼의 설교 개요에서 분명히 드러나는 것은 첫째, 그가 중심 주제를 명확하게 전달한다. 둘째, 여러 개의 대지는 본문에서 자연스럽게 도출된다. 각각 대지가 모두 분리되지만 서로 논리적으로 연결된다. 셋째, 대부분의 대지는 중심 주제를 받들어 주면서 설교할 본문 구절을 빠짐없이 다룬다는 것이다.

설교문 작성하기

개요를 완성한 후 파이퍼는 컴퓨터 앞에 앉아 설교문을 작성하기 시작한다. 그는 모든 설교문을 철저하게 쓰는 습관이 있다. 어떤 설교자에게는 이런 습관이 원고에 얽매여 전달에 어려움을 겪게 할 수 있다. 파이퍼가 설교하는 것을 보면 원고에 매여 있지 않고 설교 전에 충분히 내용을 숙지하고 있음을 단번에 알 수 있다.

파이퍼가 꼼꼼하게 원고를 작성하는 이유는 그 시간이 자신의 생각을 명확하게 하는 과정이었기 때문이다. 그는 글로 적기 전에는 생각이 명확해지지 않고 정리가 되지 않는다는 것을 깨달았다. 글쓰기는 파이퍼가 전에는 보지 못했던 것을 자주 보게 해 주고, 질서와 명확함을 위한 구조적인 필요를 보게 도와준다. 파이퍼는 이렇게 말한다. "글쓰기는 내 신념들을 명확하게 해 주고, 새로운 진리를 발견하고, 사물을 더 이해하기 쉽게 정리하는 하는 데 도움이 된다."[29] 파이퍼는 주일 예배 한 편의 설교를 위해 이중 간격(double space)으로 10페이지 분량의 원고를 4시간에서 많게는 8시간가량 걸려 작성한다.[30]

파이퍼의 설교에는 규칙적인 패턴이 있다. 그는 철저하게 성경 구절에서 설교를 구성하고 청중들에게 적용한다. 이제 파이퍼의 설교를 다섯 가지 주요 부분으로 나누어서 살펴보려 한다.[31]

1. 서론

강력한 설교를 위한 좋은 서론의 중요성에 대해서 해럴드 브라이슨과 제임스 테일러는 이렇게 말한다. "만일 서론이 실패하면 설교 전체가 실패할 수 있다."[32] 파이퍼가 설교를 시작할 때 사용하는 서론 형태와 서론에서 발견할 수 있는 중요한 요소들을 살펴보자.

서론의 다섯 가지 형태

본문을 설명한다

바울은 로마의 교인들에게 자신이 성취한 것을 내세우는 대신 하나님께서 자신의 삶에서 행하시는 일을 드러내는 것으로 그의 위대한 편지의 서두를 시작했습니다. 1절에서 바울은 자신이 그리스도의 종이라는 사실, 즉 그리스도가 자신을 값 주고 사셨으므로 이제는 그분의 소유이고 그분의 다스림을 받는다고 말했습니다.[33]

우리가 창세기 3장으로 가면서 모든 것이 잘 되어 있는 것처럼 보입니다. 창세기 1장 31절은 말합니다. "하나님이 지으신 그 모든 것을 보시니 보시기에 심히 좋았더라…." 하나님은 악한 것은 창조하지 않으셨습니다. 그분이 보시기에 모든 것이 매우 좋았습니다. 그런데 갑자기 3장에서 뱀이 등장합니다. 그는 분명히 악한 존재입니다. 뱀은 하나님의 말씀에 의문을 제기합니다. "…하나님이 참으로 너희에게 동산 모든 나무의 열매를 먹지 말라 하시더냐"(창 3:1).[34]

설교의 중심 주제 또는 목적을 밝힌다

이 메시지의 목표는 베들레헴교회의 어린이 사역의 모토를 성경적으로 설명한 다음, 그것을 오늘날 어린이들을 훈련하는 우리의 상황에 적용하는 것입니다.[35]

로마서 12장 1-2절의 목표는 우리의 모든 삶이 "영적 예배"가 되는 것입니다. 1절입니다. "그러므로 형제들아 내가 하나님의 모든 자비하심으로 너희를 권하노니 너희 몸을 하나님이 기뻐하시는 거룩한 산 제물로 드리라 이는 너희가 드릴 영적 예배니라." 하나님이 보시기에 인간이 살아가

는 목적은 그리스도가 우리에게 가치 있는 분으로 드러나는 것입니다.[36]

지난주 설교를 요약한다

지난주 우리는 히브리서 3장 6절과 14절에 나오는 두 가지의 큰 만약에 초점을 맞췄습니다. 그것들을 다시 한번 우리 앞에 놓고 교회에서의 삶이 어떻게 이 두 가지의 큰 만약을 성취하는 데 도움이 되는지에 집중해 보겠습니다.

6절 하반절입니다. "우리가 소망의 확신과 자랑을 끝까지 굳게 잡고 있으면 우리는 그의 집이라." 주의하십시오. 이 구절은 우리가 소망을 굳게 잡고 있으면 그리스도의 집이 될 것이라(we will become Christ's house)고 하지 않고, 우리가 소망을 굳게 잡고 있으면 우리는 그의 집이라고 말합니다(We are his house). 다시 말하면, 우리가 소망을 굳게 잡고 있는 것은 우리가 이제 그의 집이라는 표현과 증거입니다.[37]

우리는 지난주에 빌립보서 1장 27-28절을 통해 그리스도인들은 복음의 가치를 보여 주는 삶을 살도록 부름을 받았다는 것을 보았습니다. 바울은 "그리스도의 복음에 합당하게 생활하라"(27절)고 말했습니다. 여러분의 삶이 복음이 얼마나 소중한지를 보여 주는 광고판이 되게 하십시오. … 우리의 삶이 복음의 가치를 보여 주는 방법 중 하나는 복음이 우리를 담대하고 용감하며 두려워하지 않게 만드는 것입니다. 오늘 잠언 28장 1절은 그러한 진리를 강력하게 확인시켜 줍니다. "악인은 쫓아오는 자가 없어도 도망하나 의인은 사자 같이 담대하니라."[38]

질문을 던진다

하나님의 나라는 소망하는 미래의 실재일까요, 아니면 지금 경험하는 현재의 실재일까요? 이것이 오늘의 질문입니다. 그에 대한 대답은 부분적으로는 현재이고 부분적으로는 미래라는 것입니다. 하나님의 나라가 주는 많은 복은 여기서 지금 누릴 수 있지만, 많은 경우는 아직 오지 않았습니다.[39]

바람과 배고픔이 무슨 상관이 있을까요? 한 가지 대답은 이것입니다. 여러분이 만일 둘 중 하나를 충분히 가지고 있다면, 그것들은 여러분을 죽일 수 있다는 것입니다. 만일 여러분이 광야에 있는데 음식을 구할 수 없다면, 배고픔은 여러분을 죽일 수 있습니다. 그리고 만일 당신이 바다 위에 있는데 육지로 갈 수 없다면, 바람이 당신을 죽일 수 있습니다.[40]

사람들이 경험하는 간략한 이야기를 소개한다

블레즈 파스칼은 1662년에 사망한 프랑스의 수학 천재였습니다. 31세가 될 때까지 하나님을 떠났던 파스칼은 1654년 11월 23일 오후 10시 30분에 마침내 하나님을 만났습니다. 그는 예수 그리스도께로 깊고도 흔들림 없이 회심했습니다. 그는 회심 때 일어난 일을 양피지에 적어 외투에 꿰매 두었는데, 그가 죽은 지 8년 후에 발견되었습니다. 양피지에는 이렇게 적혀 있었습니다.

은혜의 해 1654년 11월 23일 월요일, 성 클레멘스 축일 … 밤 10시 30분부터 자정 이후 12시 30분까지, 불(fire). 당신은 철학자나 학자의 하나님이 아니라, 아브라함의 하나님, 이삭의 하나님, 야곱의 하나님이십니다. 확신, 진심 어린 기쁨, 평화. 예수 그리스도의 하나님. 예수 그리스도의 하나님. '나의 하나님 그리고 당신의 하나님' … 기쁨, 기쁨, 기쁨, 기쁨의 눈물 … 예수 그리스도. 예수 그리스도. 이제 그분과 영원히 분리되지 않게 하소서.[41]

제가 대학에 다닐 때인 40년 전에는 예수가 역사적으로 육체적으로 죽음에서 부활했는지에 대한 논쟁이 지금보다 더 두드러지고 격렬했습니다. 미국에서는 그런 주장에 대한 결정이 정말 중요하다는 신자들과 불신자들 사이에 공감대가 있었습니다. … 여러분은 부활을 믿었거나 믿지 않았습니다. 그리고 만약 여러분이 믿었다면, 여러분은 일반적으로 성경의 나머지 부분을 믿었고 스스로 그리스도인이라고 불렀습니다. … 오늘 그 질문, 그 논쟁(예수가 정말 역사적으로 그리고 육체적으로 죽음에서 부활했는가?)은 그렇게 두드러지거나 격렬하지 않습니다. 왜냐하면 사람들은 그것이 자신들에게 그다지 중요하지 않다고 느끼기 때문입니다.[42]

서론에서 발견할 수 있는 중요한 요소들

파이퍼는 위에서 살펴본 것처럼 설교의 서론을 다양한 방법으로 시작한다. 어떤 방법으로 시작하든지 파이퍼는 서론에서 중심 주제를 반드시 밝히고 있다. 이러한 중심 주제와 함께 파이퍼는 청중들이 설교를 들어야 하는 이유에 대해 다음과 같은 세 가지 방식으로 청중들의 주목을 끈다.

설교자가 말하고자 하는 것과 청중들이 들어야 하는 이유를 명확하게 설명한다

저의 목표는 여러분이 예수님이 누구신지 보고 감동을 받아 그분을 여러분의 주님이요 여러분의 하나님이시며 모든 것을 초월하는 보물로 영접하는 것입니다. 그리고 만일 여러분이 이미 예수님을 영접했다면, 그분을 품고 그분을 소중히 여기고 그분을 기뻐하고 그분을 따르고 그분을 지금보다 더 많이 보여 주기를 기도합니다.[43]

제 설교의 목표는 자신을 영화롭게 하려는 하나님의 목적과 노력은 전적으로 선하고 어떠한 흠도 없으며, 그 자체로 사랑의 표현이기 때문에 자신을 높이는 인간의 교만과 매우 다르다는 사실을 할 수 있는 한 최선을 다해서 보여 주는 것입니다.[44]

설교자와 청중들의 약함과 죄를 공유함으로써 하나님의 은혜에 온전히 의지하도록 격려한다

모든 장애물들을 뛰어넘고 우리를 천국 본향으로 인도하는 믿음과 거룩함을 지켜 주는 것은 은혜입니다. 이것만이 미래를 향한 우리의 확신입니다. 여러분과 나, 우리는 변덕스러우며 신뢰할 수 없는 존재들입니다. 만일 우리가 스스로의 힘으로 인내하도록 내버려졌다면, 의심의 여지 없이 우리의 믿음은 파선되었을 것입니다. 그것은 확실합니다.[45]

하나님의 초자연적인 도움 없이는 아무도 이 놀라운 것들을 있는 그대로 볼 수 없습니다. "내 눈을 열어서 주의 율법에서 놀라운 것을 보게 하소서"(시 119:18). 하나님께서 우리의 눈을 열어 주시지 않으면 우리는 말씀의 경이로움을 볼 수 없습니다. 우리는 본래 영적인 아름다움을 볼 수 없습니다. 하나님의 도움 없이 성경을 읽을 때, 성경의 가르침과 사건에 담긴 하나님의 영광은 마치 시각 장애인의 얼굴에 비치는 태양과 같습니다. 표면적인 의미를 해석할 수 없다는 것은 아니지만, 여러분의 마음을 사로잡을 그 경이로움, 아름다움, 영광을 볼 수 없습니다. [46]

청중들에게 거는 기대를 전달한다

이 시리즈를 시작하면서, 저는 새로운 출생에 대한 가르침이 우리를 얼마나 동요시킬지 잘 알고 있습니다. 그리고 저는 조심스럽습니다. 저는 연약한 영혼들에게 불필요한 고통을 주고 싶지 않습니다. 그리고 도덕이나 종교를 영적인 삶과 혼동하고 있는 사람들에게 거짓 희망을 주고 싶지 않습니다. 저를 위해 기도해 주십시오. 요즘 저는 제 손에 영원한 영혼을 쥐고 있는 것 같습니다. 하지만 저에게는 그들에게 생명을 줄 힘이 없다는 것을 압니다. 하지만 하나님은 주실 수 있습니다. … 하나님은 그리스도께서 진리 안에서 높임 받으시는 곳에서 생명을 주는 은혜의 풍성함을 드러내기를 기뻐하십니다. 이 시리즈가 우리를 뒤흔들 뿐 아니라 안정시키고 구원할 것입니다. 그것이 저의 소망입니다. [47]

저는 수일 동안 성경을 읽으면서 하나님이 사랑하시고 즐거워하시고 기뻐하시는 것이 무엇인지 알려 주는 모든 곳을 찾아보았습니다. 그 결과 하나님의 기쁨이라는 제목으로 열세 편의 메시지를 설교할 계획을 세웠습니다. 저의 기도는 하나님의 기쁨의 대상을 볼 때 우리는 그분의 영혼의 탁월함과 가치를 보게 되고, 그 탁월함과 가치를 볼 때 우리는 그분의 영광을 보게 되고, 그분의 영광을 볼 때 우리는 그분과 같은 형상으로 변화되는 것입니다. 그리고 그분을 닮아 가는 가운데 우리는 위대하고 거부할 수 없는 매력적인 구주의 살아 있는 증인으로 이 도시와 세계의 미전도 종족과 맞서게 되는 것입니다. 그리고 이것이 여러분의 기도가 되기를 바랍니다. 앞으로 13주 동안 주를 바라보며 간절히 기도할 때, 주께서 우리에게 사랑과 거룩함과 능력이 충만한 위대한 부흥을 보내 주시기를 바랍니다.[48]

2. 본론 1_설명(Explanation)

파이퍼는 청중들이 하나님의 말씀을 이해하고 하나님의 영광을 보도록 하기 위해 성경 본문의 단어(words), 문장(sentences), 문단(paragraphs), 배경(background)을 분명하게 설명하려고 노력한다. 파이퍼에게 설명이란 본문의 의미를 밝히는 과정이다. 그는 본문을 묵상하며 기도하는 가운데 중심 주제와 핵심들이 담긴 알맞은 개요를 작성한 후, 그 개요를 설명으로 채워 넣는다.

본문을 다시 읽기

파이퍼가 설교 도중 사용하는 가장 훌륭한 설명 방법은 본문을 반복해서 읽는 것이다. 그렇게 하는 이유는, 그가 하나님의 말씀을 신적인 권위로 가르치고 청중들이 눈으로 직접 본문을 보기를 원했기 때문이다. 파이퍼의 말을 들어 보자.

읽고 쓸 줄 아는 사람이라면 누구나 성경을 펴서 직접 확인할 수 있도록 출처를 밝혀야 합니다. 성경을 인용하고 의미를 설명해야 합니다. 자기 주장의 근거가 해당 구절의 앞부분에 있는지 뒷부분에 있는지 알려야 합니다. 목사의 생각이 어디서 나왔는지 몰라 헤매다가 메시지의 전체 취지를 놓치지 않도록 성경을 인용하고 의미를 설명해야 합니다. 여러 성경을 인용하면서 설명해야 합니다. 부디 성경을 읽으십시오! "예수님이 산상설교에서 말씀하셨듯이"라는 식으로 일반적으로 말하지 마십시오. 설교 시간 내내, 또는 설교가 끝날 때 그 메시지가 사람들의 양심 깊이 파고들어 적용되게 하십시오."[49]

그리스도인의 삶은 어떤 것 위에 세워진다는데 그 사실을 어떻게 알 수 있습니까? 그 근거는 "그러므로"라는 말에 있습니다. 이 표현은 우리의 모든 행동과 감정과 생각이 하나님께서 성경에 계시하신 진리에 기반해야 한다는 의미라고 생각합니다. 1절에 나오는 "그러므로"라는 단어를 보십시오. "그러므로 형제들아 내가 하나님의 모든 자비하심으로 너희를 권하노니." 아주 중요한 말입니다. 이 말 속에는 세계관이 들어있습니다.[50]

이제 3장과 4장 사이의 전환부터 시작하겠습니다.

1. 은혜로우신 목적이 있는 예수님

요한복음 3장 34-35절에서 요한은 "하나님이 보내신 이는 하나님의 말씀을 하나니 이는 하나님이 성령을 한량 없이 주심이니라 아버지께서 아들을 사랑하사 만물을 다 그의 손에 주셨으니"라고 말했습니다. 정말 놀라운 말씀입니다. 하나님은 예수님을 보내셨습니다. 예수님은 하나님의 말씀을 그대로 말씀하셨습니다. 하나님은 그에게 측량할 수 없을 정도로 성령님을 주셨고 항상 주십니다. 아버지는 아들을 사랑하십니다. 아버지께서는 그의 손에 모든 것을 주셨습니다. 그러므로 예수님은 하나님이 보내시고, 하나님이 사랑하시고, 하나님이 말씀하시고, 성령님이 충만하시고, 모든 권위를 가진 만물의 통치자이십니다.

이제 4장이 시작되면서 우리는 예수님이 남쪽 유대를 떠나 북쪽 갈릴리로 향하셨고 사마리아를 통과했다는 이야기를 듣게 됩니다. 그러나 요한이 우리에게 말하는 방식은 몇 가지 의문을 불러일으킵니다. 요한은 1-4절에서 이렇게 말합니다…."[51]

질문하고 답하기

이 방식은 설교 도중 본문을 다시 읽는 것과 연결된다. 로마서 시리즈의 첫 설교인 "세상에서 가장 위대한 편지의 저자"라는 제목에서 파이퍼는 이 방법을 사용한다. 그는 A. M. 헌터의 다음과 같은 말을 언급하며 질문한다.

그 사람이 쓴 22쪽 분량의 7,100개의 단어로 이루어진 편지가 '불꽃이 되어 지난 수 세기 동안 … 위대한 기독교 지도자들에게 이어지고 … 횃불로 타올라 교회의 부흥과 기독교의 확장을 이끌었다'는 찬사를 듣게 되다니 어찌 된 일일까요? 이에 대한 답은 로마서의 가장 첫 문장인 로마서 1장 1절에서 시작됩니다. "예수 그리스도의 종 바울은 사도로 부르심을 받아 하나님의 복음을 위하여 택정함을 입었으니."[52]

그렇다면 은혜가 무엇입니까? 이 구절에서는 바울의 사역, 즉 그의 사도직과 연결되어 있습니다. … 하나님이 바울에게 주셨다는 것은 어떤 의미일까요? 바울이 은혜를 받을 만한 선한 일이라도 했다는 뜻일까요? 아닙니다. 바울은 자신이 태어나기도 전에 복음을 위하여 택정함을 입었다고 말했습니다. … 그렇다면 믿어 순종하게 한다는 말이 정확하게 무슨 의미일까요? 두 가지 의미가 가능합니다. 믿음에서 나오는 순종이든지, 또는 믿음이기도 한 순종으로 볼 수 있습니다. … 마지막 질문은 이것입니다. 왜 하나님은 모든 것이 우리의 믿음으로 말미암는 그분의 은혜를 의지해야만 되도록 하셨을까요?[53]

단어들과 구절 및 구문들을 정의하기
: 단어와 구절 설명, 동사 시제, 명사의 성수격, 전치사 살피기

히브리어로 바벨이라는 단어는 구약에서 200번 이상 나옵니다. 몇 가지를 제외하고는 모두 "바벨론"으로 번역됩니다. 창세기 11장 9절에서 "그러므로 그 이름을 바벨이라 하니 이는 여호와께서 거기서 온 땅의 언어를 혼잡하게 하셨음이니라 여호와께서 거기서 그들을 온 지면에 흩으셨

더라"고 할 때, 그것은 위대한 도시 바벨론의 몰락을 가리킵니다. … 그리고 이 "바벨" 또는 "바벨론"은 요한계시록 14장 8-9절에서 짐승의 도시에 주어진 이름입니다. 그리고 이 도시 안에서 그리스도의 영광이 빛납니다. 왜냐하면 비록 짧은 기간 동안 바벨론이 순교자들의 피에 취했음에도 불구하고(계 17:6), 그것은 바벨탑처럼 헛되이 끝나기 때문입니다.[54]

바울이 6절에서 "너희도 그들 중에서 예수 그리스도의 것으로 부르심을 받은 자"라고 말한 것은 '예수 그리스도가 부르셨다'는 의미가 아니라 '예수 그리스도와의 교제 가운데로 하나님이 부르셨다'는 의미일 것입니다. 로마서뿐 아니라 여러 서신서에서 바울이 그렇게 가르치고 있기 때문에 드리는 말씀입니다. 한 예로 고린도전서 1장 9절을 보면 이렇게 나옵니다. "너희를 불러 그의 아들 예수 그리스도 우리 주와 더불어 교제하게 하시는 하나님은 미쁘시도다." 하나님은 우리를 부르시는데, 그 부르시는 목적은 하나님의 아들인 예수 그리스도와 우리가 교제하는 것입니다.[55]

몇 가지 단어들을 정의할 때 파이퍼는 동사의 시제를 분석하기도 한다. 로마서 5장 5-8절의 설교에서 파이퍼는 8절의 동사 시제를 강조하며 하나님이 그의 백성들을 끊임없이 사랑하신다고 강조한다.

동사의 시제가 좀 특이한 것을 알아채셨습니까? 중간 구절을 보십시오.

"그리스도께서 우리를 위하여 죽으셨다(died)…" 과거형입니다. 그것은 역사입니다. 이미 고정적이고 객관적이며 변하지 않을 사실입니다. 그렇다면 바울에게 다음과 같이 기록하는 것이 훨씬 더 자연스럽지 않았을까요? "'이 역사적인 행위 안에서' 하나님이 우리에 대한 자기의 사랑을 '확증하셨느니라'"(demonstrated, 과거형). 하지만 바울은 그렇게 쓰지 않았습니다. 바울은 이렇게 썼습니다. "하나님께서 우리에 대한 자기의 사랑을 '확증하시느니라'"(demonstrates, NIV). 현재형입니다. 지금도 진행되는 일입니다. 하나님은 오늘도 그분의 사랑을 확증하십니다. 우리를 위해 그 아들이 죽으셨다는 과거의 역사적이고 객관적인 사실을 통해 오늘도 하나님의 사랑을 보여주십니다. 56)

파이퍼는 명사의 성별, 수, 격과 전치사에도 관심을 두었다. "만물이 다 그로 말미암고 그를 위하여 창조되었다"라는 설교에서 파이퍼는 그리스도의 위대함을 나타내기 위해 온 세상이 존재한다는 것을 설명하려고 '~로 말미암고, ~를 통해, 그리고 ~를 위하여'라는 세 가지 전치사의 중요성을 강조한다. 57)

그리고 "새 하늘과 새 땅에서의 복음의 승리"라는 설교에서는 로마서 8장 23-24절을 이렇게 설명한다.

하지만 이것은 우리의 최고의 소망이 아닙니다. 즉, 새로운 몸을 받는 것이 우리의 최고의 소망이 아닙니다. 저는 마지막으로 로마서 8장 23-24

절로 여러분을 안내합니다. 이 구절은 말합니다. "그뿐 아니라 또한 우리 곧 성령의 처음 익은 열매를 받은 우리까지도 속으로 탄식하여 양자 될 것 곧 우리 몸의 속량을 기다리느니라 우리가 소망으로 구원을 얻었으매 보이는 소망이 소망이 아니니 보는 것을 누가 바라리요." 이것이 무슨 의미일까요? 우리가 소망으로 구원을 받았다는 것은 무슨 뜻입니까? 그것은 여격(dative)입니다. en elpidi가 아니라 tē elpidi입니다. 저는 그것이 '이 소망과 관련하여, 우리는 구원받았다.'와 같이 '참조의 여격'(dative of reference)으로 생각합니다. 의미를 제대로 보면 이렇습니다. '우리가 구원받았을 때, 이 소망은 우리를 위해 확보되었습니다.' 그리고 우리가 십자가에 못 박히고 부활하신 그리스도의 복음에 의지함으로써 구원받기 때문에(고전 15:1-3), 복음은 이 소망이 보장된 구원을 낳는 토대입니다. 그래서 저는 '새 하늘과 새 땅에서의 복음의 승리'라는 주제를 맡게 된 것으로 생각됩니다. 만약 복음이 없었다면, 그리스도가 죄를 위해 죽으시고 부활하지 않으셨다면, 우리는 확실히 새 하늘에 포함되지 않았을 것입니다. 새 하늘과 새 땅도 존재하지 않았으리라 생각합니다. [58]

시편 117편을 본문으로 한 "모든 민족의 기쁨을 위한 영원한 진리"라는 설교에서, 파이퍼는 성경에서 나오는 민족과 나라의 복수 형태는 정치적 국가의 민족, 언어, 문화 집단을 의미한다고 설명한다.

민족 즉 나라는 누구입니까? "나라들"(nations)과 "백성들"(peoples)이라는 단어로 시작합시다. "너희 모든 나라들아 여호와를 찬양하며 너희 모든 백성들아 그를 찬송할지어다"(시 117:1). 몇 년 전 제가 선교 주일에 설교를 한 후, 우리 교회 여자아이 한 명이 엄마에게 '백성이 단어인가요?'라고 물었습니다. 그 아이는 '백성'(people)이라는 단어가 이미 복수형이라는 것을 배웠기 때문에 's'를 넣을 필요가 없습니다. 하지만 시편 117편 1절에 그 단어가 있습니다. 사실, 이 단어는 ESV에서 234번이나 나옵니다. 그 이유는 '집단'(group)이 복수형으로 만들어질 수 있는 것과 같은 방식으로 '백성'도 복수형으로 만들어질 수 있기 때문입니다. '집단'은 그 안에 백성이 들어 있습니다. 그리고 '백성'은 그 안에 백성이 있습니다. 하지만 집단은 사람들을 하나로 묶는 무언가가 있기 때문에 집단은 집단입니다. 그리고 백성은 백성을 하나로 묶는 무언가가 있기 때문에 백성은 백성입니다. 그래서 "집단들"이 있을 수 있고 "백성들"이 있을 수 있습니다. 성경이 "백성들"이라는 용어를 사용하는 방식으로 '백성'을 하나로 묶는 것은 주로 위치가 아니라 언어와 관습과 신체적 특징을 포함한 문화입니다. 성경에서 "나라들"과 "백성들"은 미국, 스페인, 브라질, 중국과 같은 정치 국가를 지칭하는 것이 아니라, 이러한 정치 국가 안에 있는 민족, 언어 또는 문화적 집단을 지칭합니다.[59]

본문의 명제가 각각 어떻게 논리적으로 관계되는지 설명하기

"말씀에서 멀어지는 것의 위험"(히 2:1-4)이라는 설교에서 파이퍼는 히브리서 2장이 "그러므로"로 시작되는 점을 설명하면서 1-2장에서 신자들이 살아야 할 삶의 이유라고 강조한다.[60]

"무엇이든지 원하는 대로 구하라"는 제목의 설교에서, 파이퍼는 요한

복음 15장 7-8절과 16절의 논리적 연결을 설명한 후 기도는 열매를 맺기 위한 것임을 강조한다. 그의 말을 들어 보자.

> 하나님은 제자들에게 열매 맺는 기쁨을 주고 하나님 자신은 영광을 받으시도록 기도를 설계하셨습니다. 우리는 이것을 7-8절과 16절의 연결고리에서 확인할 수 있습니다. … 이것은 우리가 기도하고 하나님이 응답하셔서 많은 열매를 맺을 때 하나님께서 영광을 받으신다는 의미입니다. 그러므로 기도의 핵심은 열매를 맺는 것입니다. 기도는 열매 맺기 위한 것입니다. … 이 구절의 두 부분 사이의 논리적인 연결고리는 굉장히 중요합니다. 예수님은 제자들이 열매를 풍성히 맺게 하려고 택하여 세웠다고 말씀하십니다. "[목적이] 내 이름으로 아버지께 무엇을 구하든지 다 받게 하려 함이라"(요 15:16). 이 말씀을 간추리면 '너희의 기도가 응답될 수 있도록 내가 너희에게 열매 맺는 사명을 주었다!'라는 뜻입니다. 이것은 기도가 열매를 맺기 위한 것일 때만 의미가 있습니다.[61]

설명을 위해 사용하는 또 다른 수단으로 파이퍼는 다른 본문을 가져와 상호 참조를 하거나 ESV, NASV, RSV와 NIV 등 여러 가지 다른 성경의 번역본을 참조하기도 했다.[62]

파이퍼가 설교 중 본문을 설명하는 방식들을 종합해 볼 때, 그는 자신의 주석적 통찰력을 공유하려 노력했음을 알 수 있다. 그리고 청중이 본문에 담긴 사고의 흐름과 저자의 의도를 파악할 수 있는 방식으로 본문을 설명하고 있다. 이는 파이퍼의 성경 연구 목적과 정확하게 일치한다.

3. 본론 2_예화(Illustration)

파이퍼는 강해 설교에 있어 설명과 예화의 관련성에 대해 이렇게 말한다. "설교를 통해 일하시는 하나님의 방식, 즉 견고하고, 성경적으로 충실하고, 신중하게 논증하고, 풍부한 본문의 의미를 명확하게 설명하는 설교는 이 설명이 예화가 지속적이고 실질적인 방식으로 신뢰할 수 있고 강력해지는 토양, 즉 설교의 토양이 된다고 생각한다."[63]

이처럼 파이퍼는 설교에 있어 예화가 설명과 밀접하게 연결되어 있다고 강조한다. 그러나 파이퍼의 설교에는 예화가 그다지 많지 않으며, 설명에 대한 실례가 없을 때도 종종 있다. 존 스토트가 로마서 5-8장을 강해한 『새 사람』이 파이퍼의 설교에 영향을 미친 듯하다. 어떤 사람은 『새 사람』이 예화가 거의 없다는 이유로 '창문이 없는 집'이라는 비판을 했다. 그러나 파이퍼는 다르게 평가한다.

『새 사람』은 창문이 필요 없는 책입니다. 이 책 전체가 창문입니다. … 저는 이 책을 통해 1퍼센트의 설명과 99퍼센트의 예화로 구성된 지루한 설교로부터 깨어나고 있었습니다. 나는 존 스토트가 설교할 때 그런 식으로 설교하는 것을 들어 본 적이 없었습니다. 그 설교는 정말 흥미진진했고, 스릴이 넘쳤습니다. 갑자기 성경 본문의 의미가 보물 상자가 되어 열리게 되었습니다. … 존 스토트는 성경 구절의 단어들을 명확하고, 설득력 있고, 온전하고, 일관성 있고, 신선하고, 통찰력 있는 영어 문장으로 설명함으로써 로마서의 문장과 단어들을 영광스러운 실재를 보게 하는 창문으로 바꾸어 놓았습니다. … 이런 설교가 제가 그토록 바라던 설교

였고 이전에는 알지 못했던 것입니다. 놀랍습니다!⁶⁴⁾

파이퍼는 어려운 영적 진리들을 명확히 하는 데 필요하다고 믿을 때만 신중하게 예화를 사용했다. 그는 '가슴을 열고 청중들에게 특정한 보석을 보여 주는 방식'으로 예화를 사용하려고 노력했다.⁶⁵⁾

삶의 경험과 책

파이퍼는 예화 자료를 주로 두 가지 출처 즉, 삶의 경험과 책에서 찾는다. 파이퍼는 삶에서 나오는 예가 책보다 더 효과적이라고 믿는다. 좋은 책들이 삶의 많은 부분을 담아낼 수 있지만, 삶 자체가 훨씬 진정성의 고리를 가지고 있기 때문이다.⁶⁶⁾

그는 이 세상을 우리가 발견하고 관찰한 것들을 하나님께로 연결하고 또 그것들을 다른 사람들에게 진리의 메시지로 바꾸는 반사체로 생각한다. 이런 관점을 가지고 파이퍼는 자신을 포함한 인간의 본성에 대해 배우려고 노력한다.

파이퍼는 일상 속에서 성경의 가르침에 관련하여 설교자가 스스로 느끼고 생각하고 행동하는 것뿐만 아니라 다른 사람들이 느끼고 생각하고 행동하는 것에 대해서도 생각해야 한다고 강조한다. 파이퍼는 "세상은 인간의 본성을 배우는 주요 학교이며, 인간의 본성에 대한 깊은 통찰 없이는 설교를 잘할 수 없다."라고 말한다.⁶⁷⁾

그래서 그는 개인적인 이야기와 다른 사람들의 삶의 경험에서 예화를 가져온다. 한마디로 말하자면, 파이퍼는 항상 일상에서 중요한 교훈을 배우기 위해 노력한다.

"아직 최고의 것은 오지 않았다"라는 룻기 4장의 설교에서 파이퍼는 결론 부분에 하나님의 언약적 사랑을 설명하기 위해 당시 캐롤라인 노인 센터에서 겪었던 일을 예화로 소개한다. 성도들을 방문하기 위해 엘리베이터를 탔는데 멍한 채로 머리를 흔들고 입을 벌리고 있는 한 여성을 만났다. 60대 중반으로 보이는 말쑥한 차림의 남성이 그 여성의 휠체어를 밀고 있는 것을 발견하고는 그가 누구인지 궁금해했다. 함께 엘리베이터에서 내렸을 때, 파이퍼는 따뜻하고 사랑스러운 말을 들었다. "발 조심해. 자기야. 스위티 파이(Sweetie-pie)." 파이퍼는 차를 타러 걸어가면서 생각했다.

'스위티 파이.' 한 남자와 여자 사이의 결혼 언약이 이런 상황에서 그런 충실함과 헌신과 애정을 일으킬 수 있다면, 분명히 그리스도 안에 있는 새 언약의 위대하고 자비로운 조건 아래서 하나님은 오데트 맥아비니와 헤럴드 홀름그렌 그리고 메리 아그네스 다니엘슨, 그리고 당신과 저를 (우리가 아픈 것처럼!) '스위티 파이'라고 부르는 데 아무런 어려움이 없을 것입니다. 이보다 더 흔들리지 않는 진리는 없습니다. 그들과 우리에게 최고의 것은 아직 오지 않았습니다.[68]

"낙심한 마음에 시편 42편을 채우다"라는 설교에서 하나님 안에 소망을 두기 위해 싸운 방법에 대한 예를 들기 위해 파이퍼는 교회 사역을 하면서 싸운 낙심의 무게에 대해 말한다.

베들레헴침례교회에서 목회를 할 때, 저 역시 얼마나 자주 시편 기자와 같은 말로 좌절감을 이겨내야 했는지 모릅니다. '존, 하나님께 소망을 둬. 하나님께 소망을 두라고! 너는 다시 하나님을 찬양하게 될 거야!' 특히 1980년대 초에 우리 교회가 생각하고 말하는 방식에 시편 42편 5절과 11절 말씀이 얼마나 큰 영향을 미쳤던지요. 우리는 건물 외벽에 '하나님께 소망을 두라'는 표어를 대문짝만 하게 걸어 두었습니다. 그래서 우리 교회는 동네에서 '하나님께 소망을 두는 교회'로 불리게 되었습니다. 이 표어는 40년이 지난 지금까지도 우리 교회 웹 사이트를 장식하고 있습니다.[69]

"위험: 멸망"이라는 설교에서, 파이퍼는 존 뉴턴의 이야기를 소개하며 하나님의 진노가 어떻게 사람들로 하여금 하나님의 사랑이 두려움을 녹이는 복음으로 인도하는지 보여 주고 있다.[70]

교회 설립 125주년 기념주일에 파이퍼는 "주권적인 은혜로 유지된다"라는 제목으로 설교를 했다. 하나님의 유지하시는 은혜를 설명하면서 파이퍼는 밥 리커 목사의 딸이 겪었던 치명적인 교통사고, 자신의 가족이 조지아 여행 중에 겪었던 차량 고장사건, 중병으로 고통을 받던 한 여성도의 아픔, 1885년 3월 16일 교회에 화재가 났던 일 등을 예로 들었다.[71]

만들어 낸 이야기

진짜 삶의 경험 외에도 파이퍼는 이야기를 만들어 사용하기도 했다.

"진리를 알지니 진리가 너희를 자유케 하리라"는 설교에서 그는 온전한 자유를 설명하기 위해 스카이 다이빙을 실례로 들었다.[72] "믿음: 소망 안에서, 소망에 반하여, 하나님의 영광을 위해"라는 설교에서 파이퍼는 믿음이 어떻게 하나님을 영화롭게 하는지 설명하기 위해 다음의 효과적인 실례를 든다.

아이들을 위해 예를 들겠습니다. 아빠가 수영장 가장자리에서 조금 떨어진 물 안에 서 있습니다. 여러분은 세 살이며 수영장 가장자리에 서 있다고 가정해 봅시다. 아빠가 여러분에게 두 팔을 내밀며 "뛰어내려, 아빠가 잡아 줄게. 약속할게!"라고 말합니다. 그때 어떻게 아빠를 멋지게 보이게 할 수 있겠습니까? 답은 바로 아빠를 신뢰하고 뛰어내리는 것입니다. 아빠를 믿고 뛰어내리세요. 그렇게 할 때 여러분은 아빠를 강하고 지혜롭고 사랑 많은 분으로 만듭니다. 하지만 여러분이 뛰어내리지 않고 고개를 흔들고 도망간다면, 아빠는 나빠 보이게 됩니다. 그렇게 할 때 여러분은 '아빠는 나를 잡을 수 없어.' 혹은 '아빠는 나를 잡아 주지 않을 거야.' 또는 '아빠가 시키는 대로 하는 것은 좋은 생각이 아니야.'라고 생각하는 것과 같습니다. 이 모든 생각은 아빠를 나쁘게 보이게 만듭니다. 그러나 여러분은 하나님을 나쁜 분으로 보이게 하고 싶지 않습니다. 그래서 여러분은 하나님을 신뢰합니다. 그렇게 할 때, 하나님을 좋은 분으로 보이게 만듭니다. 물론 하나님은 진짜 좋은 분이십니다. 그리고 이것이 바로 '믿음은 하나님을 영화롭게 한다.' 혹은 '믿음은 하나님께 영광을 돌린다.'라는 의미입니다. 그래서 하나님을 신뢰하는 것은 정말 중요합니다.[73]

"나는 스스로 있는 자다"라는 설교에서 파이퍼는 미국 대통령이 식사 자리에 사람들을 초대한 이야기를 통해 사람들이 마치 하나님이 계시지 않는 것처럼 믿고 행동한다는 것을 설명한다.[74]

접할 수 있는 다양한 자료들의 활용

이 외에도 파이퍼는 성경, 신문, 잡지, 전기, 자서전, 신학, 선교에 관한 자료, 소설, 통계 자료, 시, 찬송가, 복음성가, 위대한 설교자의 설교 등 그가 읽고 접한 다양한 자료들을 예화로 사용한다. 파이퍼가 사용한 예화들을 간략하게 정리하면 아래와 같다.[75]

그리스도인들의 삶의 역설을 설명하기 위해 파이퍼는 고린도후서 6장 8-10절을 인용한다. "…우리는 속이는 자 같으나 참되고 무명한 자 같으나 유명한 자요 죽은 자 같으나 보라 우리가 살아 있고 징계를 받는 자 같으나 죽임을 당하지 아니하고 근심하는 자 같으나 항상 기뻐하고 가난한 자 같으나 많은 사람을 부요하게 하고 아무 것도 없는 자 같으나 모든 것을 가진 자로다."

인종화합주일에 "예수님은 민족 중심주의의 끝이다"라는 제목으로 설교하면서 파이퍼는 영국 노예제와 노예무역 폐지에 앞장섰던 윌리엄 윌버포스의 일화를 소개한다. "하나님 안에서 서로의 손을 굳게 해 주라"는 제목의 설교에서는 찰스 스펄전과 같은 위대한 인물도 우울증과 침체에 빠져 설교할 힘조차 없을 때가 있었고 그에게도 하나님 안에서 강해져야 할 시기가 있었음을 예로 든다.

"하나님: 그의 백성들의 피난처, 열방 가운데 높임을 받으신다"라는 설교에서는 나라들 가운데 벌어지는 비참함에 대해 설명하면서 여러 나라들의 통계를 예로 든다. "영생을 주는 그리스도의 양식"에서는 여성혐오, 불신, 경멸을 설명하기 위해 당시 발생한 피츠버그 총기 사건을 다루었다. "인생을 낭비하지 말라"에서는 이란에서 일어난 지진, 캘리포니아의 산사태, 유타의 눈사태, 베냉의 비행기 추락, 중국의 가스 누출 등 그해 연말에 일어난 재난을 공유하며 삶을 낭비하지 말라고 경고했다.

2000년 패션(Passion) 집회에서 파이퍼는 "오직 십자가만 자랑하라"는 기념비적인 설교를 했다. 젊은이들이 자신의 삶을 통해 세상에 지속적으로 변화를 일으키도록 격려하면서, 카메룬 의료 선교사인 루비 엘리아슨과 로라 에드워즈의 교통사고와 조기 은퇴하고 플로리다의 푼타 고다에서 조개껍데기를 주우며 즐겁게 살고 있는 밥과 페니에 관한 「리더스 다이제스트」의 기사를 예로 들었다.

파이퍼는 이처럼 다양한 분야의 책을 읽었고, 설교자들에게 폭넓은 독서를 권장한다. "신문에서부터 자전거의 조립 설명서, 소설에서 요리 레시피, 인물 전기에서 지도에 이르기까지 여러분이 읽는 모든 것은 하나님의 섭리와 변덕스러운 인간 본성의 예는 말할 것도 없고, 신선한 언어와 구체적인 이미지와 인상적인 비유를 만들어 내는 밀가루입니다."[76]

4. 본론 3_적용(Application)

적용의 중요성

파이퍼는 성경 본문의 설명과 함께 반드시 적용이 있어야 한다고 강조한다. 그는 성령님의 기름 부음이 있는 성경 강해는 명확한 설명과 적용을 통해 사람들의 삶을 변화시킬 수 있다고 믿는다.

모든 설교는 성경을 설명하고 적용합니다. 그 이유는 성경 66권이 하나님의 감동으로 된 무오하고 유익한 말씀이기 때문입니다. 설교자의 의무는 자신의 견해를 최소화하고 하나님의 진리를 전달하는 것입니다. 그러므로 성경 강해는 주로 성경을 설명하고 적용하는 것입니다.[77]

파이퍼가 설교에서 설명과 적용을 통해 바라는 것은 성도들로 하여금 성경 본문의 구체적인 의미를 찾도록 갈망하게 만드는 것이다. 그뿐만 아니라 그들이 하나님의 말씀을 따라 살도록 하는 것이다. 그는 적용의 중요성을 위해 일상생활에서 성경 진리를 자신과 성도들에게 어떻게 적용할지 항상 고민한다.

모든 삶은 설교를 위한 준비입니다. 설교자의 모든 경험은 성경 본문을 적용하기 위한 실험실입니다. 설교자가 만일 깨어 있다면, 그는 삶의 실험실에서 성경의 가르침을 사람들의 실제 삶에 적용하는 방법을 배우게 될 것입니다.[78]

적용보다 강력한 성령님의 조명과 설명의 우선성

설교에 있어서 적용의 가치를 인정하고 있지만, 파이퍼는 일반적으로 본문을 명확하게 설명하는 데 더 많은 지면을 할애한다. 심지어 설교의 대부분이 본문에 대한 설명일 때도 있다.⁷⁹⁾ 그가 이렇게까지 설명을 강조하는 데는 두 가지 이유가 있다.

첫 번째, 사람을 변화시키는 것은 본질적으로 적용이 아니라 하나님의 영광을 보는 것이기 때문이다. 설교자가 적용점을 제시하는 것이 올바르고 유익하지만 그것이 설교의 주된 방식은 아니다. 파이퍼는 성경과 설교가 작동하는 주된 방법은 성경이 '영광'을 보여 주는 것이라고 확신한다. 그는 이렇게 말한다.

성령님이 빛을 비추시는 순간에 그 모든 것들은 그냥 쫓겨날 수 있습니다. 적용이 도달하기도 전에 절대적으로 영광스러운 무언가가 사람들의 마음속으로 들어갑니다. 그 크기만큼 모든 것을 변화시킬 수 있습니다. 여러분은 변화되고, 여러분의 마음은 이 세상에 존재하는 이유에 대한 새로운 감각으로 솟구칩니다.⁸⁰⁾

여기서 파이퍼가 강조하는 것은 설교자들이 무엇보다 본문의 의미를 충실하게 설명하여 청중들이 성령님의 조명을 통해 하나님의 영광과 영광스러운 것을 볼 수 있도록 해야 한다는 것이다. 그는 성령께서 설교자를 통해 명확히 설명된 하나님의 말씀을 친히 청중에게 적용하신다고 믿는다.

두 번째, 설교가 즉각적으로 실용적이기보다 영원한 도움을 주는 것을 목표로 하기 때문이다. "나는 이번 주에 준비가 되었든 되지 않았든 벼랑에서 떨어질지도 모르는 사람들에게 말하려고 영원의 벼랑에 조심스럽게 서 있습니다. 나는 그곳에서 내가 한 말에 책임을 져야 할 것입니다."[81]

설명과 적용의 균형

적용에 대한 파이퍼의 생각은 존 맥아더와 비슷해 보인다. 존 맥아더는 적용을 주는 것은 오직 성령님이 하시는 일이라고 강조한다. 그는 심지어 적용은 설교자가 하는 일이 아니고 성령께 속한 일이라고 말한다. 그가 관심이 있는 것은 설명과 함의뿐이라고 한다.[82] 그러나 파이퍼는 맥아더처럼 극단적이지 않다. 성령님이 적용의 일차적인 주체임을 강조하지만, 파이퍼는 청중들에게 실제적인 적용을 주고자 노력한다. 그는 설교 적용에 있어서 성령님의 책임과 설교자의 책임 사이의 균형을 유지하기 위해 노력한다.

파이퍼는 중요한 신학적 이슈를 다룰 때 실질적인 적용이 거의 없이 본문만 설명하는 경향이 있다. 이사야 6장 1-8절을 본문으로 한 "거룩, 거룩, 거룩하신 만군의 여호와"라는 설교에서, 파이퍼는 청중들의 삶에 적용할 수 있는 말을 단 한마디도 하지 않았다. 그러나 설교가 끝날 무렵 성도들은 설교와 관련된 아주 좋은 적용을 스스로 발견했다. 파이퍼는 하나님의 위대하심과 영광이야말로 사람들에게 적실한 것이며, 그들은 하나님을 갈망하고 있고, 은혜로우신 하나님의 주권과 위대하심이 그들의 가장 깊은 필요라고 강조한다.[83]

그러나 파이퍼는 필요를 느낄 때마다 성도들에게 충분한 실질적 적용을 제시한다. 예를 들어, 에베소서 5장 21-33절에 대한 설교 "사자와 양 같은 그리스도인 남편의 머리 됨 1편"에서 그는 이렇게 말한다. "이번 주는 주로 머리됨에 대한 기초를 다질 것이고 다음 주는 그것에 대한 적용이 될 것입니다. … 이것이 실제로 나타날 때 어떤 모습일까요?"[84]

파이퍼는 이렇게 질문하고는 결혼의 영광을 설명하기가 어렵다고 말한다. 그가 믿는 바는 여러 가지 적용을 한다면 다소 도움이 될 수는 있지만, 영광을 보는 것이 모든 것을 변화시킨다는 것이다. 그리고 어떤 적용이 없어도 성령님이 사람들의 마음속에 들어오셔서 성경적인 남성성에 대한 영광스러운 진리를 이해하게 함으로 삶을 변화시키신다고 말한다. 이어서 파이퍼는 머리됨과 복종을 간략하게 정의함으로 설교를 마무리한다.

그 다음 주 설교 "사자와 양 같은 그리스도인 남편의 머리 됨 2편"에서 파이퍼는 남편의 머리 됨의 실제적인 적용을 보여 주기 위해 설교의 약 37%를 할애했다.

가족에게 영의 양식을 공급하기 위해서는 영의 양식을 알아야 합니다. … 가정 예배를 위해 매일 여러분의 아내와 아이들을 모아 가정 예배를 드리십시오. 식탁에 빵을 올려야 할 일차적 책임은 남편에게 있습니다. … 남편들이여, 가정을 위해 매일 기도하십시오. … 사탄과 세상과 육신을 대항하여 기도로 가족을 위해 싸우십시오. … 아내와 자녀들을 위한 기준을 세우십시오. 아내와 함께 기준을 점검하십시오. … 어떤 TV 프로그램을 시청할 것인지 주도적으로 생각하십시오. 자녀와 함께 어떤 영화를 관람할 것인지, 어떤 음악을 들을 것인지, 딸이 옷을 입을 때 목 아래

네크라인을 얼마나 낮게 할 것인지 … 크든 작든, 강하든 약하든, 밤이든 낮이든, 여러분이 먼저 적과 맞서 싸웁니다.[85]

이렇듯 파이퍼는 청중이 성경의 진리를 삶에 적용하도록 도와야 하는 설교자의 책임을 무시하지 않았다.

적용의 특징

설명이나 예화 후에 적용하기

"나는 나의 충만한 기쁨인 하나님께로 갈 것입니다"라는 제목의 시편 43편 설교에서, 파이퍼는 하나님으로부터 멀어지고 하나님께서 나를 버리셨다고 느낄 때 궁극적인 삶의 목표에 대해 설명하며 이렇게 적용한다. "여러분이 버려졌다고 느낄 때 취할 수 있는 두 가지 실천적인 단계가 있습니다. 하나님께 기도하고 자신에게 설교하는 것입니다. 여러분의 모든 상황이 절망을 외치고 있을 때 자신에게 소망을 설교하십시오."[86]

"여호와의 율법을 주야로 묵상하라"는 제목의 시편 1편의 설교에서, 파이퍼는 히브리어로 '묵상'(meditation)의 의미를 설명한다. 기본적으로 말하거나 중얼거리는 것인데, 이것이 마음속에서 이루어질 때 묵상이라고 부른다. 그래서 밤낮으로 하나님의 말씀을 묵상하는 것은 하나님의 말씀을 밤낮으로 자신에게 말함을 의미한다. 그리고 나서 파이퍼는 교회 공동체가 함께하는 '성경 암송 프로그램'(Fighter Verses Bible Memorization)에 참여하라고 간청한다. "성경을 암송하지 않으면 밤낮으로 성경을 묵상할 수 없습니다."[87]

설교 결론에 적용하기

"지혜를 얻으라"는 설교에서 파이퍼는 지혜를 얻는 것의 중요성과 지혜가 무엇인지 자세히 설명한 후, 결론 부분에서 지혜를 얻는 다섯 가지 성경적인 방법을 제시한다.

1) 온 힘을 다해 지혜를 갈망하십시오.
2) 지혜는 하나님의 말씀에서 발견되기 때문에 하나님의 말씀을 알고 순종하기 위해 성경 연구와 묵상을 해야 합니다.
3) 지혜를 얻기 위해 해야 할 일은 기도하는 것입니다.
4) 자신의 죽음을 자주 생각하는 것입니다.
5) 마지막으로 해야 할 절대적으로 중요한 일이 하나 있습니다. 예수님께 나아와야 합니다.[88]

"욥: 고난 속에서 경건하게"라는 제목의 설교에서 파이퍼는 욥기 1장 1절-2장 10절의 개요를 설명한 후, 결론에서 청중들에게 세 가지 개인적인 적용을 제시한다.

1) 욥과 함께 온 마음으로 하나님의 절대 주권을 확인합시다.
2) 재난이 올 때 눈물이 자유롭게 흐르도록 내버려 두십시오.

3) 하나님의 선하심을 신뢰하고 그분을 여러분의 보화와 기쁨이 되게 하십시오.[89]

추상적이지 않고 구체적으로 하기

"예수님의 이름으로 어린이를 영접하라"는 설교에서 파이퍼는 우리가 섬겨야 할 대상에 어린이가 있음을 설명한 다음 구체적인 적용을 제시한다.

예를 들어 여기 아이가 있습니다. 여러분이 위대해지고 첫째가 되고 싶으면 어린이의 종이 되어야 한다는 것을 보여 주기 위해 이 아이를 품에 안고 있습니다. 여러분은 어린이들을 위해 시간을 내야 합니다. 어린이를 무시하거나 경멸해서는 안 됩니다. 단순히 여성들이 하는 일이라고 말해서도 안 됩니다. 여러분이 위대해지고 싶다면 육아 의무를 배제하지 않을 것이며, 초등부 교사들을 위해 간절히 기도할 것이며, 남녀 아이들의 동아리 활동을 이끄는 것에 대해 깊이 생각해 볼 것이며, 아동 살해를 극복하기 위한 싸움에 자신을 헌신할 것입니다.[90]

2001년 12월 30일 새해 기도주간에 파이퍼는 "말씀을 굳게 붙들고 우리를 위해 기도하라"는 제목으로 설교를 했다. 결론에서 그는 청중들에게 기도와 묵상에 힘쓰라고 간절히 권면한 후 적용으로 마친다.

말씀을 주야로 묵상하고 밤낮으로 성령님의 도우심을 구하는 기도를 하십시오. 아침 7시에 기도하러 오십시오. 정오에도 기도하러 오십시오. 금요일은 철야 기도를 위해 모이십시오. 로비 테이블 위에 있는 성경 통독 계획표를 가지고 가십시오. 『기도의 골짜기』를 구입해서 위대한 성도들이 기도하는 방법을 본받으십시오.[91]

구체적인 대상을 향해 적용하기

"하나님은 복음으로 우리를 강하게 하신다"라는 설교에서 파이퍼는 하나님이 복음으로 그분의 백성들을 강하게 하신다는 점을 강조하면서 이렇게 적용한다.

> 여성 여러분, 십 대 소녀 여러분, 강한 여성이라고 하면 무슨 생각이 듭니까? 어린 소녀 여러분, 강한 여자로 자라는 것을 생각할 때 무엇을 꿈꾸나요? … 남성 여러분, 여러분은 어떻습니까? 강해지고 싶을 때 어떤 꿈을 꿉니까? … 어린이, 중학생, 고등학생, 대학생, 독신자, 결혼한 사람, 과부, 홀아비 여러분, 여러분은 믿음의 싸움에서 서로 도와주고 교묘한 죄의 유혹에서 서로를 보호하려는 친구들 모임에 속해 있습니까?[92]

"자녀들이 다른 사람들을 사랑하도록 도우라"는 설교의 서론에서, 파이퍼는 비록 설교 자체는 부모들을 향한 것이지만 함께 앉아 있는 자녀들도 귀담아듣도록 격려한다. 부모들에게 "예수님께서 자녀들을 위해 죽으시고 부활하셨기 때문에 예수님이 자녀에게 모든 것을 만족시키는 친구이자 보화가 되신다고 가르치라."고 당부한다. 그리고 나서 파이퍼는 자녀들에게 적용을 한다.

그들에게 다른 사람들을 두려워하지 말고, 다른 사람들보다 우월감을 느끼며 행복을 찾지 말고, 예수 그리스도가 소중하고 만족스러운 친구이기에 다른 사람들을 사랑하라고 촉구한다.[93]

은혜 중심으로 적용하기

파이퍼는 절대로 청중들이 자신의 노력으로 하나님의 말씀에 순종하도록 요구하지 않는다. 대신 하나님이 주시는 은혜와 성령님의 능력으로 말씀을 살아내도록 도와준다.

"불만족스러운 그리스도인의 삶"에서 파이퍼는 사람들에게 육체의 유익과 소유와 자만심을 채우기 위한 것들에 매달린다면 절대로 '예수 그리스도를 주로 아는 참된 복'을 얻을 수 없다고 설명한다. 그리고는 이렇게 적용한다.

우리는 삶을 사랑해야 합니다. 그리스도를 얻고자 한다면 자신을 부인해야 합니다. 하지만 만일 우리가 성령께 사로잡혀 있다면, 그것은 짐이 아니라 기쁨이 될 것입니다. 왜 그럴까요? 내 주 그리스도 예수를 아는 지식의 고상한 가치 때문입니다. … 바울의 거룩한 불만은 어디서 왔습니까? 이는 하나님이 주신 겸손에서 비롯되었으며, 바울은 자신의 죄, 연약함, 부족함을 감추려 하지 않고 자신을 정확하게 볼 수 있었습니다. 그리고 그것은 하나님이 주신 영적 통찰력에서 왔고, 그것은 바울이 그리스도를 아는 지식의 고상한 위대함과 가치를 보고 소중히 여길 수 있도록 만들어 주었습니다. … 여러분의 거룩한 불만은 어디로부터 비롯되겠습니까? 역시 하나님으로부터 나옵니다. 형제자매 여러분, 하나님을 찾되 힘써 찾고 하나님께서 바울과 같은 불만족의 영을 여러분에게 부어 주실 때까지 힘써 인내하며 기도하십시오.[94]

"룻: 하나님의 날개 아래"에서 파이퍼는 하나님의 자비하심은 그의 백성들을 버리지 않으셨다고 말한 후 이렇게 적용한다. "하나님은 그의 날개 아래로 피하는 모든 사람에게 선하십니다. 그러므로 우리는 모두 얼굴을 땅에 대고 주님 앞에 절하고, 우리의 비천함을 회개하고, 하나님의 날개 아래로 피하고, 그의 놀라우신 은혜에 놀랍시다."[95]

씨뿌리는 비유를 다루는 "어떻게 들을 것인지 주의하라 2편" 설교 끝에서, 파이퍼는 주일에 하나님의 말씀을 듣기 위해 어떻게 준비해야 하는지에 대한 열 가지 적용을 제시한다.

1) 하나님이 선하고 정직한 마음을 주시기를 기도하십시오.
2) 하나님의 말씀을 묵상하십시오. 하나님에 대한 갈망을 불러일으키기 위해 성경을 읽으십시오.
3) 세속적인 오락에서 벗어나 마음을 정결케 하십시오. … 토요일 밤에 TV를 끄고, 의도적으로 하나님의 약속에 마음을 고정하십시오.
4) 이미 가지고 있는 진리를 믿으십시오. … 영적인 청력을 키우는 뿌리는 믿음의 뿌리입니다. 듣는 것은 믿음을 낳고 믿음은 더 나은 청력을 만들어 냅니다. 여러분이 이미 가지고 있는 진리를 믿는 것은 더 많은

것을 받을 수 있도록 준비하는 가장 좋은 방법입니다.

5) 토요일 밤에는 푹 쉬십시오. … 청소년들에게 토요일은 친구들과 늦게까지 밖에 있을 생각을 하는 밤이 아닙니다. 특별한 늦은 밤이 필요하다면, 토요일이 아닌 금요일로 하십시오. 아이들에게 예배를 선택할 수 있다고 가르치지 마십시오. … 여기서 일어나는 일은 대학 입학 SAT보다 더 중요합니다. … "어떻게 들을 것인지 주의하라."는 것은 말씀을 듣기 전에 토요일 밤에 숙면을 취하는 것을 의미합니다.
6) 불평거나 비판하지 말고 서로를 참으십시오.
7) 배우려는 온유한 마음으로 오십시오.
8) 예배당에 들어갈 때 잠잠하십시오. 생각과 마음을 하나님께 집중하십시오.
9) 예배가 시작되면 노래하고 기도하고 설교할 내용에 대해 진지하게 생각하십시오.
10) 재물이나 음식보다 하나님의 말씀의 진리를 더욱 갈망하십시오.

그리고 파이퍼는 다음과 같은 축복으로 설교를 마무리한다. "하나님께서 우리를 하나님의 말씀을 듣고 백배 결실을 맺는 백성으로 만들어서 우리 삶의 등불이 하나님의 나라에 들어가는 모든 사람에게 빛을 비추는 등대가 되길 바랍니다. 듣는 것에 주의를 기울이십시오! 아멘."[96]

5. 결론(Conclusion)

파이퍼의 설교는 보통 결론에서 절정에 도달한다. 결론은 적용을 제시하는 방식을 제외하고는 대부분 짧다. 효과적인 끝맺음을 위해 그는 다양한 패턴을 사용하여 설교를 마무리한다.

권면 또는 호소를 통해 청중들이 설교에 반응하도록 한다

"하나님의 은혜로, 그의 이름을 위해, 믿음의 순종을 통해"(롬 1:15)라는 설교의 서론에서, 파이퍼는 세 가지 개요를 밝히고 설명을 이어 간다.

1) 은혜의 본질
2) 은혜의 효과
3) 은혜의 궁극적인 목표

그리고 이렇게 결론을 내린다.

'하나님의 영광', 즉 '하나님'이 여러분이 갈망하는 목표입니까? 그렇다면 여러분은 은혜의 복음을 이해하고 받아들일 것입니다. 그렇지 않다면, 주님의 이름을 부르십시오. 그러면 주님께서 여러분이 하나님의 형상인 그리스도의 영광의 복음의 광채를 볼 수 있도록 눈을 열어 주실 것입니다(고후 4:4).[97]

파이퍼는 "하나님의 아들 안에서 하나님의 기쁨"이라는 설교에서 이렇게 결론을 내린다. "이토록 위대하신 하나님 앞에 경외함으로 섭시다! 그리고 모든 사소한 분노와 덧없는 쾌락과 삶의 하찮은 추구에서 돌이켜 하나님 자신의 완전한 형상, 즉 그분의 아들 안에 있는 기쁨에 참여합시다."98)

"주권적 은혜로 영원히 유지된다"라는 설교에서 파이퍼는 다음과 같이 마무리한다.

하나님은 여러분을 붙드는 것을 그분의 온 마음과 영혼으로 기뻐하십니다. 이제 저는 여러분에게 묻습니다. 설교의 수사학적 화려함이나 과장된 느낌이 전혀 없이 묻습니다. 저는 여러분에게 도전합니다. 여러분은 하나님의 온 마음과 온 영혼으로 힘을 실어 주시는 갈망보다 더 큰 소망을 생각할 수 있겠습니까? … 저는 여러분 모두가 저와 함께 노래하고, 주권적으로 유지하는 은혜를 베푸시는 성부와 성자와 성령 하나님을 찬양하도록 초대합니다.99)

이러한 유형의 결론은 그의 구원 초청에도 나타난다.

"계획: 사랑"이라는 설교 결론에서, 파이퍼는 "오늘 아침에는 자신을 바라보지 마십시오. 하나님의 아들을 바라보십시오. 그리고 하나님의 사랑을 바라보십시오. 그리고 누구든지 믿는 자는 멸망치 않고 영생을 얻으리라는 약속을 바라보십시오."라고 촉구한다. 그리고 찰스 스펄전의 회심 이야기를 인용한 후 다음과 같이 직접적으로 호소하며 설교를 마무리한다. "저는 오늘 아침에 여러분에게 똑같이 말합니다. 예수님을 바라보십시오. 예수님을 믿으십시오. 그러면 여러분은 멸망하지 않을 것입니다."100)

"그리스도를 영접하기 위한 준비: 혈과 육 이상의 것"에서 파이퍼는 강력한 초청으로 설교를 마무리한다.

이번 성탄절에 여러분은 그리스도를 영접하기 위해 마음의 준비를 어떻게 하고 있습니까? 그분의 말씀에 시선을 고정하십시오. 그리스도를 바라보십시오. 예수님을 생각하십시오. 그리고 하나님이 여러분의 눈과 귀를 열어 혈과 육을 초월하여 베드로와 함께 "주는 그리스도시요 살아 계신 하나님의 아들이시니이다"(마 16:16)라고 외칠 수 있도록 기도하십시오. [101]

"우리는 왜 구원자가 필요한가"라는 설교를 마치면서, 파이퍼는 로이드 존스가 죽기 전 당시 세대를 위해 남긴 마지막 말을 소개한다.

"예수는 다가올 진노에서 우리를 구하신다." 이어서 그는 간절히 촉구한다. "지금 예수는 구주십니다. 그에게 돌아가서 죄의 질병과 사탄의 속박과 지옥의 형벌에서 구원을 받으십시오. 그분만이 길이요, 진리요, 생명이십니다. 천하 인간 중에서 구원받을 수 있는 다른 이름을 우리에게 주신 일이 없습니다." [102]

실제적이고 구체적인 적용을 제시한다

"하나님을 만날 준비를 하라"는 설교에서 파이퍼는 하나님을 만나는 준비를 하는 네 가지 방법을 요약한다. 이어서 성도들이 예배에서 하나님을 만날 준비를 하도록 여섯 가지 적용으로 설교를 마무리한다.

1) 토요일 밤부터 마음을 다스리십시오.
2) 일찍 잠자리에 드십시오.
3) 주일 아침 일찍 일어나십시오.
4) 교회에 들어서는 순간부터 하나님을 찾으십시오.
5) 만일 늦을 경우에는(우리 모두는 가끔 그러듯이), 늦었다는 것에 집중하는 대신 대기실에 앉아 있는 분들과 예배당에서 예배하는 분들을 위해 기도하십시오. 그렇게 함으로써 모두를 방해하지 않고 영적인 태도를 잘 유지할 수 있을 것입니다.
6) 관객이 아니라 예배자가 되십시오.[103]

"창조, 타락, 구속, 그리고 성령"이라는 제목의 설교를 하면서, 파이퍼는 거듭나지 못한 사람들에 대한 예수님의 네 가지 말씀을 정리한다. "그들은 육적이며, 영적으로 죽었으며, 하나님의 나라에 들어가지 못하며, 그들의 종교적 노력은 육적인 일이다." 그리고 결론에서 파이퍼는 청중들에게 다음과 같은 세 가지 간단한 적용을 제시하며 설교를 마무리한다.

1) 우리는 우리 자신의 마음과 삶을 살펴봐야 합니다.
2) 우리는 겸손해야 합니다.
3) 우리는 성령님을 간절히 사모해야 합니다.[104]

요약과 반복으로 설교의 핵심을 뚜렷하게 기억하게 한다

"해방하는 약속"이라는 설교에서, 파이퍼는 청중들이 설교자를 의지하기보다 말씀을 더 의지할 수 있도록 이렇게 결론을 짓는다.

베드로후서의 첫 네 구절을 능력, 약속, 행함, 전망이라는 네 가지 단어로 요약할 수 있습니다. 하나님의 보배롭고 지극히 큰 약속을 우리가 알고 믿을 때, 하나님의 신기한 능력이 우리의 삶에 흘러 들어옵니다. 그리고 약속을 통해 흐르는 이 능력은 경건의 행실과 영생의 전망을 낳습니다. 이 능력을 보기 위해 기도하고 다시 새롭게 헌신합시다.[105]

"룻기: 달고 쓰라린 섭리"에서 파이퍼는 본문을 귀납적으로 다룬 후 결론에서 그동안 살펴본 것들을 네 가지로 요약하여 정리한다.

1) 전능하신 하나님은 인간의 모든 일을 다스리십니다.
2) 하나님의 섭리는 때때로 너무 힘이 들고 어렵습니다.
3) 모든 일에서 하나님의 목적은 그의 백성들의 행복과 선을 위한 것입니다.
4) 하나님의 전능하신 선하심과 인자하심이 평생 여러분을 따른다고 믿는다면, 여러분은 룻처럼 자유롭습니다.[106]

"언제 악을 고통으로 갚는 것이 옳은가?"에서 파이퍼는 그리스도인들이 원수를 사랑해야 하는 이유 두 가지를 설명한다. 그리고 그는 다음과 같은 요약으로 설교를 마무리한다.

1) 하나님은 자비를 베풀라고 우리를 부르십니다.
2) 하나님은 공의를 붙들라고 우리를 부르십니다.
3) 하나님은 무엇보다도 그리스도를 신뢰하라고 우리를 부르십니다.
4) 그러므로, 공의와 자비를 추구하고 무엇보다 그리스도를 굳게 붙드십시오. [107]

효과적인 설교 결론으로 예화를 사용한다

"복음으로 우리를 능히 견고하게 하시는 하나님"이라는 설교에서 파이퍼는 로마서 16장 25-27절을 통해 복음으로 믿는 자들을 강하게 하시는 하나님을 강조한다.

설교의 결론으로 그는 자신이 어떻게 복음으로 (특별히 처음 암 진단을 받았을 때부터 마지막 진단까지 데살로니가전서 5장 9-10절과 로마서 16장 25-27절을 가지고) 암을 이겨낼 수 있었는지 말한다.

예를 하나 들면서 마치도록 하겠습니다. 여러분 가운데 많은 분들이 저보다 더 대단한 이야기를 하나씩은 가지고 계실 테지만, 여기서는 하나님이 지난 2월에 제게 행하신 일을 이야기하고자 합니다. 그때 저는 암 진단을 받았습니다. 하지만 하나님은 복음으로 저를 견고하게 하셨습니다. … 우리 하나님은 역사 안에서 죄와 사탄과 지옥과 죽음을 멸하기 위해 일하셨습니다. 하나님은 이 일을 예수 그리스도의 복음을 통해 행하셨습니다. 이 복음을 여러분의 삶의 가장 큰 보물로 품으십시오. 하나님이 여러분을 견고하게 하심으로 그분의 영광을 드러내실 것입니다.[108]

"그 중의 제일은 사랑이라: 시리즈의 서론"에서 파이퍼는 사랑에 관한 설교 시리즈를 시작하는 열 가지 이유를 든다. "첫째, 하나님은 사랑이시다. 둘째, 서로를 사랑하는 것은 하나님을 사랑하는 것과 같다. 셋째, 이웃 사랑은 율법의 완성이다. 넷째, 믿음은 사랑을 통해 표현된다. 다섯째, 서로를 사랑하는 것은 그리스도인의 배지이다. 여섯째, 우리의 교훈의 목표는 사랑이다. 일곱째, 냉담함과 증오의 빙하를 태워 버리라. 여덟째, 관계를 맺는 또 다른 방법을 세상에 보여 주라. 아홉째, 차이점은 사랑을 보여 줄 수 있는 황금과 같은 기회다. 열째, 나는 개인적으로 사랑으로 성장하고 싶다." 이후 설교의 결론에서 파이퍼는 사랑을 위한 자신의 투쟁을 예로 든다.

지난 두 주 동안 저는 『장래의 은혜』라는 책을 완성하기 위해 노력했습니다. 여러분 중 수백 명이 저를 위해 기도해 주셨고, 하나님의 은혜로 이제 거의 완성 단계에 이르렀습니다. 금요일 밤에 마무리 작업을 하고 있는데, 개인적으로 저를 짓누르는 질문이 있었습니다. "이것이 사랑의 일인가? 이런 식으로 사람들로부터 스스로를 고립시키고 생각과 말을 다루는 것이 과연 사랑스러운 일인가?" 주님께서 저에게 보여 주신 것은 바로 이것이라고 생각합니다. 교회와 세상을 사랑하는 방식은 제가 남편, 아버지, 친구, 목사, 리더로서 살아가도록 부름을 받은 다른 방식의 사랑으로 증명될 것입니다. 마치 이사야 58장에서 우리가 본 것처럼, 주일에 금식하는 여러분의 모습은 월요일에 사람들을 대하는 방식으로 진정성이 드러날 것입니다. … 주님이 이번 주간을 사용하셔서 우리 안에서 고린도전서 16장 14절의 말씀을 성취하시길 바랍니다. "너희 모든 일을 사랑으로 행하라."[109]

중심 주제와 연관된 성경 구절을 인용한다

"우리는 왜 구주가 필요한가: 죄로 인해 죽은 자들"의 결론 부분에서 파이퍼는 청중에게 구주가 필요한 이유를 설명한다. 그는 모든 사람이 죄로 인해 죽었다고 강조한다. 그런 다음 사람들이 여전히 영적으로 죽은 상태라는 경고와 함께 하나님의 말씀을 듣고 예수 그리스도를 믿을 수 있다는 격려를 한 후 설교를 마친다.

여러분 안에 영적 생명이 있다면 구주의 주권적인 음성에 귀를 기울여야 합니다. 그리고 만일 당신 안에 아직 그리스도의 생명이 없다면, 구주께서는 이렇게 말하고 계십니다. "…목마른 자도 올 것이요 또 원하는 자는 값없이 생명수를 받으라 하시더라"(계 22:17).[110]

"선택의 교리에 대한 목회적 견해"에서 파이퍼는 선택의 교리에 대한 다섯 가지 목회적 생각을 제시한다. 그리고 다음과 같이 설교를 마친다.

그래서 저는 그리스도의 이름으로 여러분을 부릅니다. 그분을 여러분의 구주로, 여러분의 주님으로, 여러분의 삶의 보화로 영접하십시오. 그는 믿음으로 나아오는 자들을 결코 내쫓지 않을 것입니다. 그분은 죄를 용서하십니다. … "내 양은 내 음성을 들으며 나는 그들을 알며 그들은 나를 따르느니라 내가 그들에게 영생을 주노니 영원히 멸망하지 아니할 것이요 또 그들을 내 손에서 빼앗을 자가 없느니라"(요 10:27-28). 선한 목자의 음성을 듣고 오십시오.[111]

중심 주제와 연관된 시나 찬송가를 인용한다

"여러분이 아는 마음과 알지 못하는 마음"에서 파이퍼는 이 방식을 사용한다. 그는 "하나님을 사랑한다면 삶에서 죄를 어떻게 다룰 것인가?"라고 질문을 던지면서 설교를 시작한다. 이어지는 본론에서 파이퍼는 다윗의 예를 통해 죄를 짓는 두 가지 방법과 하나님을 사랑하는 사람들이 어떻게 죄를 다루는지를 설명한다.

그런 다음 성도들이 숨은 죄를 깨끗하게 해 달라고 기도할 때 그들의 죄가 용서받았음을 믿으라고 격려한다. 심지어 좌절시키는 부패함과 씨름하는 동안에도 뻔뻔스러운 죄에서 승리할 수 있다고 격려한다. 그리고 결론에서 이렇게 마무리한다.

하나님은 그분의 아들의 피 흘리심으로 사죄와 권세를 모두 사셨습니다. 그것이 주의 만찬의 목적이며, 우리는 그것을 위해 모입니다. 성찬을 나눌 때, 찬송가 425장(당시 파이퍼의 교회에서 쓰인 찬송가-편집자주) 1절과 2절을 함께 부르며 기도해 주시기를 바랍니다.

오 하나님, 오늘 나를 살피시고 내 마음을 아소서.

나의 죄를 씻으신 주를 찬양하오니

오 구주여 나를 시험하소서. 나의 생각을 아소서.

기도하오니 주의 말씀을 성취하시고 나를 정결하게 하소서.

내 안에 악한 길은 없는지 살피소서.

한 때 부끄러움으로 불탔던 나를 불로 채우소서.

모든 죄에서 나를 깨끗하게 하시고 나를 자유롭게 하소서.

(나를 깨끗하게 하소서, 에드윈 오르)[112]

1983년 10월 종교개혁주일에 파이퍼는 "성경: 기독교 희락주의의 불씨"라는 설교를 했다. 그는 청중들이 순교자들의 피가 헛되지 않도록, 루터, 멜랑히톤, 칼빈, 쯔윙글리와 같은 순교자들의 수고가 헛되지 않도록, 삶 속에서 성경을 사소한 것으로 취급하지 말기를 간청한다. 그리고 루터가 가장 극심한 우울증에 시달릴 때 작시한 시로 끝을 맺는다.

이 땅에 마귀 들끓어 우리를 삼키려 하나

겁내지 말고 섰거라 진리로 이기리로다

친척과 재물과 명예와 생명을 다 빼앗긴데도

진리는 살아서 그 나라 영원하리라[113]

간단한 질문을 던진다

파이퍼는 1987년 4월 26일에 "모험과 하나님의 대의"라는 설교를 했다. 그는 신앙이 안전하고 안일한 삶이라는 기만적인 마력에서 청중들을 건져내기 위해 요압, 아비새, 에스더, 사드락, 메삭, 아벳느고와 바울, 그리고 광야에서의 이스라엘 백성들을 예로 들었다.

결론에서 파이퍼는 하나님께서 그분의 대의를 위한 모든 성도의 모험에 성공을 약속하지 않으신다고 강조한 후, 성도들이 하나님의 뜻을 이루기 위해 목숨을 건 모험을 하라고 도전한다.

여러분은 하나님을 위해 모험하지 않으려는 안전의 마법에 걸려 있지 않습니까? 아니면 성령님에 의해 애굽의 안전과 안락의 신기루에서 해방되었습니까? 남자들은 요압과 함께 "제가 한번 해 보겠습니다! 주님이 보시기에 좋은 대로 하십시오."라고 말해 본 적이 있습니까? 여자들은 에스더와 함께 "제가 한번 해 보겠습니다! 죽으면 죽으리이다!"라고 말한 적이 있습니까? 그리고 우리 교회와 우리의 미래는 어떻습니까? 우리가 2000년이 되기 전까지 12년 반을 내다보면서, 여기서 우리에게 어떤 교훈을 얻을 수 있을까요? 제가 다음 주에 말하고 싶은 질문들입니다.[114]

"그리스도 안에서 하나님의 모든 약속은 예입니다"라는 설교를 시작하면서 파이퍼는 청중들에게 세 가지 질문을 던진다. "여러분은 그리스도 예수 안에서 하나님이 여러분에게 주신 '예'(YES)를 온전히 누리고 있습니까? 여러분을 향한 하나님의 모든 '예'에 여러분은 모두 '예'라고 대답했습니까? 여러분을 향한 하나님의 '예' 가운데 어떤 것에 '아니요', '아마도요', '지금은 아니요'라고 말하는 것이 있습니까?" 그리고 파이퍼는 본문을 설명하면서 사람들이 '아니요', '아마도요', '지금은 아니요'라는 불신앙을 버리고, 하나님의 모든 '예'에 '예'라고 말하도록 헌신하라고 강조한다.

결론에 이르자 파이퍼는 세 단계로 설교를 마무리한다. 시작할 때 사용했던 세 가지 질문을 다시 한번 던진다. 이어서 적용과 함께 새해 첫 주를 기도로 하나님께 헌신하기를 촉구한다. 마지막으로 그는 한 번 더 질문을 던지면서 설교를 마무리한다.

> 여러분은 그리스도 예수 안에서 하나님이 여러분에게 주신 '예'(YES)를 온전히 누리며 살고 있습니까? 하나님의 모든 약속에 여러분은 '예'(YES)와 '아멘'(AMEN)으로 대답했습니까? … 여러분은 기도로 하나님의 모든 약속에 '예'(YES)라고 대답하는 특별한 봉헌의 시간을 함께하겠습니까?[115]

파이퍼는 설교의 서론과 결론에서 의도적으로 세 번이나 핵심 질문을 반복했다. 그렇게 함으로써 성도들의 마음과 생각에 설교의 중심 주제가 깊숙하게 박히도록 했다. 나아가 결론에서 목회적인 촉구로 마무리함으로써 그들이 하나님의 말씀에 기쁨으로 순종하도록 도전했다.

파이퍼의 설교 결론 방법을 분석할 때 일곱 가지 원리를 알 수 있다
1) 서론에서 결론까지 체계적으로 설교를 구성함으로써 메시지를 절정으로 이끌어 간다.
2) 청중들이 설교의 핵심을 정확하게 파악할 수 있도록 서론에서 결론

까지 논리적인 흐름을 가지고 설득력 있게 설교를 마무리한다.
3) 대부분 설교의 결론이 간결하지만, 메시지의 길이를 적절하게 조절한다. 필요에 따라서는 충분한 적용을 한다.
4) 청중들이 설교에 빠르게 반응하도록 긴박감과 열정을 가지고 격려한다.
5) 은혜에 기초한 결론을 내림으로써 청중들이 하나님의 말씀에 순종하고 싶은 소망을 갖게 만든다.
6) 다양한 패턴으로 설교를 마무리함으로써 청중들이 설교를 끝까지 듣고 결론을 기대하게 만든다.
7) 파이퍼는 설교의 결론을 세심하게 준비한다. 결론을 먼저 준비하는지 마지막에 하는지 알 수는 없지만, 분명한 것은 파이퍼는 설교를 준비하는 데 있어 열정적인 장인이라는 것이다.

5부

존 파이퍼의 설교를 통해
무엇을 배울 수 있는가?

지금까지는 파이퍼의 경건 생활, 성경 연구 방법, 설교 철학, 설교를 조직하는 기술 등을 살펴보았다. 이제는 파이퍼를 어떻게 본받을 것인가를 적용해 보고자 한다. 파이퍼는 독서를 하면서 한 단어나 한 문장이 자신에게 영향을 미친다고 말했다. 5부에서는 파이퍼 설교 연구에 대한 글을 마무리하면서 나의 마음에 파장을 일으켜 울림을 준 파이퍼의 말들을 중심으로 그의 설교에서 배울 수 있는 점들을 개인적 적용으로 다루고자 한다.

1장

목표 설정과 균형 잡기

하나님 자신을 설교의 목표로 삼기

설교하는 파이퍼의 눈빛과 손동작은 예사롭지 않고 가끔씩 요란스럽기도 하다. 그리고 그는 잘 흥분한다. 이는 파이퍼 스스로도 인정한 부분이다.[1] 그러나 이러한 동작과 감정표현은 그가 만난 하나님을 밖으로 표출한 것으로 볼 수 있다.

파이퍼의 설교를 듣고 읽고 그의 저서들을 탐독할 때 가장 중요한 것은 그가 만난 하나님의 영광을 우리도 경험하는 것이다. 파이퍼의 위대한 설교, 위대한 사상 그리고 위대한 영혼 뒤에 있는 위대하신 하나님을 우리도 만나야 한다.

우리는 파이퍼가 소유했던 하나님을 향한 갈망을 가졌는지 돌아봐야 한다. 파이퍼의 설교가 우리에게 주는 가장 강력한 도전은 하나님 자신을 추구하고 기뻐하는 것이다. 우리는 세상의 시시한 것들에게서 과감히 눈을 돌려 위대한 생각과 위대하신 하나님께 더욱 집중해야 한다. 파이퍼의 말을 직접 들어 보자.

만일 당신에게 하나님의 영광이 나타나기를 갈구하는 마음이 없다면, 그
것은 당신이 실컷 마시고 배불러서가 아니라 세상의 식탁에서 부스러기
를 주워 먹은 지 너무 오래되었기 때문이다. 당신의 영혼은 시시한 것들
로 가득 차 있어 위대한 것들이 들어설 자리가 없다. 하나님은 당신을 그
렇게 살라고 짓지 않으셨다. 당신에게는 하나님을 향한 욕구라는 것이
존재한다. 그 욕구를 흔들어 깨울 수 있다.[2]

하나님이야말로 설교의 필수적 주제입니다. … 그렇다고 실제 생활의 정
말 중요한 문제들, 이를 테면 부모의 자세나 이혼이나 에이즈나 폭식이
나 텔레비전이나 성생활에 대해 설교하지 말아야 한다는 뜻은 아닙니다.
제가 하고 싶은 말은 그 모든 주제가 하나님의 거룩한 임재라는 주제 안
에 곧장 흡수되어야 하고, 하나님을 지향하는 삶의 뿌리 내지는 경건의
뿌리에 맞닿아 있어야 한다는 것입니다.[3]

다시 강조하자면, 파이퍼의 설교와 그의 저서들을 연구할 때 우리는
성급하게 설교의 기술을 배우려고 해서는 안 된다. 그 무엇보다 파이퍼
를 통해 하나님을 더 잘 보고 더 기뻐하는 법을 배워야 한다. 하나님의
영광과 아름다움을 보고 만끽하기를 힘써야 한다. 로이드 존스가 에드
워즈의 작품을 읽을 때 강조한 말이 파이퍼를 연구하는 우리에게도 적
절하다.

하지만 무엇보다도, 설교자요 청중인 우리 모두는 이 사람을 읽고, 이 사

람이 가장 강조하는 것 – 하나님의 영광 – 을 붙잡도록 합시다. 우리가 가질 수 있는 어떤 이득에만 머물지 맙시다. 우리가 누릴 수 있는 가장 높은 경험에만 머물지 맙시다. 하나님의 영광을 더욱더 알도록 노력합시다. 우리는 하나님의 위대하심, 하나님의 주권을 알아야 하고, 경외와 두려움의 감정을 느껴야 합니다. 이 사실을 알고 계십니까? 우리 교회에 경이와 찬탄의 감정이 있습니까? 그것이 조나단 에드워즈가 항상 전달하려 했고, 창출하려 했던 특징입니다.[4]

설교자는 위대하신 하나님의 영광을 보고 기뻐하지 못한다면 강단의 결핍을 벗어날 수 없다. 파이퍼의 설교를 읽고 듣는 일에 충분한 시간을 투자한다면, 하나님을 설교하는 훌륭한 본보기를 보게 될 것이다. 파이퍼의 설교를 많이 듣고 자신의 설교에 적용한 예를 하나 들고 싶다. 2007-2012년에 걸쳐 매일 파이퍼의 설교를 1-2편을 들은 이정규 목사의 글을 인용하려 한다. 『하나님을 설교하라』의 추천사에서 그는 이렇게 말한다.

나는 존 파이퍼에게서 설교를 배웠다. 이것은 추천사를 쓰기 위한 과장이 아니다. 존 파이퍼가 운영하는 'Desiring God'에서 천 편이 넘는 그의 설교를 듣고, 곱씹고, 뜯어 보았다. 설교문의 구조와 수사, 강조점을 면밀하게 분석하기도 하고, 그의 몸짓과 억양을 눈여겨 보기도 했다. 실로 설교에 필요한 많은 부분들 – 주해, 내용 구성, 전달 방식 등 – 을 그로부터 배웠다. 그러나 이 모든 것은 시간이 지나며 잊히기도 하고, 다른 설교자들을 연구하며 대체되거나 보완되기도 했다. 하지만 그에게서 배운 것 가운데 절대로 대체할 수 없는 한 가지가 있는데, 바로 하나님이다. 그는 주위에서 흔히 볼 수 있는 미국식 실용주의적 설교자가 아니다. 주해로 한정하면, 그보다 나은 해석을 보여주는 설교자들도 많다. 하지만 "하나님의 존전 앞에 사람을 세우기 때문에 굳이 적용을 듣지 않아도 이미 배부르고 만족한" 느낌을 주는 설교자를 꼽는다면, 내가 알기로 존 파이퍼가 가장 탁월하다. 어떤 설교자든 이 책을 통해 설교의 엄위와 능력, 그리고 설교를 통해서 전달되어야 하는 하나님의 영광 앞에 서게 되기를 바란다. "목사님 설교가 더 좋아졌어요!"라는 말을 듣지는 않을 것이다. 오히려 "하나님 앞에 선 것 같았어요"라는 말을 듣게 될 것이다. 그리고 그것이 이 책을 통해 바라는 바다.[5]

솔직히 말해서 나는 이정규 목사처럼 파이퍼의 설교를 천 편이 넘게 듣지는 못했다. 아마 파이퍼의 설교에 대해서 그가 할 말이 더 많을 것이다. 이 책을 읽는 분들 중에서 파이퍼의 설교를 더 많이 접한 목회자도 있을 것이다. 이정규 목사가 말한 것처럼 파이퍼 외에 본받을 만한 설교자들은 많이 있다. 그러나 나도 분명히 말할 수 있는 것이 있다. 파이퍼의 설교를 읽고 들으면서 가장 선명하게 다가오는 것, 가장 가슴 뛰게 하는 것, 그리고 가장 갈망하게 만드는 것은 그의 주해와 설교 능력이 아니라 '하나님의 영광'이었다. 에드워즈가 파이퍼에게 점화원(點火原)이었듯이, 파이퍼의 설교와 글들은 고갈되어 가는 나에게 하나님의 영광을 위한 불꽃을 태워 주는 연료가 되고 있다. 그를 통해 지금도 모세가 하나님께 드렸던 "원하건대 주의 영광을 내게 보이소서"(출 33:18)라는 기도를 하고 있다.

섬세한 균형으로 설교하기

파이퍼의 뛰어난 장점은 놀라운 균형이다. 로이드 존스는 조나단 에드워즈가 완벽성과 균형을 갖춘 인물이라고 칭송한다. 무엇보다 차가운 지성과 뜨거운 감성이 가장 균형 있게 잡혀 있다고 강조한다. 파이퍼에게서도 이러한 탁월한 균형이 돋보인다. 그의 설교와 저서를 연구해 보면 균형에 대한 탁월성 일곱 가지를 찾을 수 있다.

1. 따뜻한 희열이 넘치는 진리의 강해

파이퍼의 설교의 균형을 논할 때, 가장 먼저 떠오르는 문구는 그의 책 제목 『강해의 희열』이다. 이 책뿐만 아니라 그는 『존 파이퍼의 성경과 하나님의 영광』과 『존 파이퍼의 초자연적 성경 읽기』에서도 이 단어를 끊임없이 강조한다. 강해의 희열은 그의 영적 스승 조나단 에드워즈와 로이드 존스에게서 유산을 이어받은 것이라 생각된다. 로이드 존스는 『설교와 설교자』에서 설교를 불붙은 논리요 불붙은 사람에게서 나오는 신학이라고 정의한다.[61]

파이퍼를 통해 성령님의 감동으로 주어지는 열정인 불이 '따뜻한 희열'로, 그리고 논리가 '진리의 강해'로 재해석된 것이다. 파이퍼는 강해의 희열을 '빛과 열'(light and heat), '머리와 가슴'(head and heart), 그리고 '지성과 감성'(intellect and affections)으로 표현한다. 그에게 설교는 청중들로 하여금 하나님의 임재를 경험하게 함으로써 지성과 감성 모두를 변화시켜 하나님을 예배하게 하는 것이다. 결국 지성과 감성의 변화는 자연스럽게 의지에 영향을 주게 되어 전인격적인 변화를 경험하게 된다. 조엘 비키는 이러한 설교를 설교자의 마음에서 청중의 마음을 향해 선포되는 '체험적인 개혁파 설교'(Reformed Experimental Preaching)라고 부른다. 그는 이렇게 말한다. "체험적인 개혁파 설교에서는 성경의 진리를 전함으로써 하나님의 영광이 우리의 영혼 깊숙이 비치게 한다. … 그 설교는 우리의 심령을 깨뜨리는 동시에 새롭게 빚어내며, 우리를 기쁨에 들뜨게 하는 동시에 겸허하게 만든다."[7]

우리는 균형을 잃어버린 채 지식 없는 열정이나 열기가 없는 빛만을 뿜어내는 설교를 할 때가 얼마나 많은가? 나는 로이드 존스를 통해서도 오래전에 이러한 균형에 대한 도전을 받았다. 그런데 파이퍼의 성경 해석과 설교는 특히 '희열' 또는 '기쁨'이라는 감성을 일깨워 주었다. 류응렬 목사는 설교자가 지니는 기쁨과 감격, 그리고 진리를 생명을 바쳐 전달하고자 하는 열정이야말로 한국교회 설교자들이 파이퍼에게서 배워야 할 가장 중요한 교훈이라고 강조한다.[8]

2. 성경에서 빛과 열을 경험: 로고스(Logos)와 파토스(Pathos)

강해의 희열을 누리기 위해서 파이퍼는 성경을 해석하는 가운데 빛과 열을 충분히 경험하고자 했다. 파이퍼는 탄탄한 성경 주해를 펼쳐 나간다. 그의 성경 주해 방법에서 이미 살펴보았듯이, 파이퍼는 '호 그리기'

라는 성경 연구 방법을 통해 본문의 명제들 사이의 관계와 논리적 흐름을 찾고자 했다. 파이퍼가 설립한 베들레헴 대학과 신학교에서는 학생들에게 성경 본문에서 사고의 흐름을 따라가도록 이 방법을 가르치고 있다. 바이블아크닷컴(app.biblearc.com)에 들어가면 성경 연구의 보고(寶庫)가 열릴 것이다. 여기에는 세 개의 과정이 개설되어 있다. '호 그리기'에는 초급, 중급, 고급 과정이 있다. 이 과정에 참여하면 강사로부터 도움을 받을 수 있고 팀으로 참여하여 토론도 할 수 있다. 그 외에도 본문의 논증을 추적하도록 돕는 '구문 분석'(Phrasing)과 주요 핵심 및 구조를 결정하는 기술인 '괄호 묶기'(Bracketing) 과정도 개설되어 있다.

이러한 독특한 성경 연구 방식은 철저한 주해 연습을 하도록 나를 도와주었다. 커버넌트신학교에서 원문 주해 과목을 듣는 중에 발견한 '호 그리기 열여덟 가지 논리적 관계들'은 내가 본문을 읽으면서 논리를 찾아가는 능력을 갖추는 데 큰 영향을 미쳤다. 영어로 진행되는 강의에 어려움을 가지는 목회자들에게는 파이퍼가 추천하는 두 권의 주해 연구서가 도움이 된다. 앤드류 나셀리가 쓴 『신약, 어떻게 해석할 것인가』 5장 "논증 도해"와 제이슨 S. 드루치가 쓴 『구약, 어떻게 해석할 것인가』 6장 "논증-추적"에서 호 그리기, 구문 분석과 괄호 묶기의 예들을 볼 수 있다. 개인적으로 공부하거나 그룹으로 연구하면 매우 유익할 것이다.

호 그리기와 더불어 파이퍼가 제공하는 또 하나의 성경 해석 길잡이는 '책을 보라'(Look at the Book)는 블로그이다. 호 그리기는 유료지만, 이것은 디자이어링 갓 웹사이트에서 파이퍼의 설교처럼 무료로 볼 수 있다. 이는 파이퍼와 함께하는 '대화식 성경 공부'라고 할 수 있다. 그렇기 때문에 파이퍼 특유의 논리를 가지고 본문을 분석하면서 질문을 던지는 법을 제대로 배울 수 있다. '호 그리기'는 다소 학문적이라면, '책을 보라'는 파이퍼가 논리적으로 어떻게 성경을 연구하는지 실례를 볼 수 있다. 그리고 성경 연구에 대한 엄청난 통찰력을 얻을 수 있다.

성경 책별로는 창세기(1회), 신명기(2회), 여호수아(1회), 역대하(2회), 욥기(31회), 시편(27회), 잠언(6회), 이사야(11회), 예레미야(1회), 예레미야 애가(2회), 미가(5회), 마태복음(25회), 마가복음(7회), 누가복음(18회), 요한복음(16회), 사도행전(10회), 로마서(65회), 고린도전서(11회), 고린도후서(11회), 갈라디아서(2024년 5월 현재 갈라디아서 진행 중), 에베소서(253회), 빌립보서(143회), 골로새서(110회), 데살로니가전서(90회), 데살로니가후서(52회), 디모데전서(1회), 디모데후서(18회), 디도서(4회), 히브리서(10회), 야고보서(7회), 베드로전서(109회), 베드로후서(1회), 요한일서(5회), 요한계시록(8회) 시리즈가 있다. 이 책별 성경 연구들은 34개의 주제로 분류할 수 있다.

파이퍼에게는 성경 주해가 결코 지루하거나 딱딱하지 않다. 본문의 논리성을 찾는 하나님의 말씀(logos)은 파이퍼에게 열정(pathos)을 꺼뜨리지 않고 오히려 불을 가져다주는 연료가 된다. 파이퍼는 이렇게 말한다.

성경을 읽거나, 조나단 에드워즈의 성경강해를 읽을 때면, 방금 읽은 것을 누군가에게 소리쳐 전하고 싶어집니다. 그래서 그것을 글로 쓰고, 트위터에 올리고, 블로그에 올리지요. 제가 그것을 보고, 그것을 설교하는 까닭은, 그것이 제 속에서 저를 살아나게 하기 때문이에요. 저는 성경을

읽을 때 살아납니다.[9]

이처럼 성경을 읽고 연구할 때 파이퍼는 살아나고 영광의 찬양이 터져 나오고 희열을 느끼며 마음이 뜨거워졌다. 그가 확신하는 진정한 설교는 성경에 기초한 설교가 아니라 성경으로 푹 잠긴 설교, 성경이 절로 배어 나오는 설교인 것이다.

파이퍼처럼 빛과 열을 경험하려면, 하나님의 말씀 앞에 오래 머물러 있어야 한다. 파이퍼는 나에게 이전보다 더 성경 앞에 오래 머무르며 푹 젖어 들라는 도전을 주었다. 강단에서 설교하기 전, 성경 주해 과정에서 성경이 열리고 마음속에 거룩한 흥분이 일어나고 열정과 기쁨이 솟아나서 성도들에게 말해 주고 싶을 정도가 되도록 몸부림을 치게 되었다. 예수님께서 성경을 풀어 주실 때에 마음이 뜨거웠던 것처럼(눅 24:32), 나도 성경 한 권을 들고 성경이 풀어지고 마음이 뜨거워지는 경험을 사모한다. 이렇게 본문이 열리는 경험이 없이는 강단에 서지 않겠다는 결심을 매주 하고 있다.

3. 설교할 때 빛과 열을 전달: 실체를 보게 하는 것

이처럼 설교자는 빛과 열을 경험한 후 설교 강단에 서게 된다. 그렇다면 설교하는 도중에 어떻게 청중들에게 강해의 희열을 전달할 수 있을까? 어떻게 그들도 진리를 알고 그 진리로 마음이 뜨거워질 수 있을까? 파이퍼는 이런 변화가 설교하는 중에 일어날 수 있다고 확신한다. "설교라는 독특한 소통 형태는 성경 말씀에 계시된 실체를 지적으로 강해하는 일이면서, 또한 설교자가 자신이 강해 중인 말씀에 느끼는 희열을 통해 그 실체의 가치를 구현하는 일이다."[10]

또한 파이퍼는 성경(text)에 계시된 실체(reality)를 제대로 알고 보여 줄 수 있다고 말한다. 다시 말하면 설교자는 청중들에게 본문을 그대로 보여 주고 그들을 본문으로 데려가 실체를 보여 줄 수 있다. 파이퍼가 베들레헴신학교에서 주해 과정을 가르칠 때, 그의 강의를 듣던 학생들이 거룩한 감정에 북받쳐 송영을 불렀다. 파이퍼가 설교할 때도 사용하는 특유의 몸짓과 청중들을 보는 시선은 설교에 빠져들게 하는 힘이 있다. 그것이 바로 설교 전달에 있어 파이퍼가 가지고 있는 강력한 열정이다. 파이퍼는 본문 속에서 실체가 빛날 수 있는 탁월한 방법에 대해 욥기 설교를 예로 들어 보여 준다.

고대 문헌에서 가르치는 관념의 수준으로 남겨두면 안 된다. 지금까지 해 왔듯이 본문에 치열하게 주목해야 한다. 고난과 하나님의 주권이라는 실체(이 교회와 나라의 그 실체) 속으로 뚫고 들어갈 때까지 밀어붙여야 한다. 충분한 사례와 예화를 통해 이 모두를 청중의 삶과 가정과 마음에 접목시켜야 한다. … 하나님의 주권을 마치 신학적 개념이나 본문의 추론에 불과한 듯 말해서는 안 된다. 당신의 태도 전체에서 하나님의 선하심과 지혜와 절대 주권에 대한 인격적 희열이 아프고도 기쁘게 배어 나와야 한다. 청중 개인이나 국가적 차원의 고통을 가볍게 대해서는 안 된다. 대신 삶이 온통 무너져 내릴 때 하나님의 선하심과 은혜와 주권만이 도움과 의미와 희망이라는 사실을 기뻐해야 한다.[11]

청중들의 마음에 열정을 불러일으키는 또 하나의 강력한 무기는 그들에게 질문을 던지는 것이다. 파이퍼는 설교를 시작하면서 질문을 던지기도 한다. 그리고 본론 설명에서도 청중들에게 자주 질문한다. 그렇게 할 때 청중들은 진리를 생각하면서 설교자의 논리를 따라오게 된다. 그리고 파이퍼는 질문에 답을 한다. 이때 설교자가 품은 강해의 희열이 청중들에게 전달된다. "목사가 청중의 질문을 대신 던진 뒤 탄탄한 논리력을 구사하여 본문 말씀 자체로 답해 주면 그들은 깊은 만족을 얻는다."[12]

파이퍼의 질문 방식은 청중들로 하여금 본문이 무엇을 의미하는지 궁금하게 만들고, 본문이 의미하는 것에 관심을 두게 만든다. 파이퍼는 특히 언뜻 이해하기 어려운 본문을 대할 때 질문을 던진다. "이게 무슨 뜻일까요? 이 두 가지 생각이 어떻게 서로 연결될까요?" 파이퍼의 말을 직접 들어 보자.

> 질문하십시오. 생각하십시오. 곱씹으십시오. … 우리는 성경 본문에서 난해한 문제를 발견하고 그 문제가 어떻게 해결될 수 있을지를 열심히 생각하는 것은 불경스러운 게 아니라는 점을 양떼에게 가르쳐야 합니다. 설교를 통해 매주 이러한 본을 보여야 합니다. … 우리가 진리에 관심이 있다면 본문을 가차없이 탐구하고, 읽은 것을 놓고 겸손하게 고민하는 습관을 길러야 합니다. … 모든 문제에 대한 심오하고 놀라운 해답이 있습니다. 우리가 이생에서 그 해답을 보든 보지 못하든 간에 말입니다. 하나님은 우리를 영원한 발견의 세계로 부르셨으며, 따라서 우리는 앞으로

아침마다 새로운 찬송을 부르며 눈을 뜰 것입니다.[13]

당신이 선포하는 실체가 하나님의 말씀에서 왔다고 주장하려면, 그 주장의 근거인 성경의 실제 어구를 가능한 정도만큼이라도 청중에게 보여 주라. 성경의 활용 형태에 따라 방식은 상황마다 다를 수 있지만, 반드시 보여 주어야 한다. 메시지의 권위가 우리 자신에게 있지 않고 하나님의 말씀에 있기 때문이다. … 청중이 보아야 한다는 내 말은 당신이 청중에게 보여 주어야 한다는 뜻이다. … 당신의 통찰과 기쁨을 입증해 주는 바로 그 단어를 당신이 그들에게 보여 주어야 한다.

… 청중을 본문으로 데려가 "그러므로"라는 단어를 짚어 주라. 그 단어가 보이느냐고 물어보라. "그러므로"가 무슨 뜻인지 아느냐고 물어보라. … 당신을 놀라게 한 사실을 그들도 보고 놀라려면, 지혜롭고 참을성 있는 도움이 필요하다. 이 놀라운 진리를 그들에게 보여 주라. 당신이 보여 주라. 이것이 강해다. … 지루하지 않다! 하나님의 백성은 이런 것을 보기를 좋아한다. 그러므로 본문에 있는 내용과 그것이 본문에 있다는 사실을 말할 뿐만 아니라 그게 본문에 있음과 어떻게 그런지를 청중에게 보여 주라.

… 설교 중에 당신이 좋은 질문을 던지고 답하는 모본을 보이는 일은 엄청나게 중요하다. 본문을 연구할 때 당신이 의문을 품었던 부분이라면 청중도 속으로 다 묻게 마련이다. … 목사가 청중의 질문을 대신 던진 뒤 탄탄한 논리력을 구사하여 본문 말씀 자체로 답해 주면 그들은 깊은 만족을 얻는다. 당연한 일이다. 하나님이 그들에게 지성을 주셨다.[14]

나는 파이퍼의 방식을 자주 사용하고 있다. 설교 도중 본문을 읽으면서 중요한 접속사나 설교의 주제를 보여 주는 단어가 있을 때, 자주 질문을 던진다. 예를 들면, "폭풍이 치는 바다에서 왜 예수님은 주무시고 계셨을까요? 예수님을 깨웠던 제자들에게 예수님은 무엇이 작다라고 질문하셨습니까? 당신들은 나를 해하려 하였으나 하나님은 그것을 선으로 바꾸셨습니다. 여기서 한글 번역에 명확하지 않은 '그러나'를 잘 보셔야 합니다. 그러나 하나님은!" 이렇게 하면 청중들이 본문을 다시 보거나 생각하게 된다.

청중들은 설교자의 눈을 보면서 동시에 성경 본문을 본다. 설교자를 통해 전해지는 말씀 안으로 청중들이 빨려 들어가게 된다. 설교자가 경험했던 빛이 청중들의 머리(지성)에 밝게 비취게 된다. 그리고 설교자가 경험했던 열이 청중들의 마음(감정)을 뜨겁게 한다. 여기에 설교자 자신의 자연스러운 스타일로 열정이 드러난다. 설교자가 강단에 섰을 때 성령께서 더 많은 빛과 열을 부어 주실 때가 있다. 설교자가 성경과 종이에 기록된 설교문을 들고 하나님과 영혼들 앞에 서는 것, 이 얼마나 긴장되고 영광스러운 시간인가? 설교자는 자연히 비상한 능력이 임하여 영혼들을 뚫고 들어가는 신비로운 역사가 일어나기를 기대하게 된다.

4. 성경신학과 조직신학의 유기적 연결

그렉 길버트는 성경 본문에 복음으로 향하는 두 가지의 길이 있다고 말한다. 하나는 성경신학이고 또 하나는 조직신학이다.[15] 그는 이렇게 강조한다.

어떤 본문이라도 당신은 그 서사의 강으로 걸어가기만 하면 매우 빠르게 십자가를 향해 휩쓸려 갈 수 있다. … 설교 때마다 이 줄거리를 언급한다고 할지라도, 때로는 복음에 이르는 다른 길을 제시할 필요가 있다. 바로 이 때 조직 신학이 개입한다. 성경 내내 찾기 쉬운 분명한 주제들이 있다. 죄, 은혜, 희생제물, 구원 등인데 이 주제들은 성경 모든 이야기의 기본 주제를 형성한다. 그리고 이러한 모든 주제들은 예수님의 죽음과 부활에서 가장 강렬하게 표출된다. 따라서 당신이 구약을 설교할 때면 이러한 주제 중 한 개 이상을 찾아서 십자가에 강렬하게 집중하라.[16]

파이퍼는 두 가지의 길(성경신학과 조직신학)을 탁월하게 연결하고 있다. 그는 뮌헨대학교에서 신약학으로 박사학위를 받았다. 앞에서 살펴본 파이퍼의 성경 주해 방법은 성경신학자로서의 뛰어난 면모를 잘 보여 준다. 또한 그가 책별로 강해를 할 때 각 권의 상황이 전체 성경에서 어떤 위치를 차지하고 있는지를 충분히 인지하고 있다. 한마디로 말하면 파이퍼는 본문에 충실하게 설교하고 있다. 그는 성경에 기초해서 성경에 흠뻑 적셔진 채 창세기부터 요한계시록까지 하나의 줄거리를 잘 풀어 간다. 파이퍼는 성경을 더욱 깊이 파기 위해 치밀하게 어구를 분석하고 본문으로 청중들이 들어가도록 한다. 『강해의 희열』의 5부, "성경을 더욱 깊이 파라"가 성경신학적 설교의 예를 잘 보여 준다.

파이퍼는 성경신학과 더불어 탁월한 조직신학을 설교에 접목시키고 있다. 『강해의 희열』 6부 "전체를 관통하는 '핵심 실체'를 설교하라"와 7부 "신약 시대에 하는 구약 설교"에서 이 부분을 다루고 있다. 파이퍼는 그리스도 중심의 설교 즉 하나님의 은혜 중심의 설교를 추구하고 있다. 그는 도덕적("무조건 행하라")이고 환원주의적인 교리적 설교("당신은 할 수 없으나 그리스도께서 다 이루셨으니 의를 누리라")를 피하라고 한다. 그러면서 그는 신구약 모든 설교 본문에서 세 가지 질문을 반드시 던져야 한다고 한다.[17]

질문: 설교 본문에서 성경 기자의 궁극적 목표는 무엇인가?
답: '하나님의 영광'을 설교하라. 하나님의 영광을 명확히 보고 사랑하게 설교하라.

질문: 설교 본문은 예수 그리스도 및 그분의 구원 사역과 어떤 관계가 있는가?
답: '십자가의 그리스도'를 설교하라. 십자가가 삶의 현장으로 이어지게 하라.

질문: 멸망이 아닌 최종 구원으로 인도하는 생활 방식은 무엇인가?
답: '믿음의 순종'을 설교하라. 기쁨과 사랑과 영생을 추구하게 설교하라.

파이퍼는 뛰어난 성경신학자인 동시에 탁월한 조직신학자다. 그는 이 두 가지의 길을 유기적으로 엮어 결국 복음을 설교하고 있다. 특히 조나단 에드워즈를 통한 하나님 중심의 신학인 기독교 희락주의가 모든 설교의 뿌리라고 볼 수 있다. 박현신 교수는 파이퍼의 성경신학적 주해와 교리와 더불어 그것에 근거한 적실한 적용이 탁월하다고 평가하고 있다. 그는 파이퍼가 '충실한 성경신학적 주해, 견실한 조직신학적 교리, 적실한 적용'을 상당히 유기적으로 엮어 균형 잡힌 목회적 설교를 한다고 강조한다.18)

실제로 파이퍼의 설교 세계를 들여다보면 전통적인 책별 강해 설교, 교리적 강해 설교, 주제별 시리즈 강해 설교, 주제 설교 등을 적절히 활용하고 있다. 또한 적용의 범주가 개인과 영적 생활의 차원을 넘어 지역 교회 공동체, 가정과 사회, 국가, 다민족, 종교적 차원의 주요 이슈들을 시의적절하고 담대하게 제시하고 있다. 박현신 교수는 이러한 점들을 분석한 후, 파이퍼를 선지자적 설교자(prophetic preacher)의 유형으로 평가한다. 설교의 깊이와 넓이를 키우기 위해서 설교자는 반드시 충실한 성경신학과 견고한 조직신학적 바탕을 다져야 한다.

5. 초자연적인 성령님의 역사와 설교자의 수고

하나님의 말씀에 대한 3부작 중에서 『존 파이퍼의 초자연적 성경 읽기』와 『강해의 희열』에서 파이퍼가 강조하는 것은 성령님의 역할과 설교자의 역할이다. 파이퍼는 성경 읽기에 설교자의 '자연적 행위'로 이루어지는 초자연적인 성령님의 역사가 있어야 한다고 강조한다. 설교자는 연약한 인간에 불과하다. 따라서 하나님이 주신 지성을 활용하여 본문과 씨름해야 한다. 그러나 이것만으로는 말씀을 제대로 깨달을 수 없다. 성령님의 초자연적인 도우심이 반드시 필요하다. 이와같이 파이퍼는 성경 연구나 설교가 '성령님이 하시는 일'인 동시에 '사람이 하는 일'이라고 강조한다. 그는 설교 역시 삶을 바꾸는 성령님의 초자연적인 기적이라고 말한다. 성령님의 인도하심을 받고 성령으로 행하고 성령으로 열매를 맺고자 하는 설교자를 통해 하나님의 은혜가 드러난다.[19] 파이퍼에게 설교는 성령님 안에서 믿음으로만 할 수 있는 일이다. 그러면서 파이퍼는, 설교자는 자연적 능력으로 설교한다고 말한다. 설교자는 '명쾌한 사고'와 '논리적 일관성'을 갖추어야 하고, '창의적 언변'에 힘써야 한다.

파이퍼는 설교하기 직전에 예배당 맨 앞줄에서 APTAT기도를 드린다. 이 방법은 앞에서 살펴본대로 파이퍼가 성경을 연구할 때도 사용하고 있다. 간략하게 정리하면 아래와 같다.

파이퍼는 설교하기 직전에 세 가지를 기도한다.

Admit (저의 약함을 인정합니다. 하나님이여 나를 도우소서)
Pray (하나님, 저를 도와주십시오. 저를 겸손하게 하시고, 생각과 표현을 명료하게 하시고, 진리를 말할 때 기뻐하게 하시고, 본문의 진지함과 기쁨에 맞는 사랑을 주시고, 영혼을 사랑하는 마음을 주옵소서)
Trust (하나님이 도우신다는 약속을 믿습니다)

이어서 설교를 하러 강단으로 갈 때 이렇게 기도한다.

Act (하나님의 약속들을 믿고 하나님이 공급하시는 힘으로 설교하겠습니다. 이때 파이퍼는 조나단 에드워즈의 말을 되뇌인다. "하나님도 전부를 하시고 우리도 전부를 한다. 하나님은 다 이루시고 우리는 다 행한다. … 각기 다른 의미에서 우리는 완전히 수동적이면서 완전히 능동적이다")

설교를 마친 후 강단에서 물러나고 축도를 한 후, 성도들과 대화를 할 때, 집으로 걸어갈 때, 마지막 기도를 드린다.

Thank (주님, 감사합니다! 감사합니다. 메시지를 완전히 망치지는 않았습니다. 하나님이 주시는 자유와 은혜를 누렸습니다. 설교하는 도중에도 본문의 새로운 내용이 보였습니다. 몇몇 사람이 은혜를 받았다고 말해 주었습니다. 주님, 감사합니다)[20]

설교자는 충분한 시간을 가지고 기도하면서 본문과 씨름해야 한다. 본문을 연구하는 데에는 그야말로 엄청난 지적인 노력이 필요하다. 설교자가 엄청난 지적 수고를 하여도 성경을 연구하는 것은 지적 산물일 뿐만 아니라 성령님의 도우심 없이는 불가능하다. 나는 설교 준비를 하면서 어느 청교도의 고백처럼 "주여, 더 많은 빛을 주소서. 더 많은 빛을 주소서."라는 기도를 드리고 있다. 설교 준비를 마치고 강단에 설 때는 어떤가? 반복해서 읽고 표시를 해 둔 설교 원고가 설교를 설교 되게 할 수 있는가?

주일 예배 시간에 나는 사회자, 기도자와 함께 강단에 올라간다. 예배당으로 들어오는 성도들을 보면 양들을 향한 사랑에 눈물이 날 때도 있다. 말씀을 잘 전해야 한다는 거룩한 압박을 느끼기도 한다. 그때 강단에 앉아서 파이퍼가 가르쳐준 "아프탓!"(APTAT)을 실행한다. 가장 유익한 것은, 강단에서 잡생각이나 염려 등을 날려 버리고 하나님께 집중할 수 있다는 것이다. 반복하다 보니 습관이 되면서, 설교 도중에도 기도하는 자신을 발견하게 되었다. "성령님, 나를 도우소서." 그리고 설교를 마친 후에 감사하는 고백이 나오면서 마음에 놀라운 자유함을 누리게 되었다.

설교자는 설교를 마친 후 흡족한 마음이 들 때도 있지만, 많은 경우 영적 양식을 제대로 공급하지 못했다는 죄송함이 몰려오기도 한다. 말하지 말았어야 했지만 말한 적도 있고, 반대로 말해야 했는데 놓친 경우도 있다. 예배를 마치고 예배당을 나가는 성도들 중 은혜를 받았다고 말하는 분도 있다. 그럴 때는 격려가 된다. 그러나 아무 말도 없이 지나가는 성도들을 보면 마음이 씁쓸해진다. 그럴 때도 감사기도를 빠뜨려서는 안 된다. "주님, 저 같은 사람을 위대한 일에 사용해 주시니 감사합니다." 마크 데버는 설교를 마칠 때마다 감사해야 할 이유를 지혜롭게 말해 준다.

우리가 아무리 즉각적인 만족을 갈망하는 존재라 할지라도 중요한 것은 신속한 반응이 아니다. 목회는 수많은 설교로 이루어진 것이기에 사실 설교는 대부분 3루타나 홈런이 아닌 단타로 그친다. 하지만 그것도 괜찮다. 주님이 당신에게 단타를 연타로 칠 수 있게 하시면 그것도 순전히 그분의 은혜이며, 당신의 회중도 그로 인해 유익을 누리고 성장하게 될 것이다. 단타를 연속으로 쳐도 점수는 난다. 따라서 한동안 홈런을 치지 못했다고 해서 걱정하지 말라. 또 오늘 홈런을 쳤다고 우쭐대지 말라! 어쨌든 집에 가서 쉬라. 그리고 그분의 백성을 가르치고 격려할 수 있도록 은혜를 베푸신 하나님께 감사하라. 잠시 쉬었다가 다시 다음주를 위해서 모든 과정을 다시 시작하라. 우리 하나님은 좋으신 하나님이셔서 자신의 말씀을 전하는 자들에게 매주, 매설교마다 은혜와 힘과 통찰력을 주실 것이다.[21]

솔직히 매 주일 홈런을 치고 싶지 않은 설교자가 누가 있겠는가? 그러나 하나님의 은혜가 없이는 홈런은커녕 단타조차 칠 수 없다. 그러기에 기습번트라도 대어 1루를 밟는 것도 은혜가 아니겠는가? 헛스윙만 하다가 한 번씩 홈런을 날리는 것보다 꾸준하게 1-2루타라도 치는 것이 훨씬 낫다. 초자연적인 성령님의 역사, 그 은혜가 없이는 정말 아무것도 할 수 없다. 과분한 은혜에 감사할 뿐이다.

6. 말씀과 기도가 함께 일으키는 불길

앞에서 살펴보았듯이, 파이퍼의 성경 연구와 설교에 있어 말씀과 기도의 균형은 정말 놀랍다. 설교자는 자신의 영적 상태를 잘 살펴야 한다. 또한 설교자는 말씀의 사람이어야 하고 기도의 사람이어야 한다. 성경 연구나 설교 준비에 열심을 내다 보면 상대적으로 기도를 게을리할 수 있다. 반대로 기도를 많이 하면서 성경 연구를 등한시하는 경우도 있다. 1부 2장 '하나님을 추구하는 경건의 삶'에서 살펴보았지만, 파이퍼는 말씀과 기도를 따로 떼어서 생각하지 않았다. 파이퍼는 그야말로 말씀에 푹 젖어 있는 삶을 살았고, 항상 말씀으로 기도했다.

파이퍼의 설교 준비를 연구하면서 마음에 끊임없이 요동치는 것 중 하나가 '말씀으로 기도하라'는 것이었다. 파이퍼는 기도를 제1원인과 제2원인을 결합하는 것이라고 보았다. 기도는 우리의 가는 전선을 번갯불에 연결하는 것이라고 했다.[22]

다시 말하면, 하나님과 우리를 연결하는 강력한 도구가 바로 기도다. 파이퍼는 기도하는 일을 기쁨으로 여겼다. "기도가 하나님의 기쁨이 되는 것은, 기도를 통해 우리가 얼마나 가난한지, 그래서 하나님의 은혜는 얼마나 풍성한지가 드러나서다. 기도는 하나님의 영광의 부요함을 더 높이고, 인간 영혼의 갈망을 채워주는 놀라운 거래다. 그러므로 하나님은 정직한 자의 기도를 기뻐하신다."[23] 파이퍼는 기도의 사람이다. 그의 설교에는 하나님을 향한 목마름과 간절하고도 오랜 기도가 녹아 있다.

파이퍼는 목회자의 기도 생활을 저해하는 가장 큰 장애물이 세상적인 것이 아니라 '목회자의 사역'(예산 집행, 직원 회의, 심방, 상담, 메일 답장, 보고서 작성, 잡지 읽기, 전화 통화 등)이라고 강조한다.[24] 심지어 그는 설교 준비도 기도 생활을 위협할 수 있다고 한다. 파이퍼는 목회자의 사역을 신성한 대체물(Sacred Substitutes)이라고 한다. 매주 돌아오는 설교를 위해 설교문을 작성하는 것은 신성한 일이다. 성도들을 상담하고 심방하는 것도 신성한 일이다. 그러나 이런 사역으로 인해 기도 생활이 힘을 잃어 갈 수 있다. 상당한 고독을 요구하지만 집중적이고 구별된 기도가 설교자에게 배어 있지 않다면, 설교는 이내 시들어 버려 열매를 맺지 못할 것이다.

사역에 바쁘다 보면, 심지어 설교 준비할 때도 기도 생활이 무뎌지는 것을 경험하곤 한다. 가장 먼저 사라지는 것이 기도다. 말씀을 읽고 기도하는 시간을 가지기 위해 필사적으로 몸부림쳐야 한다. 파이퍼의 이런 도전은, 나의 기도 생활에 큰 변화를 주었다. 이제는 말씀을 묵상하면서 바로 기도로 들어가는 기쁨을 맛보고 있다. "기도와 문법이 만나 큰 영적 불길이 일어날 날이 오기를 기도해야 합니다."[25]라는 파이퍼의 외침을 마음에 새기고 본문과 씨름하고 있다. 그리고 목회 일정을 안배하는 지혜를 가져다 두었다. 파이퍼에게 큰 영향을 준 기도의 성자 이엠 바운즈의 외침을 항상 마음에 새겨야 할 것이다.

다도다능(多禱多能), 소도소능(小禱小能), 무도무능(無禱無能)
Much Prayer Much Power, Little Prayer Little Power, No Prayer No Power.

7. 피 끓는 진지함과 넘치는 기쁨

사람이 피가 끓듯이 진지하면서 동시에 기뻐할 수 있을까? 나는 파이퍼를 만나기 전에 지나치게 진지한 사람이었다. 대학생 시절에 한 친구가 죄로 인해 고뇌하고 있던 나에게 "네가 세상 죄를 지고 가는 하나님의 어린양이냐?"라고 비아냥거릴 정도였다. 신대원에 들어가면서 접하게 된 세 권의 책이 나를 놀랍게 변화시켰다. 존 오웬의 『죄와 유혹』, 리차드 십스의 『꺼져 가는 심지와 상한 갈대의 회복』과 로이드 존스의 『산상설교』를 통해 복음이 주는 회복과 기쁨을 맛보았다.

이후에 파이퍼의 『하나님을 기뻐하라』를 만나면서 조나단 에드워즈와 연결된 그의 기독교 희락주의는 진지함과 기쁨의 조화가 충분히 가능함을 알게 해 주었다. 그야말로 사고의 막힌 혈을 확실하게 뚫어 주었다. 파이퍼가 추구하고 만났던 하나님 자신이 진지하시고 행복하신 분이셨다. 나아가 복음의 긴박성, 구령의 열정, 그리고 이들의 영혼을 향해 선포하는 설교의 중대성을 알게 해 주었다. 그러하기에 진리에 대한 피 끓는 열정이 필요한 것이다. 동시에 설교자에게는 불멸의 영혼이 설교를 통해 예수님께로 돌아올 수 있다는 기쁨, 성도들이 하나님의 영광을 맛보고 찬양하는 것을 기대하는 즐거움이 공존한다.

　나는 본문을 연구하면서 스스로에게 이런 질문을 던진다. "기뻐하라는 말씀을 전하면서, 설교자의 마음과 표정이 굳어 있다면 어떻게 성도들에게 바른 진리가 전해질 수 있겠는가? 잃어버린 영혼들을 위해 울어야 한다고 말하면서도 설교자의 마음이 냉담하다면 성도들은 그 설교를 어떻게 받아들일까?" 진리가 주는 무게로 인한 진지함, 그리고 진리가 빚어 주는 거룩한 기쁨! 이 두 가지의 균형은 강단에 설 때의 얼굴과 몸짓에도 영향을 주었다. 청중들을 쓸데없이 긴장시키는 진지함이 아니라, 진리의 내용에 따라 자연스럽게 진지함과 기쁨과 확신과 자유함을 조금씩 표출할 수 있게 되었다.

2장
열정 개발과 훈련의 중요성

진정성 있는 열정 개발하기

파이퍼는 열정적인 설교자다. 류응렬 목사는 로이드 존스의 불붙은 논리를 강단에서 가장 실감 나게 보여 주는 설교자가 파이퍼라고 평가한다. 나아가 파이퍼의 설교는 이 시대의 조나단 에드워즈의 설교처럼 들려온다고 말한다.[1] 나는 베들레헴침례교회에서 파이퍼가 설교하는 장면을 직접 보았다. 그의 질서정연한 논리는 열정적인 목소리와 적절한 몸짓으로 복음의 영광을 잘 표현하고 있었다. 아주 능숙하고 진지하고 기뻐하는 탁월한 설교자의 모습에 나는 깊은 감동을 받았다. 솔직히 그런 설교를 처음 접했다.

파이퍼의 열정을 잘 보여 주는 사례는 2016년 5월 5일에 로마서 8장 17절을 설교하던 중 발생한 일이다. 그는 청중들에게 고난 중에도 예수님을 최고의 보배로 삼으라고 말하면서 자신의 팔을 심하게 비틀었다. 그때 파이퍼는 자신의 얼굴을 강하게 때려서 앞니가 두 개 이상이 빠지는 부상을 입었다. 파이퍼는 응급치료를 하지 않은 채 빠진 이빨을 손에

뱉어 설교 노트 옆 강단에 두고 열정적으로 설교를 마쳤다. 그 장면을 본 디자이어링 갓 스텝 토니 레인케는 의미심장한 말을 남겼다.

> 잔인한 장면이었지만 이상하게도 '그리스도와 함께하는 고난'에 대해 설교하던 존의 입에서 피가 쏟아지는 장면은 설교를 더욱 강력하게 만들었습니다. … 저는 파이퍼의 고난 속에서 하나님이 영광을 받으셨다고 말하고 싶습니다. … 그는 확실히 잃어버린 치아를 낭비하지 않았습니다.[2]

그러나 그의 뜨거운 열정은 종종 격렬하게 보일 때도 있다. 베들레헴 침례교회에서 목회하는 동안 15년간 열렬한 팬이었던 여성도 챠 랜섬이 파이퍼에게 이렇게 말했다고 한다. "저는 초창기 존 파이퍼를 좋아했어요. 소리 지르는 사람이 아니라 선생님이요."[3] 이렇게 오랫동안 파이퍼의 설교를 들었던 성도조차 그의 열정적인 외침이 귀에 거슬릴 정도였으니, 적지 않은 사람들에게 파이퍼의 감정 표현이 거슬렸을 것이다.

1. 파이퍼에게 영향을 준 '열정의 모델' 조나단 에드워즈의 정신, 조지 윗필드의 웅변

나는 파이퍼의 열정이 과장되었다고 생각하지 않는다. 파이퍼는 탁월하게 지성과 감성의 균형을 이루었던 조나단 에드워즈를 우리 시대에 잘 보여 주고 있다고 생각한다. 파이퍼는 대각성 운동에 불을 붙인 에드워즈의 설교를 추적하면서 조지 윗필드와 비교한다.[4] 조지 윗필드는 극적인 웅변가였으나, 에드워즈는 전형적인 원고 설교자였다. 대개 처음부터 끝까지 완벽하게 작성해서 감정을 섞지 않고 그대로 읽어 내려가는 식으로 설교했다. 파이퍼는 질문을 던진다. "그렇다면 대체 어디서 그런 능력이 나왔을까요?" 그는 에드워즈의 회고담을 수집한 세레노 드와이트에게서 실마리를 찾았다.

그가 설교자로 크게 성공할 수 있었던 … 한 가지 적극적인 이유는 그의 정신에 깊이 스며든 엄숙함에 있었다. 그는 항상 하나님의 임재를 엄숙하게 인식했다. 이 점이 그의 표정과 태도에 여실히 드러났다. 이것이야말로 설교단에 오르기까지 모든 준비 과정에 영향을 끼친 지배적인 요인이었음이 분명하다. 이 점은 모든 공적 예배에도 잘 드러났으며, 청중에게 즉각적이면서도 거부할 수 없는 영향을 끼쳤다.[5]

세레노 드와이트는 에드워즈의 설교를 직접 들은 적이 있는 한 사람에게 에드워즈가 웅변력 있는 유창한 설교자였는지를 물었다. 그 사람의 대답은 이러했다.

목사님은 목소리에 인위적인 변화를 주지 않았고 힘주어 말하는 법도 없었습니다. 몸짓도 거의 하지 않았고, 심지어 움직이지도 않았지요. 사람들의 취향을 맞추고 마음을 사로잡기 위해 본인의 모습을 아름답게 가꾸거나 옷을 멋지게 차려입는 경우도 없었습니다. 하지만 사람들이 말하는 웅변력이 '온 영혼을 설교의 모든 내용 및 전달 방식에 쏟아붓는 감정의 강렬함과 논증의 압도적인 무게로 중요한 진리를 청중에게 제시하는 능력이 있어서 청중 전체의 주의를 엄숙하게 집중시키며 결코 지울 수 없는 깊은 인상을 남기는 것'을 의미한다면, 에드워즈 목사님이야말로 제가 들어 본 설교자 중에 가장 웅변력있는 설교자라 할 수 있습니다.[6]

파이퍼는 에드워즈의 강렬함, 논증의 무게, 엄숙하게 깊이 배어 있는 정신, 경건의 능력에서 풍기는 향취, 영혼의 열정, 하나님을 향한 열심을 통해 설교의 진지함과 즐거움을 배웠다. 여기서 주목해야 할 점은, 에드워즈와 파이퍼가 열정을 드러내는 방식이 너무 다르다는 것이다. 파이퍼의 열정적인 몸부림과 웅변력은 오히려 조지 윗필드와 가깝다고 볼 수 있다. 윗필드의 설교를 직접 들은 조나단 에드워즈는 그의 웅변에는 신적인 것과 인간적인 것이 섞여 있기에 주의해야 한다고 염려했다.[7] 그가 '메소포타미아'라는 말만 해도 청중들이 울었다는 유명한 일화가 있다. 많은 사람은 윗필드의 설교를 연기라고 혹평하기도 했다. 그러나 파이퍼는 윗필드의 웅변을 상당히 긍정적으로 보고 있다. 이정규 목사는 파이퍼가 윗필드를 변호하면서 자신의 설교를 변호하는 듯한 뉘앙스를 풍긴다고 말한다.[8] 상당히 설득력 있는 말이라고 생각된다. 파이퍼는 윗필드가 천성적으로 타고난 웅변력을 가지고 있었다고 말한다.

나는 윗필드가 설교할 때 "연기하고 있었다"(acting)는 것을 의심하지 않는다. … 그렇다면 질문은 이것이다. 왜 윗필드는 "연기를 했는가?" 왜 그에게 몸짓과 극적인 연출이 그렇게 많았는가? … 만일 윗필드에게 "당신은 왜 그런 방식으로 설교하십니까?"라고 묻는다면, 아마도 그는 "제가 성경에서 읽은 것이 실재(real)하는 것임을 믿기 때문입니다"라고 대답할 것이다. 따라서 나는 감히 이렇게 주장하겠다. 윗필드는 시선을 끌려는 자기애(egotistical love of attention)에 빠져 억눌려 있는 배우가 아니다. 오히려 그가 의식적으로 배우처럼 연기하려고 한 것은 궁극적으로 실재하는 것을 그가 보았기 때문이다. 그의 웅변 행위는, 즉 그의 시적인 노력(poetic effort)은, 하나님의 계시와 능력의 자리를 차지하는 게 아니라 오히려 그것들을 섬기는 역할을 한다. … 이것은 억눌린 연기가 아니었다. 자유로운 연기(a released acting)였다. 상상에 도움이 되라는 연기가 아니라, 실재를 위한 상상력을 불러일으키는 연기(imaginative acting in the service of reality)였다. … 윗필드의 연기가, 즉 열정적이고 활력이 넘치며 온 영혼을 바친 설교 행위가, 윗필드의 거듭남의 열매임을 뜻한다.

… 윗필드는 새로운 본성을 가졌다. 그는 거듭나게 되었다. 그리고 이 새로운 본성은 실재하는 것을 그가 볼 수 있게 했다. 그리고 윗필드가 자신의 영혼 가운데 의식한 것은 자신이 실재하는 것을 상상인 것처럼 말하지 않으리라는 것, 입만 번지르르한 설교자는 되지 않으리라는 것이었다. … 나는 하나님이 자연적인 그릇을 사용해 초자연적인 실재를 나타내심을 부인하지 않는다.

… 하나님은 윗필드의 무가치함뿐 아니라 그의 열정적인 웅변, 천성적인 연기 재능, 시적인 노력(poetic effort)도 하나님의 은혜를 높이는 데 사용하실 것이었다. 그 자체로도 불완전한 것인데다 결함이 있는 동기들로 오염되었음이 확실한 이것도 하나님은 구원의 초자연적인 사역의 도구로 사용하셨다.[91]

파이퍼는 하나님이 윗필드라는 자연적이고 결함이 많은 그릇을 통해 초자연적인 역사를 일으키셨다고 확신한다. 그가 윗필드에게서 공감하는 분명한 부분은 윗필드가 성경에서 '실재'(reality)를 보았다는 것과 설교하면서 자신의 천성적인 연기 재능을 통해 '실재를 나타냈다.'라는 것이다. 파이퍼는 윗필드의 설교가 그토록 강렬하고 열정적인 이유를 그가 실재에 압도당했기 때문이라고 강조한다.

[그는] 성경에 능통했고, 은혜의 교리의 위대한 진리로 달아 올랐으며, 자아에 대해 죽었고, 수고와 고난을 기꺼이 받았고, 사람들의 칭찬에 무관심했고, 죄 때문에 깨어지고, 하나님의 위대함과 위엄과 거룩함에 대한 감각으로 지배받았습니다. … 설교는 대화가 아닙니다. 설교는 토론이 아닙니다. 설교는 종교적인 것에 대한 일상적인 대화도 아닙니다. 설교는 단순히 가르치는 것도 아닙니다. 설교는 하나님의 위대함과 위엄과 거룩함이 스며든 말씀을 전하는 것입니다. 설교의 주제는 태양 아래 무엇이든 될 수 있지만, 모든 주제는 하나님의 말씀 안에서 하나님의 위대함과 위엄이 타오르는 빛으로 드러납니다. 그것이 윗필드가 설교한 방식이었습니다.[10]

거듭남은 그의 눈을 열어 실재하는 것과 그 실재하는 것의 중요성을 보게 했다. 하나님, 창조, 인류, 죄, 사탄, 하나님의 공의와 진노, 천국, 지옥, 성육신, 그리스도의 온전함, 그분의 죽으심, 속죄, 구속, 화목, 부활, 성령, 구원하는 은혜, 죄 사함, 칭의, 하나님과의 화해, 평화, 성화, 사랑, 그리스도의 재림, 새 하늘과 새 땅, 영원한 즐거움 등이 바로 그런 것들이다. 이것들은 실재하는 것이었다. 윗필드에게는 그를 압도할 정도로 실재하는 것들이었다. 그리고 무한히 중요한 것들이었다. 그는 거듭났고, 이런 것들을 볼 수 있는 눈을 가졌다.[11]

파이퍼의 열정이 윗필드 방식의 연기라고 단정할 수는 없다. 하지만 확실한 점은 파이퍼도 자신이 경험한 실재를 나타내고자 열정적인 목소리와 몸짓을 사용했다는 것이다.

2. 거짓 열정과 진정한 열정을 구분하기

파이퍼는 윗필드의 실재를 위한 연기와 열정적인 모습에 많은 도전을 받은 것 같다. 열정 없이 설교하기란 불가능하다. 그래도 '연기'라는 단어 자체가 주는 부정적인 어감은 피할 수 없다. 윗필드가 말하는 억눌린 연기와 자유로운 연기를 어떻게 정확하게 구분할 수 있을까? 거짓 열정(false passion)과 진정한 열정(authentic passion)을 어떻게 분별할 수 있을까? 강단에 오르기 전에 자주 스스로 되뇌이는 말이 있다. "사람에게 보이려고 쇼하지 말자." 스스로 연기하는 부분이 있을까 염려스럽기 때문이다.

반드시 짚고 넘어가야 하는 미묘한 문제가 있다. 천성적으로 타고난 성격이나 기질이 열정적이고 흥분을 잘하거나 작은 일에도 감동을 잘하는 경우는 어떻게 할 것인가? 조지 윗필드는 천부적인 웅변의 재능을 타고 났다. 전기 작가 아놀드 델리모어에 따르면, 윗필드는 어릴 적부터 극적인 성향을 가지고 있었고 무대 활동에 대한 열정이 대단했다. 연극

대본을 읽기를 너무 좋아해서 연기 연습을 하느라 종일 집에 틀어박혀 있곤 했으며, 심지어 학교에 결석하기도 했다. 때로는 2-3주 정도 주위의 일을 완전히 잊은 채 연습에 골몰했다가, 자신이 창조적으로 상상한 바를 놀라울 정도로 생생하게 연기하곤 했다.[12]

파이퍼는 어땠을까? 파이퍼는 그가 존경하는 조나단 에드워즈나 조지 윗필드, 그리고 로이드 존스처럼 타고난 언변을 갖지는 못했다. 그는 초등학교 6학년 때부터 대학교 3학년이 되기 전까지 심각한 생리적, 심리적 무능력인 마비 증세를 앓았다.[13]

파이퍼는 사람들 앞에서 말을 해야 할 때마다 두려움으로 얼어붙었다. 중고등학교 때 교회에서 6명 앞에서도 말을 제대로 할 수 없었고, 과학 시간에 발표할 때는 교실 밖으로 나가 화장실에서 울기도 했다. 반장, 부반장, 총무 등 어떤 학급 임원직에도 출마할 수 없었다. 파이퍼의 어머니는 그를 심리학자에게 데려가 상담을 받게 했다. 파이퍼는 그때를 회상하면서 인생의 모든 것이 무너지는 느낌을 받았다고 한다.

놀랍게도 진단 결과는 파이퍼의 어머니에게 문제가 있다는 것이었다. 파이퍼는 세상 누구보다 어머니가 자기를 사랑하고 인내로 돌보심을 알았기에 어머니를 탓할 수 없었다. 파이퍼가 이 부분에 대해 침묵하고 있기 때문에 어머니의 교육의 문제였는지 어머니에게서 유전적인 문제를 받았는지는 알 수 없다. 확실한 점은 파이퍼가 다시는 그 시절로 돌아가고 싶지 않다는 것이었다. 당시에 느꼈던 염려, 창피함, 수치심은 그 모든 세월을 기억의 저편으로 묻어 버리고 싶을 정도였다.[14]

하나님은 파이퍼의 두려움으로 인한 마비증세를 대학교 때 고쳐 주셨다. 1966년 여름, 휘튼대학 교목이었던 에반 웰치가 파이퍼에게 500명 정도 모이는 채플에서 대표 기도를 해 달라고 부탁했다. 파이퍼는 얼마나 오랫동안 기도하면 되냐고 물었고, 교목은 "30초나 1분 정도"라고 대답했다. 파이퍼는 자기도 모르게 "네."라고 대답했다. 그리고는 캠퍼스를 다니면서 하나님께 이렇게 서원 기도를 드렸다. "아버지, 제가 얼어붙지 않고 목소리가 멈추지 않도록 이 상황을 헤쳐 나가게만 해 주신다면 다시는 두려움 때문에 당신을 위해 말할 기회가 생길 때 거절하지 않겠습니다." 파이퍼는 이 서약을 지켰고 영적으로 무엇인가가 깨어지는 경험을 했다고 말한다. 이후 파이퍼는 수백 명의 신학교 학생들과 교수진 앞에서 졸업식 설교할 기회를 가졌다. 심지어 대학교 4학년 때는 클라렌스 로디 설교상을 수상하게 되었다.[15]

에베소서 1장 6절의 18분짜리 설교는 디자이어링 갓 웹사이트에 올라와 있다. 이후부터 파이퍼는 분명 대중 연설에 자신감을 갖게 되었으리라 짐작된다. 현재 우리가 들을 수 있는 파이퍼의 열정적인 설교는 뜨거운 복음 전도자인 아버지에게서 물려받고 보고 자란 결과가 아닐까 생각해 본다. 사람마다 타고난 성격이나 기질이 다르다. 하나님은 분명 우리 모두를 각 사람의 개성에 알맞게 빚으셔서 사용하신다. 그래서 우리는 진정성 있는 열정을 개발할 필요가 있다. 진정성 있는 열정을 가지기 위해서 세 가지를 자신에게 적용해 본다면 도움이 될 것이다.

나는 여기서 '개발하라.'는 용어를 사용하고자 한다. 거짓 열정은 죽이고 진정한 열정은 살려야 한다. 그럴 때 자신만의 방식으로 열정을 표현하는 방법을 배워 갈 수 있다.

3. 진리가 불러일으키는 열정을 개발하기

우리는 자신이 설교자로서 가지고 있는 열정의 근원이 어디에서 나오는 것인지 잘 살펴야 한다. 이런 점에서 모든 설교자는 로이드 존스의 말을 귀담아들어야 한다.

모든 기독교인이 반드시 인정해야만 할 가장 곤란한 것 중 하나는, 참으로 영적인 열정과 육적인 열심이나 열광을 분별하는 일입니다. … 어떤 사람은 정열적 기질과 열정적인 성질을 지니고 태어납니다. 이 점에서 다른 사람들보다 주의를 요하는 사람들이 있습니다. 설교자들이 다음 점에 대해 보다 더 분명히 해야 할 것은 없을 것입니다. 즉 그의 설교에 있어서 열심과 열정은 그가 타고난 성격이나 그가 준비한 설교에 의해서가 아니라 그리스도를 믿는 참된 신앙에 의해서 나와야 한다는 것입니다. 이것은 아주 미묘한 문제입니다. 어떤 사람이 설교의 원고를 준비한다고 합시다. 준비가 끝나서 그는 그 내용의 배열이나 순서나 표현형식에 기쁨과 만족을 얻게 됩니다. 생래적으로 정열적이고 열렬한 성격의 사람이면 그 설교로 흥분하고 감동할 수 있으며 특히 그가 설교할 때 그렇습니다. 그러나 그것은 전적으로 육적이며 영적 문제와는 아무 관계가 없을 경우도 있습니다. 설교자라면 누구나 지금 말한 의미를 분명히 알고 있을 것입니다. 공중 앞에서 기도해본 일이 있는 사람이면 누구나 이것을 알고 있습니다. 여러분 자신의 웅변과 여러분 자신이 지금 하고 있는 그것으로 감동될 수도 있습니다. 열렬하고 감정적으로 되는 것이 자기들의 의무라고 생각하는 사람들도 있습니다.[16]

개인의 기질과 성격을 뛰어넘고, 설교 준비 과정에서 정리된 생각과 배열에서 누리는 자기만족을 극복하는 방법은 무엇일까? 파이퍼에게서 그 해답을 찾을 수 있다. 파이퍼는 "너무 소리를 지른다."라는 말을 가장 많이 들은 것 같다. 파이퍼는 이런 평가에 겸손하게 귀를 기울인다. 그러면서 의미심장한 말을 한다.

> 당신의 감정(affections)이 진심인지 보여 주십시오. 그러나 그것이 본문의 실재들(realities)과 일치하는지 확인하고, 하나의 지속적인 어조나 음량을 다양하게 하십시오. 그렇지 않으면 잠시 후 귀에 거슬리고 인위적으로 들리기 시작합니다. 따라서 다양성, 진정성, 본문과 청중에 대한 적합성을 기르십시오.[17]

> 설교자의 몸짓과 어조와 태도는 본문의 어조와 내용과 그 순간의 정신에 맞게 하는 겁니다. … 성경은 매우 많은 종류의 감정으로 가득 차 있기 때문입니다. … 본문이 외치라고 하는데 여러분의 얼굴이나 태도가 거세게 말하지 않게 하십시오. 본문이 슬픔을 말하는 데 여러분의 태도가 쾌활하지 않게 하십시오.[18]

파이퍼가 말하고자 하는 요지는 이것이다. 객관적 진리에서 표출되는 주관적인 열정, 그에 걸맞은 음색과 음량을 자연스럽고 다양하게 개발하라는 것이다. 예를 들면, 파이퍼는 로마서 5장 3-8절을 본문으로 설교하면서, 하나님의 사랑에 대한 주관적인 자기 입증적인 경험(self-authenticating, 5절)은 반드시 객관적이고 사실(6-8절)에 입각한 것이라고 강조한다.[19]

그렇게 하기 위해서는 성경에 오랫동안 머물면서 우리의 지성을 진리로 채워야 한다. 묵상하고 또 묵상해야 한다. 그 진리의 실재에 상응하는 열정이 나올 때까지 성경에 푹 젖어 들어야 한다. 성경의 언어가 나의 언어가 되고, 성경에 나타난 기쁨이 나의 기쁨이 되고, 성경에 나타난 슬픔이 나의 슬픔이 되기까지 진리의 실체에 가까이 더 가까이 가야 한다. 이 시대의 목회자들의 차가운 열정을 한탄하는 파이퍼의 말에 우리는 귀를 기울여야 한다.

우리의 사역을 가로막는 큰 장애물 가운데 하나는 성경을 이해하기는 하지만 거기에 상응하는 뜨거운 마음이 없다는 것입니다. 성경에는 천둥처럼 울리는 영광스럽고 섬뜩한 진리가 우리 마음에서는 기껏해야 미미한 두려움과 황홀감을 불러일으킬 뿐입니다. 우리는 메가톤급 진리를 단지 그램급 열정으로 말할 뿐입니다. 우리는 자신이 선포하는 진리를 마음으로 믿기는 하는 걸까요?[20]

저는 단지 사람들이 하나님에게 놀라도록 돕고 싶을 뿐이에요. 하나님에게 소스라치게 놀라도록 말입니다. 하나님에 대한 경이감에 휩싸이도록 말입니다. 그와 동시에, 제 비전은 하나님 중심적이고 감정적인 면이 있어요. 제 자신이나, 그 순간이나, 음악에 대한 감정은 아니지요. 참으로 객관적이고, 분명하며, 성경에 근거한 견고한 비전에 대한 감정입니다.[21]

4. 상황에 맞는 열정을 개발하기

이 표현은 이정규 목사의 소논문에서 가져온 것이다. 그는 파이퍼와 더불어 걸출한 설교자 팀 켈러의 열정을 비교한다.[22] 고함치며 설교하는 파이퍼에게 익숙해진 상황에서 처음 팀 켈러의 설교를 들었을 때, 열정이 결여된 것처럼 느껴졌다고 한다. 그러나 켈러가 차분한 톤과 논리적인 논증으로 설교한 이유는 '뉴욕의 문화에 맞게 설교톤을 상황화'한 것이라고 결론을 맺고 있다. 그가 인용하는 팀 켈러의 말을 들어 보자.

> 뉴욕 시의 세속적인 젊은이들은 인위적인 것이면 어떤 것이라도 극단적이고 예민하게 반응한다. 너무 번지르르한 것이나, 너무 절제된 것이나, 너무 반듯하게 준비된 것은 마치 세일즈맨처럼 보이게 할 것이다. … 특히 설교자가 소리를 내지른다면, 강압적이라고 느낄 것이다. 미국 중부에서는 열정적으로 들릴 것 같은 설교가 어떤 도시 문화에서는 위압적인 고함 소리로 들릴 수 있다. … 분명한 설교가 효과가 별로 없는 또 다른 이유는 감정의 표출 정도가 청자의 문화에 정확하게 맞춰지지 않을 때다. … 어떤 문화에서는 감정을 격렬하게 표현하면 그것이 광란처럼 받아들여지고 설득력을 가지지 못하게 된다. 보편적인 전달이란 없다. 우리는 상황화를 피할 수 없다.[23]

팀 켈러가 열정의 상황화에 심혈을 기울였지만, 그의 설교를 듣고 감정을 표현하는 정도가 설교의 주제에 너무 무관심하다는 인상을 받는 청중들이 있었다고 한다. 열정의 상황화가 결코 쉬운 작업은 아니다. 파이퍼와 켈러의 열정을 비교해서 누가 더 탁월하다고 말할 수는 없다. 설교자의 개성과 기질을 절대 무시할 수 없기 때문이다. 내가 서울에서 부교역자로 사역할 때 나름 차분하게 설교하려고 노력했다. 경상도 사투리에 신경을 쓴 탓도 있었고, 부교역자로서 튀지 않으려는 의식도 있었다. 그리고 교회에서 파이퍼만큼 열정을 표출하는 설교자가 없었기 때문이기도 했다. 당시에 대구에 있던 한 후배에게 "목사님, 옛날의 열정이 다 식었네요."라는 말을 들을 정도였다.

그러다가 경남지역 교회의 담임목사로 오게 되었다. 이곳에서는 차분한 것보다 힘 있고 열심을 내는 설교를 선호했다. 그래서인지 그동안 묶어 두었던 기질적 열정이 분출하기 시작했다. 파이퍼를 본받아 마음껏 해 보았다. 나의 기질과 성격이 파이퍼와 잘 맞는 것 같았다. 그러던 중, 아내가 '너무 열을 내지 말고, 차분하고 조곤조곤'하게 해 보라는 지혜로운 조언을 해 주었다. 나는 내가 한 설교를 잘 듣지 않지만, 용기를 내어 몇 편을 들어 봤다. 설교할 때는 몰랐는데, 청중의 입장에서 설교를 들어 보면서 어색한 톤, 부정확한 발음 그리고 지나치게 흥분하는 음성을 발견하게 되었다. 매우 부끄러워 더는 설교를 들을 수 없었.

진리가 불러일으키는 열정을 개성과 기질을 살려 상황에 맞게 표출할 방법을 찾아야 한다. 열을 올리고 쉽게 흥분을 하는 기질은 의도적으로 차분하게 하고, 너무 차분한 성격은 반대로 열정을 드러낼 필요가 있다. 그리고 어느 문화에 있는 사람이 들어도 부담되지 않으면서 어색하지 않은 자기만의 음색, 음량, 몸짓을 개발하는 것이 좋겠다. 파이퍼가 나를 만난다면 바이런 얀에게 한 말을 똑같이 할 것이다.

제발, 제발 존 파이퍼를 흉내 내지 마세요! 자신이 아닌 다른 사람이 되려 한다면, 어리석기 짝이 없어 보입니다. 강인함과 열심과 열정은 아주 다양한 형태를 띠어요. 제가 하듯이, 두 팔을 흔들거나 소리를 지를 필요는 없지요. 자신만의 방법을 찾아야 해요. 만약 몸에 밴 자연스러운 행동이 나온다면, 당신의 설교에 열정이 없다고 생각하지 않아도 되요.[24]

끊임없이 훈련하기

대가들의 공통점은 끊임없는 훈련이다. 파이퍼는 33년 동안 베들레헴침례교회에서 설교 사역을 감당했다. 그리고 디자이어링 갓 사역을 2024년까지 34년간 지속하고 있다. 그는 마르지 않는 샘물의 원천이신 하나님을 기뻐하며 지치지 않는 열정으로 여전히 활동하고 있다. 대가들의 또 다른 공통점은 기본기에 철저히 충실하다는 것이다. 그리고 한 가지 더, 현재에 만족하지 않고 더 높은 수준의 고지를 향해 나아가려 노력한다는 것이다. 파이퍼를 통해 설교자가 가장 기본적이면서 꾸준히 해 나가야 할 몇 가지 훈련을 찾아볼 수 있다.

1. 성경의 맛을 알아 가기

설교자의 훈련에 있어 기본 중의 기본은 하나님의 말씀을 읽는 것이다. 그런데 설교자에게 가장 큰 위험은 설교 준비만을 위해 성경을 읽는 것이다. 파이퍼는 베들레헴신학대학원 졸업식 때 설교를 위해서 성경을 읽지 말라고 외쳤다고 한다. 그가 성경을 묵상하고 성경을 암송했던 이유는 설교자 자신이 말씀을 통해 하나님을 맛보고 누리기 위함이었다. 다시 말하면 설교하기 위해서가 아니라 설교자 자신을 위한 성경 읽기를 해 온 것이다.

성경은 결코 지루하거나 맛이 없는 책이 아니다. … "너희는 여호와의 선하심을 맛보아 알지어다"(시 34:8). 우리는 말씀 속에서 하나님을 만나 뵐 때 그분과 함께하는 시간의 맛을 알게 된다. 이런 영적 체험을 가질 때 "주의 말씀의 맛이 내게 어찌 그리 단지요 내 입에 꿀보다 더 다니이다"(시 119:103)라는 탄성을 지르게 된다. 그렇기 때문에 하나님의 말씀으로 충만한 사람들이 영적 미각을 갖는다는 것은 결코 놀라운 일이 아니다.[25]

파이퍼는 나에게 '성경에 대한 입맛과 하나님에 대한 입맛'이 무엇인지를 알게 해 주었다. 그가 잘 사용하는 단어 중 하나가 "보다, 맛보다"(see, savor, taste)이다. 이것은 내 마음에 기독교 희락주의라는 용어만큼이나 강렬하게 각인되었다. 파이퍼는 성경을 보는 법, 성경을 맛보는 법을 알게 해 주었고, 결국 성경 읽기를 통해 하나님을 보고 하나님을 맛보는 영적 미각을 살려 주었다. 그의 말대로 성경에 푹 젖어 드는(saturated with the Bible) 길을 알려 주었다.

설교자는 자신을 위해 성경을 읽어야 할 뿐만 아니라, 설교하기 위해서도 성경을 제대로 읽고 보고 맛보아야 한다. 파이퍼가 남긴 위대한 유산 중 하나가 바로 자연적인 인간이 초자연적인 성령님의 능력으로 성경을 읽는 법이라고 생각된다. 파이퍼가 가르치는 '호 그리기'는 논리적이고 과학적이고 예술적인 작품이다. 그는 이런 성경 해석 방법을 다니엘 풀러에게서 배웠다. 이 방법을 통해 우리는 성령님의 도움을 받아 성경을 볼 수 있는 감각과 기술을 연마할 수 있다.

설교 원고를 쓰는 작업은 정말 힘든 일이다. 시간도 오래 걸리고 설교자를 지치게 만든다. 그러나 잘 준비된 원고가 주는 보상은 고통을 상쇄하고도 남는다. 본문을 주해하는 일 역시 만만치 않다. 엄청난 지적 수고가 따른다. 그러나 파이퍼가 직접 맛보고 알려 주는 연구 방법을 익히다 보면, 어느새 성경이 보이고 성경을 맛보는 기쁨을 누릴 수 있다.

레오나르도 다 빈치는 이런 말을 남겼다. "예술의 과학을 연구하라. 과학의 기술을 연구하라. 감각을 기르라. 특히, 보는 법을 배우라. 모든 것이 서로 연결되어 있음을 깨달으라." 파이퍼가 알려 주는 성경 읽기와 연구도 마찬가지다. 과학적이고 예술적인 방법을 통해 설교자는 성경 읽는 감각을 키우고 마침내 성경을 보는 법을 발견하게 된다.

2. 하나의 창을 깊이 찌르기

파이퍼는 30년 이상 조나단 에드워즈를 만났다. 에드워즈의 설교와 저서를 탐독하며 사상이 발전하고 신학이 깊어지고 하나님의 영광을 더 잘 보고 있다. 파이퍼가 에드워즈만 읽은 것이 아니라 가장 많이 읽었다는 뜻이다. 파이퍼는 에드워즈를 만나게 된 계기를 이렇게 말한다.

내가 신학생이었을 때, 한 지혜로운 교수님이 성경 외에 한 사람의 위대한 신학자를 선택해서, 평생토록 그의 사랑을 이해하고 통달하기 위해서 노력하며, 항상 여러 가지 것들의 표면만을 건드리지 말고 적어도 하나의 창을 실재의 깊숙한 곳까지 찔러 넣으라고 내게 말씀해 주셨습니다. 이것은 좋은 충고였습니다. 내가 다른 누구보다 몰두한 신학자는 바로 조나단 에드워즈입니다.[26]

파이퍼가 에드워즈의 설교와 저서를 읽어 간 궤적을 살펴보면 다음과 같다.

시기	읽은 책
대학 시절까지	「진노하시는 하나님의 손안에 있는 죄인」
1968년 풀러신학교 입학 후	「삼위일체 소론」(An Essay on the Trinity), 「의지의 자유」
신학교 졸업 후 휴식 기간	「참된 미덕의 본질」
1971-1974년 독일 뮌헨대학교 박사 과정 중	「고린도전서 13장 사랑」, 「하나님의 천지창조 목적」(A Dissertation Concerning the End for Which God Created the World), 「신앙감정론」, 사무엘 홉킨스와 헨리 팜포드가 쓴 에드워즈 전기
1968-1974년	지적으로나 감정적으로 '하나님의 완전한 충만하심'에 대한 추구에 머물려고 노력한 시기. 파이퍼는 이 기간을 위대한 발견과 심오한 변화의 날들이라고 부른다.
이후, 1년 동안 하루에 15분씩 에드워즈 읽기	「교인자격기준 연구」(Humble Inquiry), 「원죄론」, 「놀라운 부흥과 회심 이야기」, 「기독교 중심」, 「구속사」, 「데이비드 브레이너드 생애와 일기」, 「부흥론」, 「성찬 참여 자격 조건」(Qualification for Communion), 「기도합주회」, 수많은 설교들, 두 개의 전기 등.

파이퍼가 에드워즈의 글을 지속적으로 깊이 읽을 수 있었던 분명한

이유가 있었다. 에드워즈는 진리의 아름다움과 능력을 보여 주었다. 그는 끊임없이 하나님께 심취하며 하나님을 높였다. 그는 말할 수 없는 하나님의 실재를 발견했고 이를 파이퍼가 발견하도록 도와주었다.

훌륭한 저자일수록 그들은 독자들에게 성경에 대한 입맛, 특히 하나님에 대한 입맛을 탁월하게 돋구어준다. 에드워즈는 지난 30년 동안 내게 그런 역할을 해주었다. … 성경의 맛을 알고 말씀의 은사를 받은 에드워즈가 쓴 글 속에는 하나님께 받은 말씀의 은혜가 흐르고 있다.[27]

파이퍼는 에드워즈를 통해 하나님에 대한 영적 미각을 30년간 키워 왔다. 파이퍼 역시 말씀의 은사를 받은 사람이다. 그의 설교와 글에는 에드워즈의 유산이 풍성하게 흐르고 있다. 파이퍼는 현대판 에드워즈라고 볼 수 있다. 파이퍼는 에드워즈를 일류 교사로 자신을 이류 교사로 불렀다.[28]

그렇다면 우리는 삼류 교사에 불과하다. 파이퍼가 에드워즈에게 창을 깊이 찔러 그의 사상과 열정을 자기의 것으로 소화한 것처럼, 우리 역시 파이퍼에게 하나의 창을 깊이 찔러보자. 중요한 것은, 파이퍼 주위만 맴돌지 말고 하나님의 영광을 보고 맛보고 기뻐할 수 있을 때까지 그와 우정을 쌓는 것이다.

파이퍼가 한 것처럼, 하루에 15분을 투자해서라도 파이퍼 읽기를 시작해 보자. 설교가 분명 달라질 것이다. 설교자로서의 영성이 성숙할 것이다. 더욱 하나님께 가까이 나아가는 변화된 자신을 발견하게 될 것이다. 나는 담임목사로 부임을 하자마자 새벽기도를 마친 후 파이퍼의 로마서 강해 번역본 전권을 매일 15분 읽기로 마쳤고, 이후 지속적으로 그의 저서를 읽고 있다.

조엘 비키의 조언은 길지만 성경 읽기와 거장의 글을 읽어야 할 필요성을 가져다주기에 귀를 기울일 만하다.

여러분이 교회에서 몇 년간 사역하고 나면, 회중은 여러분이 전할 수 있는 최상의 설교들(일부 최악의 설교들)을 이미 다 들은 상태가 될 것이다. 그때쯤 되면, 회중이 처음에 여러분의 설교를 들으면서 느꼈던 신선함과 흥분은 오래전에 사라진 상태가 된다. 그러나 여러분이 늘 하나님께 가까이 나아가는 삶을 살아간다는 점을 회중이 느낀다면, 그것을 통해 여러분의 많은 약점이나 불완전함은 덮어지게 될 것이다. 그리고 회중은 이 같이 고백할 것이다. "적어도 우리 교회의 강단에는 하나님의 사람이 설교하고 있어."

… 우리가 하나님을 친밀하게 동행하는 삶을 살기 위해서는 은혜의 방편들을 꾸준히 활용해야 한다. … 그것은 바로 성경 묵상이다. 체험적인 설교자가 되기 위해서는 먼저 우리 자신이 성경 안에 거하고, 또 성경이 우리 안에 거해야 한다. … 묵상은 우리 기도의 펌프를 위한 마중물의 역할을 한다. … 이와 동시에, 우리의 지성과 영혼을 예리하게 하고 다듬고 살찌우며 그 폭을 넓힐 수 있도록 유익한 책들을 읽고 연구하는 일 역시 매우 중요하다. … 목수나 기계공들이 연장을 장만하듯, 설교자는 자기만의 서재를 가꾸어야 한다. 과거의 위대한 교사들을 여러분의 스승으로

삼으라. 장 칼뱅이나 리처드 십스, 존 버니언 같은 거장들 중 한 사람을 골라서 그의 저작들을 한두 해 이상 탐독하고, 그의 신학이나 특히 그의 설교들에 깊이 빠져 보기 바란다.[29]

3. 가르침의 은사 구하기

파이퍼는 설교자라면 본문에 담긴 실체를 보고 설교를 통해 그것을 드러내 보여 주어야 한다고 말한다. 그런데 이렇게 하는 데 있어 두 가지 문제가 있다. 하나는 가르침의 은사와 관련이 있고, 또 하나는 설교자가 본문 안의 실체에 대한 통찰을 굳이 청중들이 직접 보도록 할 필요성을 알지 못하는 데 있다.[30]

파이퍼는 가르침의 은사에 대해 청중이 설교자의 논리를 얼마나 잘 따라오는지와 더불어 성경에서 설교자가 본 대로 보고 있는지를 직관적으로 분별하는 능력이라고 정의한다. 나아가 청중이 설교자의 말을 얼마나 이해하는지, 설교자를 잘 따라오는지, 어떻게 하면 설교자가 본 대로 보도록 청중을 도울 수 있는지를 분별하는 능력이 포함된다고 한다.

파이퍼가 말하는 가르침의 은사는 설교자 모두에게 충분히 있지 않다. 파이퍼도 그 점을 너무 잘 알고 있다. 파이퍼가 베들레헴교회에 부임한 지 한두 해가 지났을 즈음에 한 부부가 교회를 떠났다. 이유는 파이퍼의 설교가 너무 복잡했기 때문이었다. 이 사건은 파이퍼가 복잡한 것을 더욱 이해하기 쉽도록 노력하고 가르침의 은사를 구하게 된 계기가 되었다.[31]

청중들은 설교자의 설교 내용을 다 기억하지 못한다. 솔직히 말해서 설교자가 전하는 내용을 충분히 이해하지도 못하는 경우가 허다하다. 이해하기 쉬운 논리력을 갖추지 못했기 때문이기도 하고, 설교자의 진도가 너무 빨라서 본문을 들여다볼 틈도 없기 때문이기도 하다. 그래서 파이퍼는 가르침의 은사를 더 얻도록 기도하라고 권고한다.[32]

파이퍼의 설교를 연구하면서 나는 많은 도전과 용기를 얻었다. 부임한 교회에서 성도들이 이해하기 쉽도록 최대한 쉬운 언어로 논리를 펼치려고 애를 써 왔다. 설교 준비를 하기 전에 자주 떠올리는 생각이 있다. '앞줄에 앉아 계시는 어르신들도 알아듣도록 설교하자. 내가 헷갈리면 청중들은 열 배 헷갈린다.'

그럼에도 논리를 가지고 청중들을 30-40분 동안 이끌어 가기란 쉬운 일이 아니다. 그래서 나는 설교 원고를 철저히 쓰고 있다. 너무 힘든 작업이지만 이는 설교단에서 읽기 위해서가 아니라, 생각을 명료하게 정리하고 단어를 선택하거나 다듬는 데 도움이 되기 때문이다. 주어진 시간을 생각하면서 원고 작성과 교정을 반복하다 보면, 모든 문장이 친숙하게 느껴진다. 설교를 마친 후 가족들과 성도들, 특히 새가족에게 내 설교가 이해되었는지를 자주 물어본다. 이렇게 하다 보면 가르침의 은사가 얼마나 필요한지 절실히 깨닫게 된다. 인내와 용기가 필요하다. 인내를 가지고 파이퍼의 뒤를 따라가 보자. 분명, 열매가 있을 것이다.

4. 자기 목소리 찾기

파이퍼를 좋아하는 목회자들이 떠올리는 설교자 파이퍼의 모습은 단연 그의 열정이다. 그래서 자연스럽게 파이퍼의 스타일을 모방하면서 그를 흉내 내려고 한다. 파이퍼를 존경하며 모델로 삼을 때, 마치 자신이 파이퍼가 된 것처럼 착각의 늪에 빠질 수 있다. 존경하는 사람의 설교를 많이 듣고 보게 되면 자기도 모르는 사이에 인상과 손동작도 그를 닮게 된다.

케빈 드영은 처음 목회를 시작하면서 존 파이퍼 흉내를 많이 냈다고 고백한다. 그의 기도와 설교 주제, 심지어 "기쁨"이라고 외치는 모습까지 파이퍼를 따라했다고 회상한다. 수년이 지나 드영은 자신이 파이퍼와 은사 면에서나 성격 면에서도 다르다는 것을 깨닫고 파이퍼가 될 필요가 없다는 결론에 이르게 되었다.[33]

솔직히 나도 파이퍼의 책을 읽고 설교를 듣고 읽으면서 자연스럽게 파이퍼를 따라 하고 싶은 유혹이 들었다. 나의 기질과 표현 방식이 파이퍼와 너무 잘 맞는다고 생각하기도 했다. 지금도 할 수만 있으면 파이퍼처럼 설교를 하고 싶다. 그러나 누구든 파이퍼의 앵무새가 되어서는 안 된다.

담임으로 부임하여 7년 동안 700회 이상 설교를 했다. 내 기억으로는 원고 준비를 대충한 적이 거의 없었고, 철저하게 전체 내용을 준비했다. 몇 달 전에 아내는 비로소 내 목소리를 찾은 것 같다고 격려해 주었다. 자기 기질과 개성에 맞는 옷을 입었다는 느낌이 올 때가 있다. 그때까지 부지런히 애써야 한다. 케빈 드영의 말이 너무 마음에 와닿는다.

> 내 목소리를 찾기 전의 설교들이 모두 나쁘거나 나 자신에게 진실하지 않았다는 의미가 아니다. 다만 "내가 나 된 것은 하나님의 은혜"(고전

15:10)라는 바울의 지혜로운 고백을 깨닫는 데 이토록 오랜 시간이 걸렸다는 것이다. 설교자에게 가장 힘든 것 중 하나는 자기 방식의 설교를 하는 것이다. 다른 사람의 열정이나 유머나 학식을 모방하지 말라. 당신 자신의 개성을 벗어던지지 말라. 왜냐하면 당신이 본받고자 하는 사람들은 당신의 개성을 공유하고 있지 않다. 모범적인 설교자에게서 배우라. 그러나 주일에 당신의 청중에게 필요한 것은 당신이 본받고자 하는 설교자의 흉내가 아니라 당신의 설교다. 교인들로 하여금 하나님의 성령으로 부단히 다듬어지게 하고, 당신 자신의 개성을 통해 하나님 말씀의 진리가 빛나게 하라. 자기 방식의 설교를 결코 잊지 말라.[34]

그렇다. 설교 시간에 존 파이퍼의 설교 영상을 보여 줄 수는 없다. 하나님이 부르신 자리에서, 설교자로서의 나의 목소리를 찾아서 맡겨 주신 양들에게 말씀을 전해야 한다. 이 얼마나 영광스러운 자리인가? 우리는 파이퍼가 아니듯이, 파이퍼가 설교한 청중들과 우리의 설교를 듣는 청중들이 다르다. 위대한 설교는 설교자가 목양하는 영혼들을 돌보는 가운데 본문과 씨름하면서 길러 낸 결과물임을 잊어서는 안 된다. 설교는 자신의 목소리로 해야 한다. 하나님은 신실한 설교자를 원하신다. 파이퍼가 설교를 준비하는 과정을 겸손하게 배워 낸 것으로 만든다면, 우리도 하나님이 사용하시는 위대한 설교를 하게 될 것이다.

나가는 말 기본기를 다지고 다시 시작하자

　위대한 설교는 위대한 설교자에게서 나오고, 위대한 설교자는 위대한 하나님을 만났던 사람이었다. 파이퍼는 그런 궤적을 따라간 설교자였다. 파이퍼가 설교자로서 자신을 준비하는 과정을 지금까지 살펴보았다. 파이퍼를 거울삼아 하나님을 보고 하나님을 보게 하는 설교자, 하나님의 말씀에 흠뻑 젖어 있는 설교자, 하나님의 영광에 매료된 설교자의 길을 이제 우리가 걸어가야 한다.

　파이퍼의 흉내도 내 보자. 그러나, 설교자 나 자신이 되도록 하자. 자기 목소리가 나올 때까지 연마하고 또 연마하자. 대가를 지불하자. 연습하고 또 연습하자. 그만두지 말자. 졸작을 설교해도 낙심하지 말자. 존 파이퍼를 사용하신 하나님이 나를 사용해 주시길 갈망하면서 내공을 기르자. 실력을 기르자. 무엇보다 하나님의 사람이 되자. 대가 렘브란트의 삶을 평가한 러스 램지의 말이 설교자에게도 적용된다.

　당신에게는 어떤 재능이 있는가? 특별히 연마하고 있는가? 그림? 글쓰기? 요리? 자녀 양육? 가르치는 일? 팀을 이끄는 일? 데이터 정리? 혹시나 원하는 속도로 성장이 이루어지지 않는가? 당신보다 더 나은 사람들이 계속해서 나타나는가? 그럴지라도 그만두지 말라. … 렘브란트가 우리가 아는 지금의 그가 되기까지 그는 자신만 그릴 수 있는 그림을 그리기 위해 자신의 손을 훈련시켜야 했다. 그러기 위해 기본기를 다져야 했다. 연습을 해야 했다. 이는 그 역시 밑바닥부터 시작해야 했다는 뜻이다. 상상하기 어렵지만 그도 적지 않은 졸작을 그려야 했을 것이다. … 뭔가에 정통해지면 그것이 훨씬 더 즐거워진다. … 뭔가를 열심히 연습할수록 그것을 더 즐길 수 있다. … 렘브란트가 할 수 있는 것은 그리고 또 그리고 또 그리는 것뿐이었다. 그는 다른 화가가 될 수 없었다. 오직 렘브란트만이 될 수 있었다. … 당신은 무엇을 위해 터득해 가고 있는가? 아직 모르는 것을 알기 위해 무엇을 애쓰며 연습하고 있는가? 당신도 나와 같다면 언젠가 슬럼프에 빠져서 다 그만두고 싶어질 때도 올 것이다. 그럴지라도 제발, 그만두지 말라. 이 세상에는 대가가 부족하다. 그 결과, 기쁨도 부족하다.[1]

렘브란트가 대가가 되기 전에 자신만의 그림을 그리기 위해 자신의 손을 훈련했다고 한다. 기본기를 다지기 위해 그림을 그리고 또 그리고 또 그렸다. 어느 순간에 기쁨이 솟아 나오면서 대가의 필체가 나왔다고 한다. 우리는 이번 주에도 또 다음 주에도 강단에 서야 한다. 하나님의 영광을 위한 갈망으로, 영혼을 구원하기 원하는 뜨거움을 가지고, 넘치는 희열과 피 끓는 열정을 품은 채 강단에 서야 한다. 피하고 싶고 그만두고 싶은 좌절감이 들 때도 있겠지만, 하나님이 부르신 설교자는 돌아

설 수 없다. 감당할 수 없는 부담이지만 놀라운 특권이다. 다시 서재로 가자. 다시 골방으로 가자. 그리고 다시 설교 강단으로 가자! 나를 나 되게 하시는 하나님의 은혜가 있기에 다시 시작할 수 있다.

파이퍼는 우리에게 이렇게 격려한다.

하나님이 당신을 설교자로 부르셨다면 이는 인간적으로 불가능한 직무다. … 최선의 때와 최악의 때를 지나는 내 40년의 말씀 사역을 통해 증언하거니와, 하나님은 그분의 영광과 청중의 거룩한 행복을 위해 예수의 피로 어떻게든 말씀을 밝히려는 설교자를 즐거이 도우신다. 그분이 당신을 도우신다.[2]

부록 1 존 파이퍼의 신학: 기독교 희락주의 개요

파이퍼의 삶과 신학과 목회는 '기독교 희락주의'(Christian Hedonism)에 뿌리내리고 있다. 여기서는 그의 책 『하나님을 기뻐하라』와 베들레헴신학교에서 무료로 제공하는 '하나님 중심의 삶: 기독교 희락주의와 믿음의 삶'(God-Centered Living: Christian Hedoniosm and the Life of Faith)을 바탕으로 하여 개요를 설명하고자 한다. 파이퍼가 기독교 희락주의자가 된 이유를 소개하고, 기독교 희락주의에 대한 파이퍼의 정의를 설명하고, 기독교 희락주의의 성경적 근거를 제공하고, 기독교 희락주의를 세우는 다섯 가지 확신과 열 가지 적용을 살피고, 이어서 기독교 희락주의에 영향을 끼친 인물들을 소개하고자 한다.

1. 파이퍼가 기독교 희락주의자(Christian Hedonist)가 된 이유

파이퍼의 갈등

대학생 시절에 파이퍼는 자신 안에 행복을 원하는 저항할 수 없는 갈망과 즐거움을 추구하려는 엄청난 열망이 있음을 발견했지만, 종교 행위에서는 개인적인 행복을 추구해서는 안 된다는 생각과 충돌을 경험하게 되었다. 기쁨이나 즐거움을 얻기 위해 기독교 봉사활동이나 교회를 다니는 것이 이기적이고 실용주의적인 행동인지에 대해 심각한 고민을 하게 되었다. 그러던 중 신학교를 다니면서 파스칼, C. S. 루이스, 다니엘 풀러, 그리고 조나단 에드워즈를 통해 '기독교 희락주의'의 기틀을 마련하게 되었다.

희락주의 용어를 사용하게 된 이유

파이퍼는 웹스터 영영사전, 철학사전, 버나드 엘러와 성경 구절을 깊이 연구하면서 '기독교 희락주의'라는 용어를 만들었다. 철학적 쾌락주의(Hedonism)와 다른 점은, 'Christian'이란 용어를 붙임으로써, 하나님 안에서 혹은 하나님을 기뻐하며 사는 삶이라는 것이다. 놀랍게도 사도 바울은 자신의 약함과 고난의 경험을 영어 단어 'hedonism'의 어근이 되는 헬라어 단어를 사용하고 있다. "내 은혜가 네게 족하도다 … 그러므로 도리어 크게 기뻐함으로 [hedista] 나의 여러 약한 것들에 대하여 자랑하리니 … 내가 너희 영혼을 위하여 크게 기뻐하므로 [hedista] 재물을 사용하고 또 내 자신까지도 내어 주리니…"(고후 12:9, 15).

2. 기독교 희락주의의 정의

(웨스트민스터 소요리문답 1문)

"사람의 제일 되는 목적은 하나님을 영화롭게 하는 것과 영원히 그를 즐거워하는 것이다."

The chief end of man is to glorify God **and** enjoy him forever.

사람의 제일 되는 '목적들'이 아니다. 우리 삶의 '목적은 하나'다. 하나님은 우리의 모든 삶에서 영광을 받으신다(고전 10:31). 이 한 가지 목적을 이루기 위해서 우리는 하나님을 영원히 즐거워한다. 그래서 파이퍼는 이 문구를 다음과 같이 풀어 쓸 수 있다고 말한다.

"사람의 제일 되는 목적은 하나님을 영원히 즐거워함으로써 하나님을 영화롭게 하는 것이다."

The chief end of man is to glorify God **by** enjoying him forever.

이런 발견을 통해 파이퍼는 기독교 희락주의를 다음과 같이 정의한다.

"우리가 하나님 안에서 가장 크게 기뻐(만족)할 때, 하나님은 우리 안에서 가장 크게 영광을 받으신다."

God is most glorified in us when we are most satisfied in Him.

3. 기독교 희락주의의 성경적 근거

파이퍼는 기독교 희락주의가 성경에 근거한 것이라고 굳게 믿는다. 핵심 구절은 아래와 같다.

- "또 여호와를 기뻐하라 그가 네 마음의 소원을 네게 이루어 주시리

로다"(시 37:4).
- "너희 의인들아 여호와를 기뻐하며 즐거워할지어다…"(시 32:11).
- "온 백성은 기쁘고 즐겁게 노래할지니…"(시 67:4).
- "온 땅이여 여호와께 즐거운 찬송을 부를지어다"(시 100:1).
- "…여호와로 인하여 기뻐하는 것이 너희의 힘이니라"(느 8:10).
- "나의 간절한 기대와 소망을 따라 아무 일에든지 부끄러워하지 아니하고 지금도 전과 같이 온전히 담대하여 살든지 죽든지 내 몸에서 그리스도가 존귀하게 되게 하려 하나니 이는 내게 사는 것이 그리스도니 죽는 것도 유익함이라"(빌 1:20-21).
- "주 안에서 항상 기뻐하라 내가 다시 말하노니 기뻐하라"(빌 4:4).

그는 베들레헴신학교 학생들과 함께 하나님을 기뻐하는 삶에 대한 토론을 진행하면서, 기독교 희락주의의 개념을 가장 잘 보여 주는 본문들로 시편 16장 11절, 37장 4절과 빌립보서 1장 20-21절을 소개한다.[1]

- 하나님은 완전하고 영원한 기쁨의 주체이다. "주께서 생명의 길을 내게 보이시리니 주의 앞에는 충만한 기쁨이 있고 주의 오른쪽에는 영원한 즐거움이 있나이다"(시 16:11).
- 하나님 안에서 행복을 찾는 것은 하나님의 명령이다. "또 여호와를 기뻐하라 그가 네 마음의 소원을 네게 이루어 주시리로다"(시 37:4).
- 우리가 그리스도를 얻을 수 있음으로 죽어도 족할 때, 그리스도는 우리의 삶과 죽음 가운데 가장 높임 받으신다. "나의 간절한 기대와

소망을 따라 아무 일에든지 부끄러워하지 아니하고 지금도 전과 같이 온전히 담대하여 살든지 죽든지 내 몸에서 그리스도가 존귀하게 되게 하려 하나니 이는 내게 사는 것이 그리스도니 죽는 것도 유익함이라"(빌 1:20-21).

4. 기독교 희락주의를 세우는 다섯 가지 확신

1) 행복을 갈망하는 마음은 인간의 보편적인 경험이며 선한 것이지 죄가 아니다.
2) 우리는 행복을 갈망하는 마음이 나쁜 충동이라도 된다는 듯 부정하거나 저항해서는 안 된다. 도리어 이 갈망을 더욱 강화해야 하며, 무엇이든 더욱 깊고 오래도록 지속되는 만족을 추구함으로써 이 갈망을 키워야 한다.
3) 가장 깊고 오래도록 지속되는 행복은 하나님 안에서만 찾을 수 있다. 하나님에게서(not from God) 오는 것이 아니라 하나님 안에(in God) 있다.
4) 우리가 하나님 안에서 발견하는 행복은, 그 행복을 다양한 사랑의 방식으로 이웃과 나눌 때 완성된다.
5) 우리 자신의 기쁨을 추구하기를 포기한다면, 그만큼 하나님을 영화롭게 할 수 없고 이웃을 사랑할 수 없게 된다. 이를 좀 더 긍정적으로 표현하자면 다음과 같다. 기쁨을 추구하는 것은 모든 경배와 미덕의 필수 요소다. 즉, 사람의 제일 되는 목적은 영원토록 하나님을 즐거워함으로써(by) 하나님을 영화롭게 하는 것이다.

이 다섯 가지 확신을 가지고 파이퍼는 하나님이 우리를 통해 영광을 받으시기를 추구하는 것과 우리가 하나님 안에서 기쁨을 누리기를 추구하는 것은 똑같다고 본다. 하나님의 영광과 우리의 기쁨은 하나다. 파이퍼는 기독교 희락주의를 "우리가 하나님 안에서 가장 크게 기뻐(만족)할 때, 하나님은 우리 안에서 가장 크게 영광을 받으신다."라고 정의한다.[2]

기독교 희락주의는 모든 상황 속에서 하나님을 가장 기뻐함으로써 하나님께 영광을 돌리려는 하나님 중심의 신학(God-Centered Theology)이다. 번영주의에 물든 신학이 아니며 재물, 권력, 정욕이라는 진흙탕 같은 쾌락이 아닌 광활하고 깊은 바다 같은 하나님의 기쁨을 갈망하는 것이다.[3] 다시 말해서 기독교 희락주의는 우리가 하나님 안에서 기뻐함으로써 하나님의 영광을 드러내고자 하는 하나님 중심의 갈망이다.

이 세상에서 자신을 높이는 것을 최고의 미덕과 사랑의 행동으로 삼을 수 있는 존재는 하나님 한 분뿐이시다. 그러므로 하나님께서 우리에게 보여 주실 수 있는 최고의 은혜는, 우리가 하나님을 찬송하고 기뻐하며 살도록 하신 것이다. 하나님은 우리가 그분을 가장 만족할 때, 우리 안에서 가장 영광을 받으신다. 그러므로 우리 삶의 최고의 목적은 하나님을 영원히 즐거워함으로써 하나님을 영화롭게 하는 것이다.

악과 죄의 본질은 하나님 밖에서 만족을 추구하는 것이다(렘 2:12-13). 하나님을 기뻐하는 데 무관심한 것은 하나님의 영광에 무관심한 것이며, 다른 것으로 기쁨을 채우려는 것은 죄를 짓는 것이다. 기독교 희락주의는 하나님 자신을 즐거워하는 열망이다. 하나님이 아니라 하나님이 주신 선물을 더욱 기뻐하는 것은 우상숭배의 죄악이다.

5. 기독교 희락주의의 열 가지 적용

수직적 기독교 희락주의

하나님의 기쁨: 기독교 희락주의의 기초(Foundation, 하나님 중심의 하나님)

하나님이 최우선으로 사랑하시는 대상은 다름 아닌 하나님 자신이다. 하나님은 완벽한 기독교 희락주의자이시다. 하나님은 자기 영광을 기뻐하신다. 우리는 하나님 안에서 행복해질 수 있기에 하나님을 기뻐하며 산다. 이것은 하나님의 주권으로 이루어진다. 그러므로 하나님의 행복의 기초는 바로 하나님의 주권이다. 하나님의 목적은 그 누구도 방해할 수 없으므로, 하나님은 자신이 기뻐하시는 모든 일을 하셔야 하며(시 115:3), 모든 존재 중에서 가장 행복하셔야 한다. 우리는 하나님 안에서 행복을 추구하기 때문에 하나님의 기쁨은 우리 기쁨의 기초가 된다.

회심: 기독교 희락주의자의 탄생(Creation, 하나님 중심의 회심)

기독교 희락주의자가 되려면, 우리는 거듭나야 한다. 죄에서 돌이키는 회개와 그리스도를 마음에 품는 믿음의 배후에는 하나님 임재의 기쁨을 향한 새로운 미각(new taste), 새로운 갈망(new longing), 새로운 열망(new passion)이 있다. 구원은 하나님의 맛을 새롭게 깨닫는 것이며, 회심이란 새로운 기쁨과 즐거움(new joy and pleasure)의 창조다. 이런 삶을 가능하게 하는 것은 하나님의 주권적인 은혜뿐이다. 하나님이 우리의 마음을 바꾸시고 우리 스스로 할 수 없는 것을 가능하게 하시고, 우리가 마땅히 추구해야 할 것을 하게 하신다.

예배: 기독교 희락주의의 향연(Feast, 하나님 중심의 예배)

기쁨과 예배는 불가분의 관계다. 기쁨은 선택적 요소가 아니라 진정한 예배의 필수 요소다. 예배는 단순한 의무 수행이 아니라 기쁨과 즐거움의 잔치인 것이다. 예배는 마음에서 우러나오는 감정을 가지고 하나님의 광채를 기쁘게 그분께 되돌려 비추는 것이다. 예배는 세 단계가 있다. 첫째, 기초 단계: 영혼의 광야 상태, 하나님을 향한 갈망과 사랑을 거의 느끼지 못하지만 회개의 눈물을 흘릴 만큼 은혜를 받는 상태이다. 둘째, 중간 단계: 넘치는 기쁨을 느끼지 못하지만, 경험에 대한 갈망과 소망을 갖는 상태이다. 셋째, 최종 단계: 하나님의 영광에 대한 넘치는 기쁨(감사, 경이, 소망, 탄복의 기쁨)을 가지는 상태이다. 신자들 안에는 하나님을 즐거워하는 능력이 있다. 우리는 이 능력을 흔들어 깨워 주시길 기도해야 한다.

수평적 기독교 희락주의

사랑: 기독교 희락주의의 수고(Labor, 하나님 중심의 사랑)

사랑은 이웃의 필요를 즐거이 채우는 하나님을 향한 넘치는 기쁨이다. 우리가 다른 사람의 필요를 채워 줄 때 하나님 안에서 기뻐하게 된다. 사람들이 서로의 기쁨 안에서 자신의 기쁨을 발견할 때, 사랑이 사람들 사이에 존재한다. 그리고 이웃의 기쁨을 추구할 때 나의 기쁨도 배가 된다. 사랑은 사람들이 그리스도 안에서 영원토록 하나님의 영광을 보고 맛볼 수 있도록 돕기 위해 필요한 모든 일을 하는 것이다. 사랑은 하나님을 중심에 두는 것이다.

성경: 기독교 희락주의의 불씨(Kindling, 하나님 중심의 성경 읽기)

성경은 우리의 기쁨의 불을 끄는 것이 아니라 타오르게 하려는 목적으로 주어졌다. 사탄은 우리의 믿음을 파괴하려고 날뛰고 우리의 영혼은 의기소침하거나 낙심할 때가 많다. 그래서 우리는 하나님의 말씀인 성경을 가지고 하나님을 향한 우리의 기쁨을 회복시키고 유지하고 강화해야 한다. 그래서 성경은 기독교 희락주의의 불씨가 된다. 하나님의 말씀을 가지고 기쁨을 위해 싸우려면 적극적이고, 끈질기고, 신중한 계획과 결단력을 가지고, 겸손하게 하나님을 의지하며 성경을 읽어야 한다.

기도: 기독교 희락주의의 능력(Power, 하나님 중심의 기도)

기독교 희락주의는 하나님의 영광과 우리의 기쁨이 하나라는 진리를 선포한다. 이 두 가지를 이루기 위해서 우리는 기쁨으로 기도한다(요 16:24). 하나님 안에서 기쁨을 추구하는 자는 하나님 앞에서 무릎을 꿇는다. 또한 기도가 충만한 기쁨을 가져온다. 첫째, 기도는 예수님과의 생명력 있는 교제를 하게 한다. 둘째, 기도는 하나님이 주신 사명 특히 사랑할 수 있는 능력을 준다. 사랑은 충만한 기쁨을 얻는 길이기에 사랑할 능력을 달라고 기도해야 한다. 기도는 우리가 할 수 없는 일을 하게 한다. 기도는 가정용 인터폰이 아니라 영적 전쟁 중에 살아가는 우리들의 손에 쥐어진 무전기다. 복음 전도와 영적 대각성과 부흥은 기도의 능력으로 일어난다. 결국 선교를 통해 하나님의 백성들은 최후의 기쁨을 누리게 된다.

돈: 기독교 희락주의의 통화(Currency, 하나님 중심의 돈 관리)

우리 삶의 우선순위와 가치관을 확립할 수 있는 가장 직접적이고 신뢰할 수 있는 방법 중 하나는 돈을 어떻게 쓰는지 살펴보는 것이다. "네 보물 있는 그 곳에는 네 마음도 있느니라"(마 6:21). 돈으로 하고 있는 일이 우리를 파괴할 수도 있고 영생의 토대를 줄 수도 있다. 우리는 돈을 지혜롭게 사용해야 한다. 부자가 되려고 하지 말고, 주어진 것에 만족해야 한다. 그리스도인들은 하나님께 영광을 돌리고 최고의 기쁨을 가져다주는 방식으로 돈을 사용해야 한다. 그리고 탐욕과 탐심의 죄에 맞서 싸워야 한다. 하나님이 돈을 많이 주신 것은 그만큼 많이 나누고 선한 사업에 힘쓰라고 주신 것이다. 또한 돈을 사용할 때 이 땅의 보상이 아니라 하나님이 갚으실 하늘의 보상을 바라봐야 한다.

결혼: 기독교의 희락주의의 모체(Matrix, 하나님 중심의 결혼)

하나님은 그리스도와 교회의 관계 패턴을 따라 인간의 결혼 제도를 만드셨다. 예수님은 자기 신부인 교회와 결혼하는 기쁨을 누리셨다(히 12:2). 이와 같이 사랑하는 이의 거룩한 기쁨에서 자신의 기쁨을 추구하는 것이 바로 사랑이다. 결혼 생활을 행복하게 하려면 아내와 남편이 자기 배우자에게서 기쁨을 추구해야 한다. 한 몸인 남편과 아내는 자신을 행복하게 하려고 쏟는 열정만큼 배우자를 행복하게 하려고 힘과 시간과 창조력을 쏟아야 한다. 남편과 아내가 배우자를 희생하게 하면서 자신만의 쾌락을 추구한다면 자신의 기쁨이 파괴된다. 배우자의 기쁨을 위해 헌신한다면, 그리스도와 교회의 모습을 닮은 결혼 생활이 되어 복음이 찬란하게 드러나게 된다. 아내는 교회를 특별한 모범으로 삼고, 남편은 그리스도를 특별한 모범으로 삼아야 한다.

선교: 기독교 희락주의의 함성(Battle Cry, 하나님 중심의 선교)

선교에는 위험이 따르지만 반드시 기쁨이 있다. 아직 복음을 들어 보지 못한 사람들을 위한 선교는 사랑을 실천하는 교회의 삶에서 절대적으로 중요한 요소다. 하나님은 언어와 문화의 장벽을 넘어 모든 족속(people group)에 교회를 세워 복음화하려는 계획을 가지고 계신다. 그러기에 모든 그리스도인은 미개척지 선교에 대한 비전을 품은 '세계적 그리스도인'이 되어야 한다. 사람은 할 수 없으나 하나님은 주권적 은혜로 미개척지에 있는 자기 양들을 불러 모으실 것이다.

이것이 선교에 대한 불쏘시개요 강력한 동기부여가 된다. 하나님께 쓰임을 받은 위대한 선교사들은 무엇인가를 희생했다고 말하지 않는다. 그들은 모두 손실보다 넘치는 기쁨과 장차 주어질 압도적인 보상을 누렸다. 영적인 건강과 기쁨은 백 배나 커질 것이고 영원한 생명을 누릴 것이다. 선교는 그리스도를 향한 사랑의 분출이고 넘침이다. 우리는 그 기쁨을 이웃에게까지 펼침으로써 그리스도 안에서 우리의 기쁨을 확대하려는 열망을 가져야 한다.

고난: 기독교 희락주의의 희생(Sacrifice, 하나님 중심의 고난)

그리스도인들은 순종의 삶을 살면서 박해, 질병, 사고와 같은 고난을 경험한다. 이런 고난은 그리스도와 함께하는 고난이요 그리스도를 위한 고난으로 하나님의 선하심 가운데 일어난다. 바울은 기독교 신앙은 고난을 선택하는 삶이라고 증언한다(고전 15:19; 빌 3:7-8, 10-11). 그러나 그리스도인들은 근심하는 자 같으나 기뻐하며 살 수 있다(고후 6:10).

하나님은 고난을 통해 우리가 자신을 의지하지 않고 오직 그리스도를 의지하도록 만드신다. 그리스도는 자신의 몸인 교회가 교회의 고난을 통해 그리스도의 남은 고난을 채우기를 원하신다. 그러므로 우리는 고난을 통해서 그리스도의 고난을 전해야 한다. 그렇게 할 때 그리스도와 교제하는 기쁨을 누릴 뿐만 아니라 복음 전도의 풍성한 열매를 맺게 된다. 십자가로 돌아오는 수많은 사람을 볼 때 고난 중에도 즐거워할 수 있다.

6. 기독교 희락주의에 영향을 준 인물들

기독교 희락주의의 씨앗 – 빌 파이퍼

파이퍼의 기독교 희락주의 개념은 그의 부모에 뿌리를 두고 있다. 파이퍼의 부모는 그가 아는 사람 중 가장 행복한 사람들이었다.[4] 특히 그의 아버지 빌 파이퍼는 하나님의 영광에 대한 개념을 파이퍼에게 전해 주었다.[5] 그가 어릴 적, 그의 아버지는 "그런즉 너희가 먹든지 마시든지 무엇을 하든지 다 하나님의 영광을 위하여 하라"(고전 10:31)는 말씀을 가르쳐 주었다. 더욱이 파이퍼는 그의 아버지를 통해 하나님 안에서 기뻐해야 함을 배웠다. 그는 이렇게 회상한다.

하나님 안에서 기뻐하는 것이 우리에게 주어진 가장 높은 임무라는 것을 나는 어디서 배웠는가? 조나단 에드워즈가 있기 전, C. S. 루이스와 다니엘 풀러가 있기 전, 빌 파이퍼가 있었다. 아버지는 체계적이지 않은 채로 거의 무의식 중에 이렇게 이야기하셨다. "하나님의 단 한 가지 요구 사항은 네가 그리스도로 만족하는 것이다."6)

파이퍼는 2007년 빌 파이퍼의 장례식에서 그의 아버지가 마지막으로 남긴 말을 기억하고 있었다. "이것이 나의 아버지의 마지막 부탁이었습니다. 그리고 이것이 내가 나의 모든 남은 인생 동안 헌신하고자 하는 것입니다. 예수 그리스도 안에서 최고의 만족을 찾아라."7) 파이퍼의 아버지는 한 번도 '기독교 희락주의'라는 단어를 사용한 적은 없지만, 아들의 마음속에 기독교 희락주의의 씨앗을 심었다.

기독교 희락주의로 회심 – 블레이즈 파스칼

파이퍼는 풀러신학대학원 첫 학기 동안 블레이즈 파스칼의 영향을 받아 기독교 희락주의로 회심하게 되었다. 파스칼의 말이 그에게 기독교 희락주의의 가장 중요한 개념을 소개해 주었다.

모든 사람은 행복을 추구한다. 예외는 없다. 무슨 수단을 사용하든 그 수

단들은 모두 이 목적을 지향한다. 어떤 이는 전쟁에 나가고 다른 이는 전쟁을 피하지만, 양쪽의 견해는 달라도 그렇게 하는 이유는 같다. 모두 욕망 때문이다. … 이것이 모든 사람이 행동하는 동기이며, 심지어 목매어 자살하는 사람들의 동기이기도 하다. … 지금은 사라진 그 행복의 자리를 자기 주변에 있는 것들로 채우려 한다. 하지만 허사다. 그 무한한 심연은 오직 무한하고 불변하는 대상, 즉 하나님으로만 채울 수 있기에 이런 시도들은 모두 적절하지 않다.[8]

파이퍼는 파스칼로 인해 행복을 추구하는 것이 죄가 아니며 오직 하나님 자신만이 인간의 가장 깊은 행복을 향한 열망을 만족시키실 수 있다는 깨달음을 얻었다.

기독교 희락주의의 정점 – C. S. 루이스와 다니엘 풀러

파스칼이 파이퍼가 기독교 희락주의를 찾는 데 도움을 주었다면, C. S. 루이스는 파이퍼 안에서 서서히 자라고 있는 희락주의의 주춧돌을 제공했다. 루이스는 『영광의 무게』에서 이렇게 말한다. "우리 주님은 우리의 갈망이 너무 강하기는커녕 너무 약하다고 말씀하실 것이다. 주님이 무한한 기쁨을 주신다고 해도 우리는 술과 섹스와 야망에만 집착하는 냉담한 피조물들이다. 마치 멋진 해변에서 휴일을 보내자고 말해도 그게 무엇인지 몰라 그저 빈민가 한구석에서 진흙 파이나 만들며 놀려고 하는 철없는 아이처럼 말이다. 우리는 너무 쉽게 만족한다."[9]

루이스는 『시편 사색』에서 이렇게 말한다. "우리는 왜 우리에게 즐거움을 주는 것들을 기꺼이 찬양하는가? 찬양은 우리의 즐거움을 표현할 뿐 아니라 완성하기 때문이다. 즉 찬양은 기쁨의 절정이다."¹⁰⁾ 이처럼 C. S. 루이스는 파이퍼에게 하나님 안에서 스스로 기쁨의 불을 지펴야 한다는 것을 가르쳐 주었다.

또한 그는 다니엘 풀러에게서 하나님의 영광의 나타나심과 인간의 가장 깊은 기쁨이 동일하다는 것을 배웠다. 파이퍼는 당시 가슴 뛰던 순간을 이렇게 회상한다.

풀러는 아주 열정적이고 진지한 이 모든 학문으로 성경과 조나단 에드워즈를 통해 '내가 하나님 안에서 가장 만족할 때 하나님은 우리 안에서 가장 영광을 받으신다'는 진리를 내게 가르쳐주었다. 이 진리는 지금까지 내가 집필한 모든 책과 내가 전한 모든 설교의 씨앗이었다. 동일한 예배 행위 가운데서 하나님이 그분의 영광과 나의 기쁨을 함께 추구하신다는 사실은 내가 지금껏 배운 가장 폭발적인 진리였다. 이 진리의 근원은 성경과 조나단 에드워즈였다. … 풀러는 이렇게 대답했다. "어째서 우리가 조나단 에드워즈같이 될 수 없단 말인가? 에드워즈는 한순간 자네 할머니의 가슴을 따뜻하게 해 주었을 기도문을 쓸 수도 있고, 다음 순간 당대 최고의 사상가들을 쩔쩔매게 할 철학적 논증을 제시할 수도 있는 사람이었다네." 내 가슴이 뛰었다. 나는 수업이 끝나자 곧바로 도서관으로 달려가, 에드워즈에 대해 거의 아무것도 알지 못한 채, 에드워즈의 『삼위일체소론』을 빌렸다. 그 책이 내가 가장 먼저 읽은 책이었다. 그 다음에 서점에서 철침으로 묶은 『하나님의 천지창조 목적』 복사본을 구입했다."¹¹⁾

다니엘 풀러의 '성경의 통일성' 수업을 통해 파이퍼는 이 진리를 더욱 분명히 깨달았다. "하나님의 이름이 거룩히 여김을 받는 것이 내 기도의 초점이 되었다. 하나님의 영광을 향한 하나님의 열심이 더 이상 이기적으로 보이지 않았고 그것은 모든 사랑의 경이로움이 실재가 되는 은혜의 원천이었다."12)

만약 다니엘 풀러가 옳았다면, 하나님의 열정은 하나님의 영광을 드러내는 것인 동시에 내 마음의 기쁨이었다. … 그것을 발견한 후에, 그 진리를 체험하고 검증하며 설명하면서 내 삶의 전부를 보냈다. … 하나님을 영화롭게 하고 하나님을 즐거워하는 것은 별개의 범주가 아니라는 것이 더 분명해졌다. 이 둘은 과일과 동물처럼이 아니라 과일과 사과 - 사과는 과일의 일종이다 - 처럼 서로 관련되어 있었다. 하나님을 최고로 즐거워하는 것은 그분을 영화롭게 하는 길이다. 하나님을 즐겁게하는 것은 그분을 최고로 가치 있게 한다.13)

기독교 희락주의의 완성 - 조나단 에드워즈

하지만 그 누구도 조나단 에드워즈만큼 파이퍼에게 많은 영향을 미치지 못했다. 에드워즈는 그에게 기독교 희락주의의 가장 강력한 확신을 성경을 통해 갖게 만들었다. 파이퍼는 조나단 에드워즈를 존경하며 이렇게 말한다.

성경 밖에서 늘 보고 있는 이 진리에 대해 가장 강력한 확증을 가지고 조나단 에드워즈가 내 삶 속에 들어왔다. 이것이 강력한 이유는, 그 진리가 성경 안에 있다는 것을 그가 보여 주었기 때문이다. … 그는 죽었지만 내게는 그가 성경 밖에서 가장 중요한 스승이다. 성경 밖의 인물 중 조나단 에드워즈만큼 하나님에 대한 비전과 그리스도인의 삶을 형성시킨 사람은 아무도 없다. … 하나님 안에서 행복한 것이 하나님을 영화롭게 하는 길이라고 에드워즈는 절대적으로 확신했다는 것이다. 이것이 우리가 창조된 이유였다. 하나님을 즐거워하는 것은 단순히 삶에 취사선택할 수 있는 것이 아니다. 그것은 우리의 즐거운 의무이며 우리 삶의 유일한 열정이어야 한다. … 하나님 안에서 행복을 추구하는 것과 하나님을 영화롭게 하는 것은 결국 같다.[14]

이렇듯 에드워즈는 다니엘 풀러와 마찬가지로 하나님의 영광을 향한 하나님의 열심과 하나님 안에서 기뻐하는 우리의 열정이 하나라는 사실을 파이퍼에게 확증해 주었다. 아래의 조나단 에드워즈의 주장은 파이퍼에게 기독교 희락주의를 완성하는 데 결정적인 영향을 주었다.

하나님은 두 가지 방식으로 피조물을 향해 스스로를 영화롭게 하신다. 첫째, 그들이 이해할 수 있도록 나타내심으로써. 둘째, 그들의 마음에 자신을 전하시고, 하나님을 하나님 되게 하는 그분의 현시를 우리가 즐거워하고 기뻐하고 만끽하게 함으로써. … 하나님은 자신의 영광이 드러날 때뿐 아니라 우리가 그 영광을 기뻐할 때 영광을 받으신다. 우리가 그 영광을 보기만 할 때보다 우리가 그 영광을 보고 즐거워할 때 더 큰 영광을 받으신다. 하나님의 영광에 대한 자신의 생각을 증명하는 사람은 하나님의 영광에 동의하고 기뻐하는 사람만큼 하나님을 영화롭게 할 수 없다.[15]

기독교 희락주의를 요약하자면, 첫째, 기독교 희락주의는 자신을 영화롭게 하려는 '하나님의 열심'이고 그런 하나님을 향한 '우리이 기쁨'이다. 둘째, 모든 상황 속에서 하나님을 가장 기뻐함으로써 하나님께 영광을 돌리려는 '하나님 중심의 신학'이다. 셋째, 재물과 능력과 성공이 주는 즐거움을 추구하는 번영신학과 달리 하나님 자신을 대양처럼 깊고 광대하게 기뻐하는 갈망이다. 넷째, 하나님이 영광을 받으시고자 하는 갈망과 하나님 안에서 가장 기뻐하기를 원하는 우리의 갈망은 하나다.

부록 2 존 파이퍼의 설교에 대한 열 가지 비판

Ask Pastor John(궁금한 것을 묻고 파이퍼가 답하는 블로그-편집자주), 2023년 8월 17일, "에피소드 1968"을 번역하여 요약한 내용이다. 호주의 한 젊은 설교자는 존 파이퍼가 지금까지 설교에 대해 어떤 비평을 받았는지, 특히 파이퍼의 성량에 대해 피드백을 받은 적이 있는지 질문했다. 그는 파이퍼의 열정을 좋아하지만, 그의 어조와 표현을 수정하도록 도운 사람이 있는지 궁금해했다. 그리고 비판을 받았다면 어떻게 반응하고 노력했는지 물었다. 이에 파이퍼는 설교 사역을 하는 동안 받았던 열 가지 비판을 소개하고, 그가 어떻게 대응했는지 자세하게 답했다.[1]

1. "너무 시끄럽습니다."

지금은 예수님과 함께 천국에 계신 챠 랜섬이라는 여성도가 기억납니다. 그녀는 제가 베들레헴에서 목회를 시작하던 초창기에 저를 응원해 준 분들 중 한 명이었습니다. 그녀는 제가 목회를 시작한 지 15년쯤 되었을 때 이렇게 말했습니다. "저는 초창기의 존 파이퍼를 좋아했어요." 저는 그 말이 무슨 뜻인지 물었습니다. 그녀는 "소리 지르는 사람이 아니라 선생님이요."라고 대답했습니다. 그녀는 눈을 반짝이며 말했고, 그 후 15년 동안 충실히 제 설교를 들었습니다. 저는 그 말을 마음에 새기고 제가 많은 젊은이에게 말했던 바를 실천하려고 노력했습니다.

여러분의 감정(정서, affection)이 진심인지를 보여 주십시오. 그것이 본문의 실체(reality)와 일치하는지 확인하십시오. 만일 하나의 지속적인 톤이나 소리의 강도가 다양하지 않으면, 잠시 후에 귀에 거슬리고 인위적으로 들리기 시작한다는 것을 기억하십시오. 그래서 다양성(variety), 진정성(authenticity), 본문과 청중에 대한 적합성(appropriateness)을 키우십시오. 하지만 그럼에도 불구하고 어떤 사람들은 당신을 사랑할 수 있습니다.

2. "목소리가 점점 희미해집니다."

사역 초기에 아내는 "존, 문장이 끝날 때 당신의 목소리가 떨어져요. 사람들은 당신이 말하는 문장의 끝을 들을 수 없어요."라고 말했습니다. 그것은 사실이었습니다. 저는 많은 젊은 목회자들이 나쁜 습관을 지니고 있다고 생각합니다. 그것은 체질적인 무능력이 아니라 단지 고쳐야 할 학습된 버릇이었고, 저는 이를 극복할 수 있었다고 생각합니다(적어도 아내는 20년 정도는 그런 말을 하지 않았습니다). 좋은 조언을 해 줘서 고마워요, 노엘. 아내들은 종종 여러분의 최고의 비평가입니다.

3. "눈을 마주치지 않습니다."

"당신은 청중 모두를 보고 있지 않습니다. 많은 사람과 눈을 마주치지 않습니다. 당신은 이 두세 방향을 보는 것 같지만, 정작 이쪽의 사람들을 무시하고 있습니다. 당신은 사람들의 그 부분을 무시합니다. 당신은 발코니를 보지 않습니다." 그 말은 매우 도움이 되었고, 저는 그 말을 듣자마자 그것이 사실이라는 것을 알았습니다.

젊은 설교자에게는 내용을 올바르게 발견하는 것만으로도 큰 도전입니다. 그렇죠? '맙소사, 내가 어디를 보고 있는 거야?'라고 생각할 정신적 여유도 없습니다. 하지만 여러분은 약간의 노력과 경험에서 오는 여유로움으로 그것을 극복할 수 있습니다. 그러면 설교하는 동안 자연스럽게 모든 곳을 둘러보는 것이 제2의 본성이 될 수 있습니다.

4. "단어를 과도하게 사용합니다."

"당신은 특정 단어를 과도하게 사용합니다." 이번에도 제 아내가 주요 비판자였습니다. 이것은 수년 동안 반복되는 문제였습니다. 저는 이 문제를 해결하지 못했습니다. 당신이 이 문제를 해결한 적이 있는지 모르겠습니다(적어도 저는 모르겠습니다). 그녀는 몇 년에 한 번씩 저에게 이렇게 말하곤 합니다.

"당신은 '믿을 수 없을 정도로'(unbelievable)를 너무 자주 사용해요." "당신은 '완전히'(absolutely)를 너무 자주 사용해요." "당신은 '정확하게'(precisely)를 너무 자주 사용해요." "당신은 '놀라운'(amazing)을 너무 자주 사용해요." 저는 3-4년 정도 간격으로 이런 비판을 계속 들어 왔습니다. 우리는 모두 비판을 받을 것입니다. 그 모든 비판을 어느 정도 마음에 새기고 개선할 수 있는 방법이 있습니다.

저는 젊은 설교자들이 신선하게 말하는 방법을 찾는 것을 진지하게 생각하라고 말합니다. 왜냐하면 종종 그들은 자연스럽게 나오는 대로 말하면 신선하게 들릴 거라고 생각하기 때문입니다. 그런 설교는 틀에 박힌 말처럼 들리기 쉬우며, 이런 말을 듣게 될 것입니다.

"당신은 성경과 그리스도 안에서 신선한 아름다움을 실제로 보지 못하고 있습니다. 그저 틀에 박히고 똑같은 오래된 말들을 반복해서 하고 있을 뿐입니다."

5. "화난 것 같습니다."

"당신은 화난 것 같습니다." 이런! 저는 화난 것처럼 전하고 싶지 않습니다. 저는 화나지 않았습니다. "당신이 화나지 않았다고 말할 때 화난 것처럼 들립니다." 음, 그게 그렇게 들립니다. 한때는 마틴 로이드 존스(저는 마틴 로이드 존스를 좋아합니다)의 설교를 듣는 것을 그만두어야 했습니다. 왜냐하면 그가 화난 것처럼 들렸기 때문입니다. 저는 그의 설교를 계속 들으면서 생각했습니다. "미국인인 내 귀에는 이 으르렁거리는 웨일스 사람이 화난 것처럼 들린다." 그는 화나지 않았지만, 화난 것처럼 들립니다.

그래서 저는 의식적으로 기도했습니다. "주님, 저에게 진정한 기쁨과 은혜에 대한 겸손한 놀라움을 채워 주시고, 그 기쁨이 넘치도록 해 주십시오. 제가 화를 내거나 화난 소리를 내지 않게 해 주십시오." 다시 말해, 나쁜 소리를 밀어내는 가장 좋은 방법은 주로 특정한 방식으로 소리를 내지 않으려고 노력하는 것이 아니라, 정말 더 나은 방식으로 소리를 내는 것이라고 생각합니다.

6. "전문 용어를 사용합니다."

"당신은 사람들이 모르는 단어를 사용합니다." 뭐라고요? 사람들이 '아첨한다'(obsequious)라는 단어를 모른다고요? 사람들이 인색함(parsimonious), 소심함(pusillanimous), 음탕함(lascivious)이라는 단어를 모른다고요? 당연히 모르죠! 그러니 현실을 직시해야 해. 존 파이퍼, 너는 깊은 인상을 남기고 싶은 거니? 아니면 청중과 소통하고 싶은 거니? 소통하고 싶은 거잖아!

그래서 저는 그것을 고치려고 노력했습니다. 저는 지금 우리 신학교 학생들이 강단에서 학문적 전문 용어를 사용하는 것에 대해 매우 엄격합니다. 평범한 언어를 사용하십시오.

하지만 저는 사람들이 평소에 알지 못하더라도 알아 두면 좋을 단어들을 가르칠 장소가 있다고 믿습니다. 속죄, 속량, 구속, 성화, 영화 등 사람들이 일상적으로 사용하는 어휘에 속하지 않는 단어들을 가르칠 수 있습니다. 강단에서 너무 학문적으로 들리거나 너무 가르치는 것처럼 들리지 않고도 이렇게 할 수 있다고 생각합니다.

7. "설교가 너무 복잡합니다."

"당신의 메시지는 너무 복잡합니다. 너무 헷갈려요." 제가 베들레헴에 부임한 지 2년째 되던 해(아마 첫해였을 겁니다)에 한 부부가 교회를 떠났다고 말한 것이 기억납니다. 그래서 저는 복잡한 것을 더 이해하기 쉽게 만들기 위해 노력했습니다. 저는 성경의 모든 위대한 진리는 이해하기 쉬운 언어(반드시 받아들일 수 있는 언어는 아니지만, 이해할 수 있는 언어)로 설명할 수 있다고 생각합니다. 이는 다음 비판으로 이어집니다.

8. "불균형한 강조점을 가지고 있습니다."

"당신의 설교는 너무 하나님의 영광에 치우쳐 있고, 너무 칼빈주의적입니다.", "성이나 남녀 관계와 같은 문제에 대해 현대 문화와 너무 동떨어져 있습니다.", "낙태죄에 대해 너무 퉁명스럽고 타협하지 않습니다." 등과 같은 비판은 단지 내용 때문이 아니라 (저는 성경적 관점을 청중에 맞게 바꾸려고 하지 않습니다) 균형 때문이었습니다. 그래서 저는 제가 강조하는 내용을 확인하고, 다른 사람들에게 선하고 참된 것이지만 성경의 다른 내용과 균형이 맞지 않는 부분이 강조되고 있는지 물어보는 습관을 지니려고 노력했습니다.

9. "적용이 부족합니다."

"당신은 충분한 적용을 하지 않습니다, 파이퍼. 당신은 주로 설명에 집중하고 실제 상황에 적용하는 데는 충분하지 않습니다." 그리고 이에 대한 저의 반응은 아마 부적절했을 것입니다. 사실 10년 동안 하고 있는 'Ask Pastor John'이 설교가 끝나기 전 10분 동안 적용을 하지 않은 데 대한 속죄의 길이 아닐까 싶습니다.

제 자신을 변호하려 한다면 이렇게 말하겠지만, 어쩌면 부적절할 수도 있습니다. 저는 설명을 하면서도 마치 적용하는 것처럼 느껴지도록 노력합니다. 실제 상황과 관련이 있다고 느껴지도록 말입니다. 제가 성공했는지는 모르겠습니다.

10. "설교를 너무 길게 합니다."

"당신은 설교를 너무 길게 합니다." 지역 교회에서 설교의 길이에 영향을 미치는 것은 여러 가지가 있습니다.

- 유아부 사역자들을 지치게 합니다. 그들은 장황한 설교가 끝나기만을 기다리고 있습니다.
- 주차장은 밀물과 썰물 관리를 해야 합니다. 예배가 두 번 있는 경우 주차장을 비워야 한다고 가정해 보십시오.
- 청중들은 배가 고파서 힘들어할 것입니다. 그들이 긴 설교를 견딜 수 있을까요?

길이에 대한 이러한 비판에 저는 이렇게 답합니다. 저는 성도들의 맥박과 그 밖의 모든 고려 사항에 귀를 기울이고, 그들이 받아들일 수 있는 것 이상을 기대하거나 요구하지 않을 것입니다. 하지만 일반적으로 저는 45분 이내의 메시지로 매주 적절하고 충실한 설명을 하는 것이 어렵다는 사실을 알게 되었습니다. 그리고 성도들은 그런 일상을 기쁨으로 느긋해하는 것 같습니다.

그래서 이 모든 과정에서 여러분이 듣기를 바라는 바는 우리 모두가 비판을 받으리라는 사실입니다. 이 모든 것을 어느 정도는 마음에 새기고 평생 설교를 하면서 개선의 일부로 삼을 수 있는 방법이 있습니다.

QR 제공 페이지

- 주
- 참고 자료

1. 성장 과정과 사역자로의 주권적인 부르심
2. 성경 호 그리기(Bible Arcing) 예시
3. 성경 연구에 가장 영향을 끼친 인물, 다니엘 풀러
4. 조나단 에드워즈와 설교의 멘토들
5. 존 파이퍼 저서의 간략한 분석과 연구 가이드라인
6. 존 파이퍼의 독서법과 그에게 가장 영향을 준 책들
7. 존 파이퍼의 1년 설교 계획의 예(1996년도 설교)
8. 존 파이퍼의 시리즈 및 연속 강해 설교(1980-2011년)

* 본서의 주와 참고 자료는 책에 수록되지 않고 별도 제공됩니다.
QR코드를 확인해 주세요.

사명선언문

너희가 흠이 없고 순전하여……세상에서 그들 가운데 빛들로
나타내며 생명의 말씀을 밝혀 _ 빌 2:15-16

1. 생명을 담겠습니다
만드는 책에 주님 주신 생명을 담겠습니다.
그 책으로 복음을 선포하겠습니다.

2. 말씀을 밝히겠습니다
생명의 근본은 말씀입니다.
말씀을 밝혀 성도와 교회의 성장을 돕겠습니다.

3. 빛이 되겠습니다
시대와 영혼의 어두움을 밝혀 주님 앞으로 이끄는
빛이 되는 책을 만들겠습니다.

4. 순전히 행하겠습니다
책을 만들고 전하는 일과 경영하는 일에 부끄러움이 없는
정직함으로 행하겠습니다.

5. 끝까지 전파하겠습니다
모든 사람에게, 땅 끝까지, 주님 오시는 그날까지
복음을 전하는 사명을 다하겠습니다.

서점 안내

광화문점	서울시 종로구 새문안로 69 구세군회관 1층 02)737-2288 / 02)737-4623(F)
강남점	서울시 서초구 신반포로 177 반포쇼핑타운 3동 2층 02)595-1211 / 02)595-3549(F)
구로점	서울시 동작구 시흥대로 602, 3층 302호 02)858-8744 / 02)838-0653(F)
노원점	서울시 노원구 동일로 1366 삼봉빌딩 지하 1층 02)938-7979 / 02)3391-6169(F)
일산점	경기도 고양시 일산서구 중앙로 1391 레이크타운 지하 1층 031)916-8787 / 031)916-8788(F)
의정부점	경기도 의정부시 청사로47번길 12 성산타워 3층 031)845-0600 / 031)852-6930(F)
인터넷서점	www.lifebook.co.kr